죽어도
안 외워지는 단어
이렇게 잡아라!

특허받은 영단어 학습법

특허받은 영단어 학습법

지은이 이강석
펴낸이 안용백
펴낸곳 (주)도서출판 넥서스

초판 1쇄 인쇄 2010년 12월 30일
초판 1쇄 발행 2011년 1월 5일

출판신고 1992년 4월 3일 제311-2002-2호
121-840 서울시 마포구 서교동 394-2
Tel (02)330-5500 Fax (02)330-5555
ISBN 978-89-5797-455-1 13740

저자와 출판사의 허락없이 내용의 일부를
인용하거나 발췌하는 것을 금합니다.
저자와의 협의에 따라서 인지는 붙이지 않습니다.

가격은 뒤표지에 있습니다.
잘못 만들어진 책은 구입처에서 바꾸어 드립니다.

www.nexusbook.com

죽어도
안 외우지는 단어
이렇게 잡아라!

특허받은 영단어 학습법

이강석 지음

넥서스

머리말

필자는 **"영단어 외우지 말고 상상하라"**라는 책에서 단어 공부의 원리를 제시한 바 있습니다. 그 원리는 우리가 이미 알고 있는 아주 쉬운 단어로 어려운 단어를 쉽게 암기해서 독해는 물론 말하고 쓰는 데에도 그 어려운 단어를 활용하자는 것이었습니다.

예를 들어 다음 단어들을 볼까요?

> **afraid, clean, hamburger, monkey, number, present**

우리가 너무 쉽게 보는 이런 단어들 속에는 다음과 같은 단어가 들어 있습니다.

> **afraid** 두려운 – **raid** 습격 ➡ 적이 갑자기 습격하여 무섭다
> **clean** 깨끗한 – **lean** 기대다 ➡ 정신적으로 깨끗한 사람에게 기대다
> **hamburger** 햄버거 – **urge** 재촉하다 ➡ 햄버거 사달라고 재촉하다
> **monkey** 원숭이 – **monk** 스님 ➡ 손오공과 삼장법사
> **number** 수 – **numb** 마비된 ➡ 많은 액수의 복권 당첨금에 온몸이 마비된 듯하다
> **present** 선물 – **resent** 분개하다 ➡ 결혼기념일에 선물을 주지 않아 분개하다

이처럼 어려운 단어를 우리가 알고 있는 쉬운 단어로 상상력을 동원하여 단어를 재미있게 공부하자는 것이 새로운 단어 암기법의 원리였습니다. 이번에 제시하는 단어 암기법은 우리가 어렵다고 생각하는 단어들을 직접 접했을 때 그 뜻을 쉽게 떠올릴 수 있는 방법입니다.

다음의 단어들을 볼까요?

> **alienate, cremate, diagnose, emancipate, proliferate**

영어 단어 실력이 어느 정도 있는 사람도 위에 있는 단어들의 뜻을 쉽게 떠올리지 못할 것입니다. 그런데 이 단어들을 잘 살펴보면 다음과 같이 우리가 이미 알고 있는 단어들이 들어 있다는 것을 알 수 있을 겁니다.

alienate cremate diagnose emancipate proliferate

alienate라는 단어 안에 있는 lie를 통해서 '자꾸 거짓말하는 사람을 소외시키다'라고, cremate라는 단어 안에 있는 mate를 통해서 '친한 친구가 백혈병으로 어린 나이에 죽어 화장하다'라고, diagnose라는 단어 안에 있는 nose를 통해 '코에 비염이 있다고 진단하다'라고, emancipate라는 단어 안에 있는 man을 통해서 '노예 상태에 있는 사람을 해방시키다'라고, proliferate라는 단어는 정말 어려운 단어이지만 이 단어 안에 있는 아주 익숙한 단어 life로 '겨울에 얼어붙었던 땅에 봄이 오니 새 생명이 온 나라로 확산되다'라고 연상하면 어렵게 느꼈던 위의 단어들을 아주 친근한 단어로 생각할 수 있게 됩니다.

어때요? 과거에는 어려운 단어를 보면 그 단어의 우리말 뜻을 생각해서 암기할 수밖에 없었는데 이제 어려운 단어를 안에 있는 쉬운 단어로 그 뜻을 연상하면, 해도 해도 외워지지 않는 어려운 단어를 아주 쉽게 머릿속에 저장할 수 있습니다.

기존에 단어를 학습하는 방법 중에 어원 학습법이 있습니다. 어원 학습법은 영어의 뿌리를 찾아가는 정말 좋은 방법이지만 현장에서 수업을 해보면 학생들이 어려움을 호소하는 경우가 많았습니다.

예를 들어 다음의 단어들을 볼까요?

fracture, fragile

fracture는 '골절'이란 뜻이고, fragile는 '깨지기 쉬운'이란 뜻을 가진 단어입니다. fracture라는 단어 안에 들어 있는 fract가 '부수다 break'라는 뜻을 가진 어원입니다. 그런데 위에서 본 것처럼 fragile이란 단어 안에 있는 frag도 역시 '부수다'라는 뜻을 가진 어원입니다. 이와 같이 어원 학습법이 좋은 방법임에도 불구하고 현실적으로 많은 학생이 어려움을 느끼는 이유는 우선 fract, frag이 '부수다'라는 뜻을 가진 어원이라는 것을 별도로 암기해야 하고, fract나 frag처럼 어원이 일정하지 않다는 것입니다. 또 나중에 fracture라는 단어를 보면 fract가 어원인지 ract가 어원인지 actu가 어원인지 알 수 없다는 것입니다.

그래서 위와 같은 단어 암기의 어려움을 해결하기 위해 **새로운 접근법의 단어 암기법**을 개발한 것입니다. 이 방법은 위의 단어들의 예에서 보는 것처럼 lie, mate, man, nose, life처럼 우리가 이미 알고 있는 단어를 마치 어원처럼 생각해서 단어의 뜻을 쉽게 유추할 수 있습니다. 단어의 의미를 별도로 유추할 필요도 없고, 쉬운 단어를 통해 쉽게 단어의 뜻을 연상하며 재미있게 암기할 수 있어서 학습자의 암기 부담이 현저히 줄어듭니다.

어려운 단어 때문에 골머리를 앓았던 학습자 여러분, 이제 **"특허받은 영단어 학습법"**으로 쉽고 재미있게 단어 공부를 하여 영어 실력을 쑥쑥 늘려가길 바랍니다. 아무리 좋은 학습법이라도 본인의 꾸준한 노력이 없으면 소용이 없을 겁니다. 그래서 다음의 문장을 여러분에게 들려드리고 싶습니다.

> *Expecting the best means that you put your whole heart into what you want to accomplish.*
> 최고를 기대한다는 것은 당신의 온 마음을 당신이 이루고자 하는 일에 쏟아붓는 것을 의미한다.

부디, **"특허받은 영단어 학습법"**으로 최선의 결과를 얻길 바랍니다.
자, 이제 새로운 단어 공부의 마법에 푹 빠져 보세요.

일러두기

"특허받은 영단어 학습법"은 **동사편**과 **명사편** 각 150개의 단어와 **형용사편** 100개의 단어로 **구성**되어 있습니다.

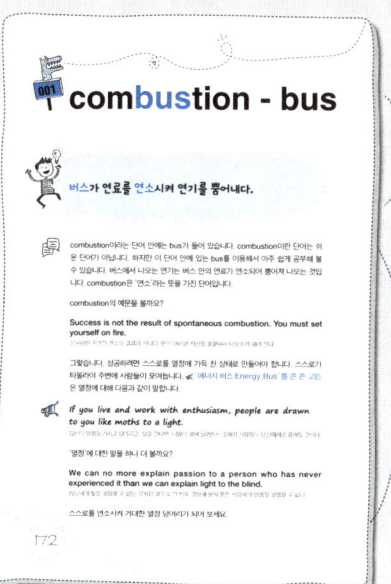

단어 표제 — 죽어도 외워지지 않는 단어 이렇게 기억하세요!

어려운 단어 속에 숨어 있는 쉬운 단어로 단어의 의미를 연상해 보세요. 한글로 되어 있는 연상 문장과 그 안에 색으로 표시된 힌트 어휘가 죽어도 외워지지 않는 단어를 쉽게 기억할 수 있도록 도와줍니다.

설명 부분 — 설명도 읽고 상식도 높이세요!

쉽게 기억할 수 있는 저자의 노하우가 기록되어 있습니다. 특히, 일상생활에서 바로 사용할 수 있는 영화 속 대사나 연설문을 활용한 예문이나 마음의 양식을 쌓아 줄 수 있는 명작이나 좋은 글에서 인용한 예문들은 여러분의 상식도 함께 키워 줍니다. (본문 이외에 인용한 예문들에는 아래 아이콘이 표시됩니다.)

본문 연설 영화 책 앨범 상식

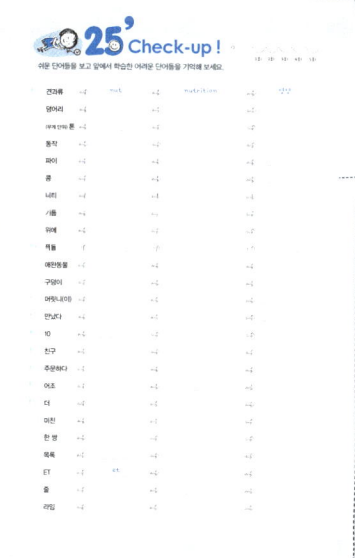

25 CHECK-UP

25개의 어휘를 학습한 후에는 확인할 수 있는 코너가 준비되어 있습니다. 한글 뜻에서 쉬운 단어를 연상하고, 이어서 어려운 단어와 그 의미까지 완벽하게 기억해 보세요.

차례

PART 1 동사편

#		page
1	overwhelm - elm	14
2	embellish - bell	15
3	blink - link	16
4	prescribe - rib	17
5	inhabit - habit	18
6	glance - lance	19
7	intimidate - timid	20
8	embrace - race	21
9	adhere - here	22
10	float - oat	23
11	plunge - lung	24
12	cherish - her	25
13	isolate - late	26
14	permeate - meat	27
15	encroach - roach	28
16	scatter - cat	29
17	scowl - cow	30
18	recognize - eco	31
19	starve - star	32
20	emphasize - size	33
21	hesitate - sit	34
22	devastate - state	35
23	instill - still	36
24	banish - ban	37
25	diminish - mini	38
26	entreat - treat	40
27	flourish - flour	41
28	demonstrate - demon	42
29	brag - rag	43
30	dwell - well	44
31	exhibit - bit	45
32	abandon - band	46
33	soak - oak	47
34	refrain - rain	48
35	shrink - ink	49
36	prowl - owl	50
37	exaggerate - age	51
38	alleviate - via	52
39	captivate - cap	53
40	eradicate - era	54
41	carve - car	55
42	concentrate - once	56
43	flatter - latter	57
44	furnish - fur	58
45	fulfill - fill	59
46	impeach - peach	60
47	shatter - hat	61
48	plagiarize - arise	62
49	obliterate - liter	63
50	deliver - liver	64
51	emancipate - man	66
52	cremate - mate	67
53	meander - mean	68
54	commemorate - memo	69
55	menace - men	70
56	determine - term	71
57	smother - mother	72
58	diagnose - nose	73
59	penetrate - net	74
60	inundate - nun	75
61	loathe - oath	76
62	expand - pan	77
63	pierce - pier	78
64	dread - read	79
65	arrest - rest	80
66	deride - ride	81
67	enroll - roll	82
68	grope - rope	83
69	shrug - rug	84
70	frustrate - rust	85
71	persevere - severe	86
72	subside - side	87
73	absolve - solve	88
74	resonate - son	89
75	plunder - under	90
76	purge - urge	92
77	stutter - utter	93
78	devote - vote	94

#			#		
79	plummet - plum	95	121	dwindle - wind	138
80	interrogate - gate	96	122	daunt - aunt	139
81	sympathize - path	97	123	vanish - van	140
82	drowse - row	98	124	scorn - corn	141
83	smuggle - mug	99	125	grapple - apple	142
84	release - ease	100	126	persecute - cute	144
85	manufacture - fact	101	127	console - sole	145
86	mourn - urn	102	128	scold - cold	146
87	improve - prove	103	129	slander - land	147
88	manipulate - nip	104	130	hiccup - cup	148
89	scavenge - cave	105	131	bestow - best	149
90	stagger - tag	106	132	kidnap - kid	150
91	strangle - angle	107	133	shred - red	151
92	alienate - lie	108	134	intrude - rude	152
93	grieve - eve	109	135	swallow - allow	153
94	collapse - lap	110	136	crouch - ouch	154
95	establish - stab	111	137	kindle - kind	155
96	trespass - pass	112	138	slay - lay	156
97	proliferate - life	113	139	classify - class	157
98	procrastinate - tin	114	140	extend - ten	158
99	negotiate - go	115	141	waver - wave	159
100	bewilder - wild	116	142	rummage - rum	160
101	summon - mon	118	143	acclaim - aim	161
102	annoy - no	119	144	identify - dent	162
103	infringe - ring	120	145	pluck - luck	163
104	cooperate - opera	121	146	transplant - plant	164
105	violate - viola	122	147	restrain - train	165
106	worship - ship	123	148	restrict - strict	166
107	tease - tea	124	149	harass - ass	167
108	accommodate - date	125	150	lament - lame	168
109	surrender - end	126			
110	measure - sure	127			
111	perceive - per	128			
112	shiver - hive	129	**PART 2 명사편**		
113	spoil - oil	130			
114	fluctuate - flu	131	1	combustion - bus	172
115	splash - ash	132	2	client - lie	173
116	discriminate - disc	133	3	rebellion - lion	174
117	bleach - each	134	4	ingredient - die	175
118	disobey - sob	135	5	probation - rob	176
119	distinguish - sting	136	6	acrobat - bat	177
120	astonish - ton	137	7	comparison - son	178

차례

#		page	#		page
8	parole - role	179	50	slaughter - laugh	222
9	treason - reason	180	51	massacre - mass	224
10	benefactor - actor	181	52	malice - lice	225
11	predicament - amen	182	53	atonement - tone	226
12	tenant - ant	183	54	compliment - lime	227
13	monarch - arch	184	55	discipline - line	228
14	pharmacist - arm	185	56	fetus - et	229
15	martyr - art	186	57	epitaph - pit	230
16	autopsy - auto	187	58	blister - list	231
17	obituary - bit	188	59	inmate - mate	232
18	lubricant - can	189	60	nomad - mad	233
19	exclamation - clam	190	61	gourmet - met	234
20	courtesy - court	191	62	sophomore - more	235
21	abundance - dance	192	63	commotion - motion	236
22	candidate - date	193	64	destination - nation	237
23	ordeal - deal	194	65	gluttony - ton	238
24	dialect - dial	195	66	nutrition - nut	239
25	subsidiary - diary	196	67	turmoil - oil	240
26	prejudice - dice	198	68	border - order	241
27	indignation - dig	199	69	controversy - over	242
28	meditation - edit	200	70	despair - pair	243
29	freight - eight	201	71	patriot - riot	244
30	appendix - end	202	72	peasant - pea	245
31	orchard - hard	203	73	ostentation - ten	246
32	fallacy - fall	204	74	appetite - pet	247
33	preface - face	205	75	recipient - pie	248
34	infant - fan	206	76	plaintiff - plain	250
35	curfew - few	207	77	surplus - plus	251
36	property - proper	208	78	accomplice - police	252
37	crucifixion - fix	209	79	portrait - port	253
38	scaffold - fold	210	80	publication - pub	254
39	fungus - fun	211	81	compromise - promise	255
40	ligament - game	212	82	conscience - science	256
41	hearse - hear	213	83	impulse - pulse	257
42	phenomenon - hen	214	84	amputation - put	258
43	atmosphere - here	215	85	terrain - rain	259
44	whip - hip	216	86	tyrant - ran	260
45	threshold - old	217	87	pirate - rate	261
46	crevice - ice	218	88	bureaucrat - rat	262
47	precipitation - pit	219	89	prestige - rest	263
48	illusion - ill	220	90	caprice - rice	264
49	malady - lady	221			

91	hypocrite - rite	265		132	torpedo - do	308
92	proof - roof	266		133	abdomen - omen	309
93	prose - rose	267		134	addiction - add	310
94	drought - rough	268		135	argument - gum	311
95	crumb - rum	269		136	mustache - ache	312
96	adolescent - scent	270		137	descendant - end	313
97	manuscript - rip	271		138	diversion - diver	314
98	nausea - sea	272		139	scallop - call	315
99	sentinel - sent	273		140	surgeon - urge	316
100	dissident - side	274		141	colleague - league	317
				142	opponent - one	318
101	assassin - sin	276		143	mutiny - tiny	319
102	prerequisite - site	277		144	shepherd - herd	320
103	disparity - spa	278		145	anatomy - atom	321
104	spinster - spin	279		146	dairy - air	322
105	tragedy - rage	280		147	electricity - city	323
106	mustard - star	281		148	counterfeit - counter	324
107	consumption - sum	282		149	frailty - rail	325
108	constellation - tell	283		150	applause - use	326
109	patent - tent	284				
110	retirement - tire	285				
111	contempt - tempt	286				
112	intestine - test	287		**PART 3 형용사편**		
113	euthanasia - than	288				
114	reptile - tile	289		1	stubborn - born	330
115	penitentiary - ten	290		2	pedantic - ant	331
116	redemption - red	291		3	belligerent - bell	332
117	stripe - trip	292		4	ambiguous - big	333
118	disturbance - urban	293		5	flamboyant - boy	334
119	geometry - try	294		6	impeccable - cable	335
120	surveillance - veil	295		7	callous - call	336
121	serendipity - pity	296		8	precarious - car	337
122	slavery - very	297		9	sarcastic - cast	338
123	device - vice	298		10	eccentric - cent	339
124	villain - villa	299		11	nuclear - clear	340
125	alumnus - us	300		12	obscure - cure	341
				13	adamant - dam	342
126	privilege - vile	302		14	splendid - lend	343
127	pronunciation - nun	303		15	medieval - die	344
128	imposter - poster	304		16	obedient - bed	345
129	cowardice - war	305		17	prodigal - dig	346
130	ditch - itch	306		18	rudimentary - dime	347
131	fatigue - fat	307		19	earnest - nest	348

차례

#			#		
20	industrial - dust	349	60	insolent - sole	391
21	unprecedented - eden	350	61	conspicuous - spy	392
22	profane - fan	351	62	vacant - can	393
23	fastidious - fast	352	63	stringent - string	394
24	feeble - fee	353	64	contagious - tag	395
25	infinite - fin	354	65	simultaneous - tan	396
			66	tenacious - ten	397
26	influential - fluent	356	67	extinct - tin	398
27	formidable - form	357	68	sultry - try	399
28	profound - found	358	69	nocturnal - turn	400
29	hectic - he	359	70	profuse - use	401
30	hideous - hide	360	71	adverse - verse	402
31	vivacious - viva	361	72	irrevocable - voca	403
32	skeptical - kept	362	73	equivocal - vocal	404
33	miscellaneous - cell	363	74	acrid - rid	405
34	elastic - last	364	75	fortunate - tuna	406
35	collateral - late	365			
36	peculiar - liar	366	76	intermittent - mitten	408
37	elegant - leg	367	77	hostile - host	409
38	sublime - lime	368	78	tremendous - end	410
39	masculine - line	369	79	significant - sign	411
40	colossal - loss	370	80	amenable - amen	412
41	shallow - low	371	81	inappropriate - nap	413
42	mandatory - man	372	82	hilarious - hi	414
43	imminent - mine	373	83	hoarse - ars	415
44	pessimistic - mist	374	84	generous - gene	416
45	alternative - native	375	85	toxic - ox	417
46	juvenile - nile	376	86	vigorous - go	418
47	obnoxious - no	377	87	fragile - rag	419
48	transparent - parent	378	88	scrupulous - up	420
49	preoccupied - pie	379	89	incumbent - bent	421
50	complacent - place	380	90	awkward - war	422
			91	indispensable - pen	423
51	outrageous - rage	382	92	vulnerable - era	424
52	dreary - ear	383	93	authentic - hen	425
53	inevitable - evita	384	94	majestic - jest	426
54	imprudent - rude	385	95	intimate - mate	427
55	frugal - rug	386	96	considerate - side	428
56	sagacious - sag	387	97	impatient - tie	429
57	obscene - scene	388	98	sporadic - ad	430
58	sinister - sin	389	99	covetous - vet	431
59	opposite - site	390	100	stable - table	432

PART 1
동사편

 본문   상식   책   연설   영화   앨범

overwhelm - elm

커다란 느릅나무가 나를 압도하다.

처음에 우리가 공부할 단어는 overwhelm입니다. '압도하다'라는 뜻의 단어로 압도적인 어휘 실력을 여러분들이 갖추었으면 하는 바람에서 이 단어를 첫 단어로 고른 것입니다. 이 단어 안에는 elm이라는 단어가 들어 있습니다. '느릅나무'라는 뜻이지요. 한여름 시골에 갔을 때 커다란 느릅나무를 보면 압도당하고 말 것입니다. 수백 년을 살아온 나무에 비하면 백 년도 못 사는 인간은 나무의 크기뿐만 아니라 생의 연륜에서도 압도당하고 말 것입니다. elm이라는 단어가 조금 생소하면 helmet이라는 단어를 떠올려 보세요. 그 안에 들어 있다는 것을 알 수 있을 것입니다.

overwhelm이라는 단어에 대한 좋은 예문을 살펴볼까요?

A hero is an ordinary individual who finds the strength to persevere and endure in spite of overwhelming obstacles.
영웅이란 엄청난 장애에도 불구하고 참고 견뎌낼 수 있는 힘을 찾아내는 평범한 개인이다.

어때요? 좋은 문장이지요. 앞으로 우리가 공부할 단어의 예문은 이렇게 좋은 내용을 담고 있는 문장이나 다양한 작품 속에서 골라 예문의 향기를 느낄 수 있도록 하겠습니다.

embellish - bell

크리스마스트리를 예쁜 종으로 장식하다.

크리스마스가 되면 집집이 작은 트리 하나씩은 준비하잖아요. 이 트리에 작고 예쁜 종을 달아 분위기를 더 환하게 만들 수 있겠죠. 갑자기 예쁜 종으로 뭔가를 장식하고 싶은 생각이 들지 않으세요? embellish라는 단어 안에는 bell이라는 단어가 들어 있습니다. '종'하면 떠오르는 문학 작품이 있나요? 헤밍웨이가 쓴 "누구를 위하여 종은 울리나 For Whom The Bell Tolls"가 생각나네요. 스페인 내전을 소재로 한 이 소설은 잉그리드 버그만과 게리 쿠퍼가 주연한 영화로도 만들어져 많은 사람에게 감동을 주었지요.

bell과 embellish가 들어간 다음의 예문을 볼까요?

The novel "For Whom The Bell Tolls" written by Earnest Hemingway is a great story embellished by a great author.
헤밍웨이가 쓴 '누구를 위하여 종은 울리나'라는 소설은 위대한 작가가 지어낸 훌륭한 이야기이다.

blink - link

링크 걸린 사이트를 클릭하자 눈을 **깜박이듯이** 마우스가 딸각하는 소리를 내다.

blink라는 단어 안에는 '연결하다'라는 뜻을 가진 link가 들어 있는데 인터넷을 하다 보면 링크가 걸린 사이트를 많이 보게 됩니다. 링크가 걸린 사이트를 가기 위해 마우스를 클릭할 때 '딸각'하는 소리가 나는 것을 눈을 깜박이는 것으로 연상해 보세요. blink는 '깜박이다'라는 뜻을 가진 단어입니다. blink하면 떠오르는 작품이 없나요? 감금 증후군으로 온 몸이 마비된 후 한 쪽 눈의 깜박임만으로 세상과 소통했던 프랑스 잡지 편집장이었던 장 도미니크 보비의 이야기를 다룬 책 "잠수종과 나비 The Diving Bell and The Butterfly"가 생각나네요. 그 책에 보면 다음과 같은 내용이 나옵니다.

He spends his life slumped in his wheel chair, able to communicate only by blinking his eye: one blink means yes; two means no.

그는 휠체어에 처박혀서 단지 한 쪽 눈을 깜박여서만 의사소통하며 생을 보낸다. 한 번의 깜박임은 긍정을, 두 번의 깜박임은 부정을 뜻한다.

blink하면 '티핑 포인트', '아웃라이어' 등을 쓴 말콤 글래드웰의 책 "블링크 Blink"도 떠오르지 않나요? 우리의 무의식에서 행해지는 순간적 판단을 분석한 책이지요. blink라는 단어를 사용해서 책 내용에 맞게 예문을 만들어 볼까요?

When we blink, we make an instant decision in two seconds.
우리가 눈을 깜박일 때, 2초 안에 순간적인 결정을 한다.

prescribe - rib

갈비뼈가 부러져서 병원에서 치료받고 의사에게 처방을 받다.

이번에는 prescribe라는 단어를 가지고 공부해 볼까요? 이 단어를 잘 살펴보면 rib이라는 단어가 들어 있습니다. '갈비'라는 뜻입니다. 눈이 쌓인 미끄러운 길에서 넘어져 갈비뼈를 다쳤다고 생각해 보세요. 그러면 병원에 가서 X-Ray를 찍고 나서 의사의 처방전을 받아야 할 것입니다. 머릿속에 생생하게 이미지를 떠 올리는 것이 아주 중요합니다.

The pharmacist prescribed some medicine for the pain.
약사에 통증에 대해 몇 가지 약을 처방했다.

prescribe의 명사형은 prescription으로 '처방전'이라는 뜻입니다.

Some medicines are only available on prescription.
일부 약들은 처방전으로만 구입이 가능합니다.

inhabit - habit

좋은 **습관**을 몸에 **거주시키다**.

이번 단어는 inhabit입니다. 잘 보면 '습관'이란 뜻을 가진 habit이 들어 있다는 것을 알 수 있을 것입니다. 하루하루 좋은 생활 습관을 가지라는 말을 많이 들었을 것입니다. 오늘 새롭게 만든 좋은 습관이 미래의 나를 만들 수도 있으니까요.

Anything you do repeatedly soon becomes a new habit.
당신이 반복적으로 행하는 그 어떤 것이든지 곧 새로운 습관이 된다.

영어 공부할 때 어려운 단어들을 단어 속에 있는 쉬운 단어의 뜻으로 유추해서 공부하는 습관을 새로 가져 보는 것은 어떨까요? 그럼 inhabit에 대한 예문을 같이 살펴볼까요? 물질 만능주의 시대인 21세기를 사는 우리에게 정신적 삶, 지속가능한 삶, 채식주의적 삶의 중요성을 일깨운 스콧 니어링과 헬렌 니어링 부부의 일생은 우리에게 잔잔한 감동을 줍니다. 남편 스콧 니어링이 100세가 되던 해(1983년) 스스로 곡기를 끊고 삶을 마감하는 과정을 아내 헬렌 니어링은 자신의 책 "아름다운 삶, 사랑 그리고 마무리 Loving and Leaving the Good Life"에서 다음과 같이 묘사합니다.

He would take no pills, no drugs, and hoped to avoid doctors. He had become less and less concerned with continuing to inhabit a weakening body.
그는 알약을 포함한 어떤 약도 먹지 않으려 했고 의사와 만나는 것을 피하고 싶어 했다. 그는 쇠약해져 가는 몸에 계속 의탁하려는 데 점점 관심을 가지지 않게 되었다.

006 glance - lance

창을 들고 적을 **흘낏 보다**.

glance라는 단어 안에는 '창'이라는 뜻을 가진 lance가 들어 있습니다. lance라는 단어는 우리가 잘 아는 ambulance라는 단어에도 들어 있지요. 창에 찔린 사람이 앰블런스에 실려 병원으로 가는 장면을 상상하면 lance라는 단어가 친근하게 다가올 것입니다.

glance라는 단어의 예문을 한번 볼까요? 🖊 아우슈비츠 유태인 수용소의 혹독한 상황에서 살아남아 그 내용을 글로 옮긴 빅터 프랭클의 책 "죽음의 수용소에서 Man's Search For Meaning"에 보면 독일군 초병들이 유태인들을 인간 취급하지 않고 오직 가슴에 붙은 번호 표찰로만 대한다는 내용이 나옵니다.

Any guard who wanted to make a charge against a prisoner just glanced at his number. He never asked for his name.
죄수들에게 벌을 주려는 어떤 경비병도 단지 그의 번호를 흘낏 볼 뿐이었다. 결코 이름을 묻지 않았다.

intimidate - timid

불량배가 무섭게 하니 소심하게 움츠러들다.

'무섭게 하다'라는 뜻을 가진 intimidate를 잘 살펴보면 timid가 들어 있습니다. timid는 '소심한'이란 뜻입니다. 누군가 아무 이유 없이 겁을 줄 때 움츠러들면 소심한 사람으로 낙인찍힐 것입니다. 제인 오스틴이 쓴 "오만과 편견 Pride and Prejudice" 에 보면 주인공 엘리자베스가 피츠 윌리엄 대령과 피아노 연주에 대해 대화하면서 다음과 같이 말하는 장면이 나옵니다.

My courage always rises with every attempt to intimidate.
나를 위협할 때마다 언제나 용기가 솟아오르죠.

영화 "로마에서 생긴 일 When in Rome"에 보면 주인공 여자가 분수에서 건진 사랑의 동전 중 두 번째 대상인 모델 남성이 식당에서 주인공 여성에게 다가와서 다음과 같이 말하는 장면이 나옵니다.

You are intimidated because I'm a model.
내가 모델이라서 당신이 겁먹었군요.

intimidate의 예문을 하나 더 볼까요?

The gangsters intimidated him into silence.
그 갱들은 그를 위협해서 입을 다물게 했다.

embrace - race

경주에서 우승한 선수를 포옹하다.

마라톤과 같은 장거리 경주에서 우승을 한 선수를 포옹한다고 연상을 하면 embrace와 race의 관계를 쉽게 기억할 수 있을 것입니다. 세계적인 부호 워렌 버핏이 자신이 가지고 있는 재산의 절반을 사회에 환원하는 운동을 빌게이츠와 같이 전개해 화제가 되고 있습니다. 자녀들에게 자신의 재산을 물려주는 것을 입 속의 칼(dagger in the mouth)을 물려주는 것이라는 가르침을 주었다고 합니다. 그런 가르침을 받은 워렌 버핏의 아들 피터 버핏은 "삶이란 당신이 만들어 가는 것 Life is what you make it"이란 책에서 '삶의 다양성'에 대해 다음과 같은 말을 합니다.

Our ability to embrace diversity makes our own lives richer.
다양함을 포용하려는 우리의 능력은 우리 삶을 더 풍요롭게 만들어 준다.

embrace의 예문을 하나 더 볼까요?

He opened his arms wide to embrace his daughter.
그는 딸을 안으려고 두 팔을 활짝 벌렸다.

adhere - here

광고를 여기에 부착하지 마시오.

adhere라는 단어를 잘 보면 here가 들어 있다는 것을 알 수 있을 것입니다. 남의 집 벽에 자꾸 광고물을 붙이면 보기 흉하죠. 집 주인이 벽에 '여기에 광고를 붙이지 마세요'라고 써 붙인 것을 간혹 본 적이 있을 것입니다. ad는 '광고'라는 뜻을 가진 advertisement의 준말입니다. 영어에는 긴 철자를 줄여서 표현하는 경우가 많은데 '수의사'라는 뜻을 가진 veterinarian도 vet으로 줄여서 말하거나 표기합니다. 심지어 doctor도 doc이라고 줄여서 말하기도 합니다. ad는 '애드벌룬 ad ballon'이라 하여 광고용으로 하늘 높이 띄어 올리는 풍선을 표현할 때 일반적으로 많이 사용합니다. adhere라는 단어의 뜻을 생각할 때는 언제나 그 안에 들어 있는 쉬운 단어 here를 가지고 뜻을 연상하세요.

adhere가 쓰인 사례를 볼까요? 에밀리 브론테가 쓴 "폭풍의 언덕 Wuthering Heights"에 보면 이자벨라가 캐더린에게 다음과 같이 말하는 장면이 나옵니다.

I'd thank you to adhere to the truth and not slander me, even in joke.
난 당신이 농담 중이라도 날 모략하지 않고 진실에 입각하여 말해 줘서 감사드립니다.

adhere의 예문을 하나 더 볼까요?

That glue does not adhere to the wall.
그 접착제는 벽에 잘 붙지 않는다.

fl**oat** - **oat**

오트밀이 우유 위에 **떠 있다**.

float라는 단어를 보면 '귀리'라는 뜻을 가진 oat가 들어 있습니다. 귀리로 만든 오트밀이 시리얼 우유 위에 떠 있는 모습을 연상해 보세요. float는 '떠 있다'라는 뜻입니다.

float가 들어간 예문을 살펴볼까요? "예언자 The prophet"을 쓴 레바논 출신의 세계적인 시인 칼릴 지브란은 인생의 덧없음에 대해 다음과 같이 말한 적이 있습니다.

Man is like the foam of the sea, that floats upon the surface of the water. When the wind blows, it vanishes as if it had never been.
인간이란 바닷물 표면에 있는 거품과 같은 존재다. 바람이 불면 마치 전혀 없었던 것처럼 사라져 버린다.

어때요? 이런 찰나 같은 인생, 허비하지 말고 순간순간 꽉 차게 살아야 하지 않을까요? 제가 학생들에게 항상 영어로 하는 말 중의 하나입니다.

Live your life to the fullest.
꽉 차게 당신의 인생을 사세요.

plunge - lung

폐암 말기 환자가 삶을 비관하여 강물에 뛰어들다.

plunge라는 단어 안에는 lung이 들어 있습니다. lung은 인체의 장기 중에서 '폐'를 뜻합니다. 담배를 많이 피우면 '폐암 lung cancer'에 걸리잖아요. 폐암에 걸린 사람이 너무 고통스러워 죽기 위해 강물에 뛰어드는 장면을 상상해 보세요. 좀 우울한 장면이지만 plunge라는 단어를 보면 담배를 끊을 수 있는 계기가 될 수도 있다는 희망으로 이런 가혹한 장면을 만들어 보았습니다.

plunge가 들어간 예문을 볼까요? 그리스 작가 니코스 카잔차키스의 대표작 "그리스인 조르바 Zorba the Greek"에 보면 티베트의 현자들이 어린 아이들을 데리고 산 속의 언 호수에 데려가서는 다음과 같은 인상적인 일들을 하는 장면이 나옵니다.

They undress, break the ice, plunge their clothes into the freezing water, put them on again and leave them to dry on their backs.
그들은 옷을 벗은 후 얼음을 깨고 옷을 차가운 물에 던져 넣은 후 다시 꺼내 입고서는 등에서 마르도록 그냥 놔둔다.

이렇게 강렬한 인상을 주는 예문은 머릿속에 오래 기억됩니다. 이런 예문들을 많이 찾아서 공부하는 것이 좋습니다.

cherish - her

그녀를 소중히 하다.

cherish라는 단어 안에는 her가 들어 있습니다. cherish는 '소중히 하다'라는 뜻이므로 여러분들이 소중하게 생각하는 '그녀'(연인, 어머니)를 생각해 보고 잠시 마음이 푸근해지는 경험을 해보는 게 어떤가요?

cherish가 들어간 문장 예문을 볼까요? 미국 콩코드 호수에서 문명과 등진 삶을 자세하게 그린 헨리 데이빗 소로우의 책 "월든 Walden"에 보면 콩밭의 콩에 대해 다음과 같이 말하는 장면이 나오는데 노동과 노동의 성과들에 대한 소로의 소박한 생각을 읽을 수 있는 대목입니다.

I cherish them, I hoe them, early and late I have an eye to them; that is my day's work.
나는 그 콩들을 소중히 여겨 괭이질도 하고 아침저녁으로 눈길을 줍니다. 그게 내 하루의 일과이지요.

cherish의 예문을 하나 더 볼까요?

We cherish every moment we have been together.
우리는 함께한 모든 시간을 소중히 간직한다.

013 isolate - late

막배 시간에 **늦어** 섬에 **고립되다**.

isolate라는 단어를 잘 보면 late가 들어 있습니다. 섬에 들어갔다가 마지막 배를 놓쳐 섬에 고립되었다고 상상해 보세요. isolate는 '고립시키다'라는 뜻을 가진 단어입니다.

isolate의 예문을 볼까요? 20년간 티베트의 라다크에 살면서 서구 사람들과 다른 가치를 가지고 사는 사람들에 대해 쓴 헬레나 노르베르 호지 여사의 "오래된 미래 Ancient Futures"에 보면, 그녀가 교육에 대해 다음과 같은 쓴 글을 볼 수 있습니다.

Today education has become something quite different. It isolates children from their culture and from nature, training them instead to become narrow specialists in a Westernized urban environment.

오늘날 교육은 아주 다른 뭔가가 되어 버렸다. 교육은 아이들을 그들의 문화로부터, 자연으로부터 고립시킨다. 그 결과 아이들은 서구화된 도시 환경 속에서 아주 좁은 분야의 전문가가 되도록 훈련된다.

'좁은 분야의 전문가'가 교육의 최종 목적이 되어서는 안 되겠지요. "오래된 미래"에는 현대 문명에 지쳐 있는 사람들이 새겨들을 만한 많은 좋은 글들이 있습니다.

isolate의 예문을 하나 더 볼까요?

He was isolated in the island due to the approaching storm.
그는 다가오는 폭풍 때문에 섬에 고립되었다.

permeate - meat

핏물이 고기에 스며들다.

이번 단어는 permeate입니다. 정말 어려워 보이죠? 그런데 이 단어를 잘 살펴보면 '고기'라는 뜻을 가진 meat가 있습니다. 스테이크를 시킬 때 '레어 rare'로 달라고 주문하면 고기에 핏물이 보이는 것을 볼 수 있습니다. 그 장면을 연상하면 permeate가 '스며들다'라는 뜻을 가진 단어라는 것을 쉽게 연상할 수 있을 것입니다.

permeate의 예문을 볼까요? 아프리카 탄자니아 곰베 지역의 침팬지 연구로 유명한
 제인 구달의 책 "희망의 이유 Reason for Hope"에 보면 우리가 좀 더 자연과 가까워져야 하는 이유를 다음과 같이 설명하고 있습니다.

Any little that brings us back into communication with the natural world and the spiritual power that permeates all life will help us to move a little farther along the path of human moral and spiritual evolution.
우리의 온 삶에 스며 있는 영적인 힘과 자연의 세계를 다시 우리에게 되돌리려는 그 어떤 작은 것도 우리를 인간의 도덕적 영적 진화의 길을 따라 한 걸음 더 나아가게 해줄 것이다.

permeate의 예문을 하나 더 볼까요?

The water permeates through the soil.
물이 땅 속으로 스며든다.

encroach - roach

바퀴벌레가 식탁으로 침입하다.

encroach라는 단어는 쉽지 않은 단어입니다. 우선 이 단어를 잘 살펴보면 roach가 들어 있는 걸 알 수 있습니다. TV 광고에 '로치 큐 Roach Q', '로치 베이트 Roach Bait' 등의 광고로 자주 나와서 익숙한 roach는 '바퀴벌레'라는 뜻입니다. encroach 안에 있는 roach를 이용해서 그 의미를 알아봅시다. 바퀴벌레가 밥 먹는 데 밥상에 침입하면 맛이 있겠어요? encroach는 '침입하다'라는 뜻입니다.

encroach의 예문을 볼까요? 마이크로 소프트 사의 중국 지사 이사였던 존 우드가 회사를 그만두고 네팔, 베트남, 인도 등의 아이들을 위해 도서관을 지은 이야기 "히말라야 도서관 Leaving Microsoft to Change the World"의 첫 문장은 다음과 같이 시작합니다. encroaching night란 표현이 인상적입니다.

An icy wind blew off the mountain as I zipped my fleece jacket against the encroaching night.
찬 얼음기를 머금은 바람이 산에서부터 불어왔을 때 점점 다가오는 밤에 대비하여 나는 양털 재킷의 지퍼를 채웠다.

encroach의 예문을 하나 더 볼까요?

He never allows work to encroach upon his family life.
그는 일 때문에 가정생활이 침입받는 일은 절대 없게 한다.

28

scatter - cat

고양이가 나타나자 쥐들이 흩어지다.

scatter에는 '고양이'를 뜻하는 cat이 들어 있습니다. 쥐들이 모여 있는 곳에 고양이가 나타나면 모두 여기저기 흩어질 것입니다. scatter는 '흩어지다'라는 의미입니다.

The cat is chasing the rats.
고양이가 쥐를 쫓고 있다.

Scatter seeds of kindness everywhere you go and watch them grow and grow.
당신이 가는 곳 어디나 친절함의 씨앗을 뿌리세요. 그리고 그 씨앗이 자라고 또 자라는 것을 보세요.

친절한 행동은 언제나 선한 결과를 가져옵니다. '노아의 방주'라는 말에서 자주 인용되는 '방주'라는 뜻을 가진 단어 ark를 Action of Random Kindness의 약자로 생각해 보라고 권하는 내용이 영화 "에반 올마이티 Evan Almighty"에 나옵니다. '대가를 바라지 않고 무심코 행하는 친절한 행동'이란 뜻일 텐데 이것이야말로 노아의 방주처럼 세상을 구할 거라는 것이 영화가 전하려는 메시지였습니다. Action of Random Kindness를 항상 가슴에 품고 사는 거 괜찮죠? "에너지 중독자 Energy Addict"의 저자 존 고든은 현대인의 바쁜 일상을 다음과 같이 꾸짖습니다.

When your phone is always ringing and you're doing three things at once, your energy is being scattered in many different directions.
항상 전화벨이 울리고 동시에 세 가지 일을 하면 당신의 에너지는 수없이 많은 방향으로 흩어지게 됩니다.

현대인은 멀티태스킹을 자랑으로 삼지만 연구에 따르면 한 가지에 몰두하는 전통적인 사고를 가진 뇌가 훨씬 더 효율적인 결과를 낸다고 합니다. 당신의 소중한 에너지가 흩어지지 않으려면 어떻게 해야 하는지 이제 알겠죠?

017 scowl - cow

도살장에 끌려가는 **소가 찡그리다**.

scowl이라는 단어 안에는 '소'를 뜻하는 cow가 들어 있습니다. 오랫동안 키웠던 소가 도살장에 끌려갈 때 가기 싫어서 얼굴을 찡그린다고 생각해 보세요. scowl은 '찡그리다'라는 뜻을 가진 단어입니다.

Fears of mad cow disease have spread among many South Koreans.
광우병에 대한 공포가 한국 사람들에게 널리 퍼져 있다.

scowl의 예문을 볼까요?

Wear a smile and have friends; wear a scowl and have wrinkles.
언제나 미소를 지어보세요. 많은 친구가 생길 것입니다. 그런데 얼굴을 찡그리면 주름살만 늘게 됩니다.

🎵 미하엘 엔데의 소설 "모모 Momo"에 보면 초록피를 가진 요정이 다음과 같이 섬뜩하게 말하는 장면이 나옵니다.

"You've broken your promise," snapped the green blooded fairy, scowling so hideously that she looked like a snake, "and now you must pay the price!"
'넌 약속을 어겼어'라고 뱀처럼 보이는 얼굴을 무섭게 찡그리면서 초록피를 가진 요정이 말했다. '넌 대가를 치러야 해!'.

018 recognize - eco

eco 마크가 찍힌 가게를 알아보다.

recognize라는 단어 안에는 '환경'을 뜻하는 접두사 eco가 들어 있습니다. 이 접두사는 ecosystem(생태계), eco-friendly(친환경적인) 등의 사례로 많이 쓰입니다. 'ECO' 마크를 보고 친환경적인 제품만을 파는 가게임을 알아본다고 생각해 보세요. recognize는 '알아보다', '인식하다'라는 뜻을 가진 단어입니다.

Our new chain sells eco-friendly products.
저희 체인점은 환경 친화적인 제품을 팝니다.

recognize의 예문을 볼까요?

I recognized him as soon as he came in the room.
나는 그가 방에 들어오자마자 그를 알아보았다.

 영화 "아이언맨 Iron Man"에 보면 주인공이 자신의 비서(기네스 펠트로)를 파티에서 만났는데 평소와는 다르게 화려한 이브닝드레스를 입을 것을 보고 다음과 같이 말하는 장면이 나옵니다.

I didn't recognize you.
난 당신을 알아보지 못했소.

019 starve - star

굶주린 배를 잡고 **별**을 보다.

starve라는 단어 안에는 '별'을 뜻하는 star가 들어 있습니다. 굶주린 배(ve)를 부여잡고 밤하늘의 별을 바라본다고 생각해 보세요. starve는 '굶주리다'라는 뜻을 가진 단어입니다.

In the countryside, you can see all the stars twinkle in the night sky.
시골에서는 밤하늘의 모든 별이 반짝이는 것을 당신은 볼 수 있을 것입니다.

starve의 예문을 볼까요?

I would rather starve to death than steal.
나는 도둑질을 할 바에는 차라리 굶어 죽겠다.

It is estimated that over 3 million children starve to death in the world each year.
전 세계적으로 매년 3백만 명 이상의 어린이들이 기아로 사망한다고 추정되고 있습니다.

"대지"를 쓴 펄 벅 여사의 다음의 말에도 귀 기울여 보세요.

To eat bread without hope still slowly to starve to death.
희망 없이 빵을 먹는 것은 서서히 굶어 죽는 것과 같다.

emphasize - size

외형적인 크기만 강조하다.

emphasize라는 단어 안에는 '크기'를 뜻하는 size가 들어 있습니다.

It's about twice the size of my old one.
먼저 쓰던 것보다 크기가 두 배는 돼요.

실질적인 내용보다는 외형적인 크기를 강조하는 회사는 오래갈 수 없을 것입니다. emphasize는 '강조하다'라는 뜻을 가진 단어입니다.

emphasize의 예문을 볼까요?

Parents emphasize that children should be independent.
부모들은 아이들이 독립심을 가져야 한다고 강조한다.

He emphasized the bad effect of drinking.
그는 음주의 폐해를 강조했다.

hesitate - sit

젖은 의자에 앉기를 주저하다.

hesitate라는 단어 안에는 '앉다'라는 뜻을 가진 sit이 들어 있습니다.

I absolutely detest having to sit next to smokers.
난 담배 피우는 사람 옆에 앉는 것을 아주 싫어해.

비 온 다음 날 아침에 공원에 갔는데 벤치에 여전히 물기가 남아 있어서 앉기를 주저한다고 생각해 보세요. hesitate는 '망설이다'라는 뜻을 가진 단어입니다.

hesitate의 예문을 볼까요?

Don't hesitate to ask me if you have any questions.
질문이 있으면 물어보는 것을 주저하지 마세요.

While one person hesitates because he feels inferior, the other is busy making mistakes and becoming superior.
한 사람이 스스로 열등하다고 느껴서 망설이는 동안에 다른 사람은 실수를 범하고 그것을 교훈 삼아 뛰어난 사람이 되느라고 바쁘다.

실패 없이 성공할 수는 없습니다. 수없이 실수하고 넘어져도 포기하지 않고 다시 일어서면 열등하다고 생각했던 자질이 탁월함으로 변화되어 있을 것입니다.

devastate - state

온 나라가 전쟁으로 파괴되다.

devastate라는 단어 안에는 '국가', '주'를 뜻하는 state가 들어 있습니다. 한 나라에 전쟁이 일어나면 국가 전체가 쑥대밭이 됩니다. 한국전쟁이 일어났을 때 한국이 그랬고, 임진왜란이 일어났던 조선이 그랬습니다. state가 '주'라는 뜻도 있으니까 미국의 뉴올리언스를 강타한 허리케인 카트리나가 주 전체를 초토화시켰던 것도 기억해 보세요. devastate는 '파괴시키다'라는 뜻을 가진 단어입니다. devastate에는 '광대한'이란 뜻을 가진 vast도 들어 있는데 '아주 광대하게 한 나라를 쑥대밭으로 만드는 상황'을 상상하면 devastate가 더 선명하게 잘 기억될 것입니다.

Forestation is a long-range project of the State.
산림녹화는 국가의 백년대계이다.

devastate의 예문을 볼까요? 미국의 9.11 테러와 연관된 다음 문장을 보면 devastate가 눈에 잘 들어올 것입니다.

Reaching the Twin Towers after they had collapsed, he found a devastated area that looked like a war zone.
쌍둥이 건물이 붕괴된 후 그곳에 도착했을 때 그는 마치 전쟁이 일어난 지역 같은 엄청나게 피괴된 지역을 발견하게 되었다.

The low land area has been devastated by the flood.
저지대는 홍수로 폐허가 됐다.

023 instill - still

여전히 주입식으로 공부시키다.

instill이라는 단어 안에는 '여전히'라는 뜻을 가진 still이 들어 있습니다.

Are you still in there?
너 아직도 그 안에 있니?

학교에서 학생들의 창의력과 상상력을 배양시킨다고 하지만 여전히 주입식으로 공부하는 곳이 많습니다. instill은 '주입하다'라는 뜻을 가진 단어입니다. examination(시험)과 imagination(상상력)이란 단어 안에는 공통적으로 nation(나라)이라는 단어가 들어 있는데 아이들이 시험에 찌들려 사는 나라에 사는 게 좋은지, 아이들의 상상력이 충분히 발휘되는 나라에서 사는 게 좋은지 진정 생각해야 할 때입니다.

Imagination is the highest kite one can fly.
상상력은 인간이 띄워 올릴 수 있는 가장 높은 연이다.

instill의 예문을 볼까요?

A coach's job is to instill confidence into his players.
감독이 할 일은 선수들에게 자신감을 심어 주는 것이다.

It is part of a teacher's job to instill confidence and trust into his or her students.
자신감과 신뢰를 학생들에게 심어 주는 것은 교사가 해야 할 일 중 일부이다.

선수나 학생들에게 자신감과 신뢰를 주면 상상할 수 없는 결과가 나온다는 것이 실제 많은 사례에서 증명되고 있습니다. 잘 못하는 부분보다는 잘 하는 부분에 집중하여 칭찬을 하면 모두가 원하는 결과가 나올 것입니다.

banish - ban

금지한 일을 하여 **추방시키다.**

banish라는 단어 안에는 '금지하다'라는 뜻을 가진 ban이 들어 있습니다. ban이라는 단어는 '은행'이라는 뜻을 가진 bank에도 들어 있는데 '부정한 방법으로 대출하는 것을 금지하다.'라고 연결해서 생각하면 ban이란 단어를 쉽게 기억할 수 있을 것입니다.

They're going to ban smoking in the building.
그들은 건물 내에서 흡연을 금지시킬 것이다.

에덴동산에서 선악과를 먹는 금지된 일을 해서 아담과 이브가 추방되었습니다. banish는 '추방하다'라는 뜻을 가진 단어입니다.

banish의 예문을 볼까요?

The political dissidents were banished from the country.
반정부 인사들이 국외로 추방되었다.

The banished king was restored to the throne.
추방되었던 왕은 복위되었다.

025 diminish - mini

미니스커트의 길이가 점점 줄다.

diminish라는 단어 안에는 '작은'이란 뜻을 가진 mini가 들어 있습니다. 경기가 나빠지면 여성의 미니스커트 길이가 줄어든다는 속설이 있습니다. diminish는 '줄다'라는 뜻을 가진 단어입니다.

Mini skirts are in fashion this year.
올해는 미니스커트가 유행이다.

diminish의 예문을 볼까요?

Only love can be divided endlessly; still not diminish.
오로지 사랑만이 끊임없이 나누어질 수 있다. 그래도 여전히 줄지 않는다.

이 세상의 모든 것은 타인에게 주면 그만큼 줄어들게 되어 있습니다. 그러나 사랑은 테레사 수녀의 말대로 사철 맺는 열매처럼 아무리 나누어도 줄지 않습니다. 그러니 사랑을 나누고 베푸는 데 절대 인색해지지 마세요.

As your fears diminish, you will become more powerful and persuasive.
두려움이 줄어들면 당신은 더욱 강력하고 설득력 있는 사람으로 변하게 될 것입니다.

마음속에 두려움을 품고 있는 사람은 강한 면모를 보일 수 없고 사람들을 설득하는 데 전혀 자신감이 없습니다. 무엇이 스스로를 두렵게 하는지 마음속에서 제거하지 못하면 원하는 그 어떤 것도 얻을 수 없습니다.

Check-up!

쉬운 단어들을 보고 앞에서 학습한 어려운 단어들을 기억해 보세요.

1회 2회 3회 4회 5회

1	귀리	oat	float	떠 있다
2	느릅나무			
3	여기에			
4	작은			
5	여전히			
6	환경			
7	고기			
8	링크			
9	금지하다			
10	별			
11	바퀴벌레			
12	그녀를			
13	종			
14	앉다			
15	고양이			
16	경주			
17	창			
18	나라			
19	갈비뼈			
20	늦은			
21	습관			
22	폐			
23	소심한			
24	크기			
25	소			

entreat - treat

잘 **다루어** 달라고 **간청하다**.

entreat라는 단어 안에는 '다루다'라는 뜻을 가진 treat가 들어 있습니다.

I treat this bike like my best friend.
나는 이 자전거를 소중한 친구처럼 다룬다.

이사 갈 때 이삿짐센터 직원에게 깨지기 쉬운 값비싼 도자기들을 잘 다루어 달라고 간청한다고 생각해 보세요. entreat는 '간청하다'라는 뜻을 가진 단어입니다.

entreat의 예문을 볼까요?

The sick man entreated the doctor to ease his pain.
환자는 제발 통증을 줄여 달라고 의사에게 간청했다.

We would spend every meal time entreating the child to eat her vegetables.
우리는 매번 식사 때마다 우리 아이에게 채소를 먹으라고 애원하느라고 시간을 보내곤 했다.

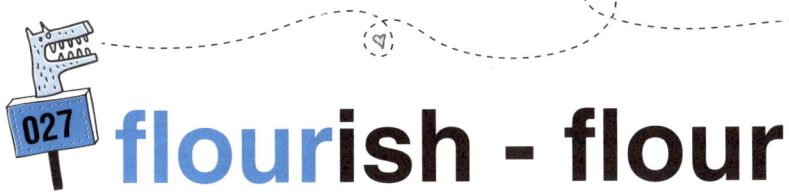

flourish - flour

밀가루 사업이 번창하다.

flourish라는 단어 안에는 '밀가루'라는 뜻을 가진 flour가 들어 있습니다.

The bread you eat is usually made from wheat flour.
당신이 먹는 빵은 보통 밀가루로 만들어진다.

빵이 잘 팔리면 관련 업종인 밀가루 사업도 번창하겠죠. flourish는 '번창하다'라는 뜻을 가진 단어입니다.

flourish의 예문을 볼까요? 하버드대 행복학 교수인 탈 벤 샤히르의 "해피어 Happier"에 보면 다음과 같은 문장이 나옵니다.

Like every transaction, the more profitable a relationship is for both people, the more likely it is to flourish.
모든 거래와 마찬가지로, 하나의 관계가 서로에게 이득이 되면 될수록 그 관계는 더욱 더 번성할 가능성이 많다.

flourish 예문을 하나 더 볼까요?

The Inca Empire was a splendid civilization that flourished in South America.
잉카 제국은 남미에서 번창한 찬란한 문명이었다.

demonstrate - demon

시위하는 군중들이 악마 같다.

demonstrate라는 단어 안에는 '악마'라는 뜻을 가진 demon이 들어 있습니다. 시위대들은 정당한 대의명분으로 자신의 뜻을 주장하지만, 하루가 멀다 하고 시위가 벌어지면 경찰 입장에서는 시위하는 군중들이 마치 악마처럼 보일지도 모릅니다. demonstrate는 '시위하다'라는 뜻을 가진 단어입니다.

The patient has hallucinations that demons are chasing him.
그 환자는 악마들이 쫓아오는 환각 현상을 경험하고 있다.

demonstrate의 예문을 볼까요?

They are demonstrating in favour of freedom of speech.
그들은 언론의 자유를 찬성하는 시위를 하고 있다.

demonstrate는 '설명하다'라는 뜻도 가지고 있습니다.

Research has demonstrated that babies can recognize their mother's voice very soon after birth.
연구에 따르면 아기들은 태어난 직후부터 엄마의 목소리를 인식할 수 있다고 설명하고 있다.

When you apologize, you demonstrate to your child that you are a human being.
당신이 사과를 하면 아이에게 부모인 당신도 사람이라는 것을 보여 주는 것입니다.

아이에게 잘못한 일이 있으면 부모의 권위를 버리고 주저 없이 사과하세요. 스스로 잘못을 인정하는 것을 보여 주는 것만큼 자식에게 큰 교육은 없습니다.

029 brag - rag

걸레로 청소를 잘한다고 자랑하다.

 brag라는 단어 안에는 '걸레', '누더기'라는 뜻을 가진 rag가 들어 있습니다. rag라는 단어는 '용'을 뜻하는 dragon 안에도 들어 있는데 '용이 긴 꼬리를 질질 끌고 다녀 누더기가 다 되다.'라고 연결해서 생각하면 rag를 쉽게 기억할 수 있을 것입니다.

Please clean the floor with a wet rag.
물걸레로 바닥 좀 청소해 주세요.

다른 건 몰라도 걸레로 청소하는 것은 잘한다고 자랑하는 하녀가 있다고 생각해 보세요. brag는 '자랑하다'라는 뜻을 가진 단어입니다. 🎬 영화 "슈렉 Shrek"에서 슈렉이 석양을 바라보며 피오나에게 자신이 들쥐를 잘 잡는다고 자랑하다 다음과 같이 말합니다.

 I don't mean to brag.
자랑하려는 뜻은 아닙니다.

요리 평론가였던 🔖 매니 하워드(Manny Howard)가 자신의 뉴욕 집 뒷마당에 만든 농장에서의 분투기를 그린 "내 뒷마당의 제국 My Empire of Dirt"에도 아래와 같은 문장이 나옵니다. 한 번도 농장 일을 해본 적이 없는 필자가 잡지사의 청탁으로 6개월간 뉴욕에서 채소도 기르고 토끼 등 동물도 기르는 좌충우돌 과정에서 **톱질을 하다** 그만 새끼손가락을 잘리는 사고가 납니다. 그 일을 주변 사람들에게 자랑스럽게 이야기했다가 사람들이 자신들이 겪은 상처를 말하는 것을 듣고 다시는 손가락 잘린 이야기를 하지 않습니다. 사람들은 저마다 깊은 상처를 가슴 속에 담고 살아가고 있다는 것은 상대와 소통할 때 정말 중요한 전제가 됩니다.

 I never brag about my finger again after that night.
나는 그날 밤 이후로 다시는 내 손가락에 대해 자랑하지 않는다.

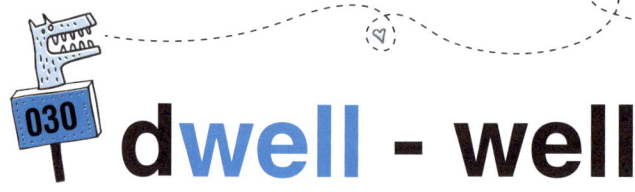

dwell - well

우물을 파서 **거주하다**.

dwell이라는 단어 안에는 '우물'을 뜻하는 well이 들어 있습니다.

The well ran dry.
그 우물이 말라버렸다.

유목민들이 새로운 정착지를 발견한 후 우물을 파서 그 곳에 거주한다고 생각해 보세요. dwell은 '거주하다'라는 뜻을 가진 단어입니다.

dwell의 예문을 볼까요? '우정'에 대한 아리스토텔레스의 말이나 '화'에 대한 아인슈타인의 말에도 귀를 기울여 보세요.

 Friendship is a single soul dwelling in two bodies.
우정이란 두 개의 신체에 거주하는 하나의 영혼이다.

 Anger dwells only in the bosom of fools.
화는 오로지 바보들의 가슴 속에만 산다.

좋은 우정을 쌓아가는 가장 좋은 방법 중의 하나는 자잘한 일에 너무 화를 내지 않는 것입니다. 화내야 할 일에도 화를 내지 않으면 그것에 대한 고마움을 오래도록 가슴에 담고 있을 테니까요.

exhibit - bit

나무 조각으로 만든 작품들을 전시하다.

exhibit라는 단어 안에는 '조각'을 뜻하는 bit이 들어 있습니다.

The ants ate up the cookie bit by bit.
개미는 그 과자를 한 조각씩 먹어 치웠다.

조각가가 다양한 종류의 나무들에서 나온 조각들을 서로 이어 붙여 만든 작품들을 전시한다고 생각해 보세요. exhibit은 '전시하다'라는 뜻을 가진 단어입니다.

exhibit의 예문을 볼까요?

They will be exhibiting their new designs at the trade fairs.
그들은 무역 박람회에서 새 디자인을 전시할 것이다.

Impressionist paintings are exhibited in the art gallery.
그 화랑에는 인상파의 그림이 전시되어 있다.

abandon - band

인디 밴드 운영을 포기하다.

abandon이라는 단어 안에는 '악단'을 뜻하는 band가 들어 있습니다.

They are dancing to the band.
그들은 밴드에 맞춰 춤을 추고 있습니다.

홍대 앞에는 수많은 인디 밴드들이 연주하는 공연장들이 많이 있습니다. 하지만 많은 밴드들이 재정적인 문제로 밴드 운영을 포기하는 경우가 종종 있습니다. abandon은 '포기하다'라는 뜻을 가진 단어입니다.

abandon의 예문을 볼까요?

A family tragedy forced her to abandon her studies.
집안에 닥친 비극 때문에 그녀는 학업을 포기해야 했다.

Due to the heavy snow, they had to abandon their car and walk.
폭설 때문에 그들은 차를 포기하고 걸어가야 했다.

soak - oak

참나무가 폭우에 젖다.

soak라는 단어 안에는 '참나무'를 뜻하는 oak가 들어 있습니다.

There are mature oak trees on each side of our street.
우리 동네 거리의 양편에는 다 자란 참나무가 서 있다.

가지런히 내리는 비에 촉촉이 젖어 있는 참나무를 생각해 보세요. soak는 '적시다'라는 뜻을 가진 단어입니다.

soak의 예문을 볼까요?

Soak the peas in cold water for one hour.
콩을 찬물에 한 시간 동안 담가두어라.

 존 스타인벡의 "에덴의 동쪽 East of Eden"에 보면 다음과 같은 멋진 문장이 나옵니다. 등장인물 중의 하나인 사무엘이 중국인 리와 아일랜드인의 기질에 대해 말하는 장면입니다.

It's said that without whisky to soak and soften the world, they'd kill themselves.
세상 사람들의 마음을 적셔 주고 위로해 주는 위스키가 없다면 그들은 아마 자살을 하고 말았을 것이라고 사람들은 말하지.

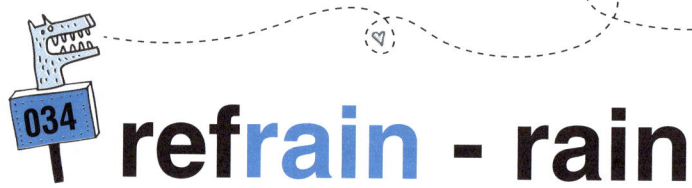

034 refrain - rain

비가 많이 와서 외출을 삼가다.

refrain이라는 단어 안에는 '비'를 뜻하는 rain이 들어 있습니다.

The rain is pouring down.
비가 내리퍼붓고 있다.

비가 너무 많이 와서 다리도 붕괴되고 버스도 물에 잠기는 등 많은 사고가 나서 외출을 삼간다고 생각해 보세요. refrain은 '삼가다'라는 뜻을 가진 단어입니다.

refrain의 예문을 볼까요?

Refrain from speaking loud in the library.
도서관에서 크게 말하는 것을 삼가세요.

♧ "좁은 문"을 쓴 앙드레 지드의 다음의 말에 귀 기울여 볼까요?

In order to be utterly happy, the only thing necessary is to refrain from comparing this moment with other moments in the past.
온전히 행복해지기 위해 필요한 유일한 것은 현재의 순간을 과거의 다른 순간과 비교하는 것을 삼가는 것이다.

과거에 좋았던 것, 과거에 슬펐던 일 등 그 어떤 것도 현재와 비교해서 마음을 어둡게 해서는 안 된다는 말입니다. 현재의 순간을 느끼고 그것을 온전히 자신의 것으로 만드는 것이 진정 중요합니다.

035 shrink - ink

프린터 **잉크**의 양이 점점 **줄어들다**.

shrink라는 단어 안에는 '잉크'를 뜻하는 ink가 들어 있습니다.

There is little ink in the bottle.
잉크병에 잉크가 거의 없다.

프린터 카트리지 속의 잉크가 점점 줄어든다고 생각해 보세요. 혹은 잉크병에 잉크가 점점 줄어든다고 생각해 보세요. shrink는 '줄어들다'라는 뜻을 가진 단어입니다.

shrink의 예문을 볼까요?

Will this clothes shrink when I wash them?
이 옷 빨면 줄어요?

Life shrinks or expands in proportion to one's courage.
인생은 한 사람의 용기에 따라 줄어들기도 하고 늘기도 한다.

한 사람의 삶의 폭은 역경에 대해 용기 있게 대처하고, 불의에 대해 용기 있게 대응할 때 진정 넓어질 것입니다. 스스로 움츠러들면 그만큼 삶의 폭이 좁아질 것입니다.

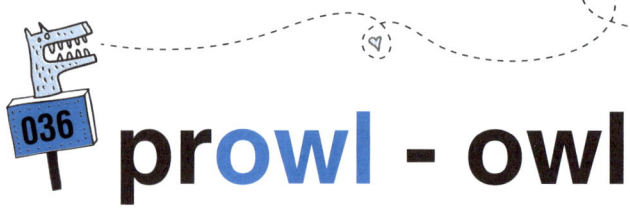
prowl - owl

올빼미가 밤에 먹이를 찾아 돌아다닌다.

prowl이란 단어 안에는 '올빼미'를 뜻하는 owl이 들어 있습니다.

The owl can see well in the dark.
올빼미는 어둠 속에서도 잘 본다.

올빼미가 밤에 먹이를 찾아 헤맨다고 생각해 보세요. prowl은 '먹이를 찾아 돌아다니다'라는 뜻을 가진 단어입니다.

prowl의 예문을 볼까요?

They only prowl around at night since they are active at night.
그들은 밤에 활동적이기 때문에 밤에만 먹이를 찾아 어슬렁거립니다.

A wolf is prowling after its prey.
늑대가 먹이를 찾아 어슬렁거리고 있다.

037 exaggerate - age

나이를 속여 과장해서 말하다.

exaggerate라는 단어 안에는 agge가 들어 있는데 '나이'를 뜻하는 age라는 단어에 g를 하나 더 추가했다고 생각하세요.

My parents died when I was at the age of seven.
내가 7살 때 부모님이 돌아가셨다.

간혹 나이를 속여 자기 실제 나이보다 과장해서 말하는 사람이 있습니다. exaggerate는 '과장하다'라는 뜻을 가진 단어입니다.

exaggerate의 예문을 볼까요?

He exaggerated his achievements to impress his audience.
그는 청중의 관심을 끌기 위해 자기 업적을 과장해서 말했다.

Demand for the product has been greatly exaggerated.
그 상품에 대한 수요는 크게 과장되었다.

51

alleviate - via

명절 때 꽉 막힌 고속도로 대신 시골 국도를 **경유하여** 가니 스트레스가 **경감되다**.

alleviate라는 단어 안에는 '경유하여'라는 뜻을 가진 via가 들어 있습니다.

We flew home via Tokyo.
우리는 동경을 경유하여 비행기를 타고 집으로 왔다.

추석, 설과 같은 명절이나 휴가철에 고속도로는 정체가 아주 심U합니다. 고속도로를 벗어나 국도를 경유하여 목적지에 가니 길이 안 막혀서 스트레스가 훨씬 경감되었다고 생각해 보세요. alleviate는 '경감시키다', '완화시키다'라는 뜻을 가진 단어입니다.

alleviate의 예문을 볼까요?

The pills did nothing to alleviate her pain.
그 알약들은 그녀의 통증을 경감시키는 데 아무 효과가 없었다.

A number of measures were taken to alleviate the problem.
그 문제를 완화하기 위해 많은 조치가 취해졌다.

captivate - cap

빨간 모자를 쓰고 지나가는 여자에게 마음을 사로잡히다.

captivate라는 단어 안에는 '(테 없는) 모자'를 뜻하는 cap이 들어 있습니다.

She wears a baseball cap when she rides a bike.
그녀는 자전거를 탈 때 야구 모자를 쓴다.

아침에 조깅하러 나갔다가 빨간 모자를 쓰고 지나가는 여자에게 마음을 사로잡혔다고 생각해 보세요. captivate는 '마음을 사로잡히다'라는 뜻을 가진 단어입니다.

captivate의 예문을 볼까요?

Her beauty and intelligence captivated many men.
그녀의 미모와 지성은 많은 남자들의 마음을 사로잡았다.

I was captivated by their performance.
나는 그들의 연주에 마음을 빼앗겼다.

🎬 한국 영화 "시월애"를 리메이크한 할리우드 영화 "레이크 하우스"에 보면 건축가로 나오는 키아누 리브스의 극 중 아버지가 건축에 대해 다음과 같이 말하는 장면이 나옵니다

You must be captivated by the light.
넌 틀림없이 빛에 마음을 빼앗길 거야.

eradicate - era

구시대의 악습을 제거하다.

eradicate라는 단어 안에는 '시대'를 뜻하는 era가 들어 있습니다.

The symphony reflects the classical era.
이 교향곡은 고전주의 시대를 반영하고 있다.

남녀 차별, 신분 차별과도 같은 구시대의 악습은 제거되어야 합니다. eradicate는 '제거하다'라는 뜻을 가진 단어입니다.

eradicate의 예문을 볼까요?

It is almost impossible to eradicate all the weeds in the garden.
정원에서 잡초를 다 제거하는 것은 거의 불가능하다.

We all pray that eventually cancer is eradicated.
우리는 모두 암이 결국 근절되기를 바란다.

carve - car

자동차에 V자를 새기다.

carve라는 단어 안에는 '자동차'를 뜻하는 car가 들어 있습니다.

The car is dented on the side.
자동차 옆이 움푹 들어갔다.

자신의 자동차 뒤에 이런저런 글자를 새기고 다니는 사람들이 있습니다. 자동차 뒤에 승리(Victory)를 뜻하는 V자를 새기고 다닌다고 생각해 보세요. carve는 '새기다'라는 뜻을 가진 단어입니다.

carve의 예문을 볼까요?

He carved his name on a tree.
그는 자신의 이름을 나무에 새겼다.

His hands are very dexterous in carving figures out of wood.
그의 손은 나무에 형상을 새기는 데에 아주 능란하다.

concentrate - once

수업 내용을 **한 번**에 이해하려면 **집중해야** 한다.

concentrate라는 단어 안에는 '한 번'이라는 뜻을 가진 once가 들어 있습니다.

I want you to practice playing the piano at least once a day.
적어도 하루에 한 번은 너가 피아노 치는 연습을 했으면 좋겠다.

수업 시간에 학생이 선생님이 전달하려는 내용을 한 번에 이해하려면 고도의 집중력이 필요할 것입니다. concentrate는 '집중하다'라는 뜻을 가진 단어입니다.

concentrate의 예문을 볼까요?

Concentrate on finding your goal, then concentrate on reaching it.
당신의 목표를 찾는 데 집중하세요. 그 후에는 그것에 도달하는 데 집중하세요.

 파울로 코엘료의 소설 "연금술사 The Alchemist"에 보면 다음과 같은 문장이 나옵니다.

If you can concentrate always on the present, you will be a happy man.
당신이 언제나 현재에 집중할 수 있다면 당신은 행복한 사람이 될 것입니다.

현재의 순간을 느끼는 사람은 언제나 다음의 말을 가슴에 새기고 삽니다.

Enjoy the moment.
순간을 즐겨라.

Savor the moment.
순간을 음미하라

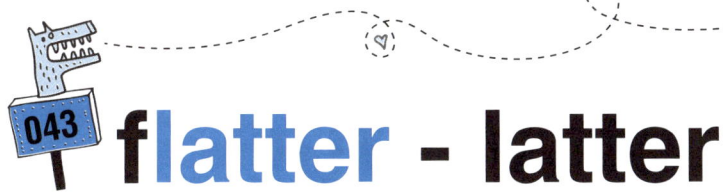

flatter - latter

전자보다는 후자에게 아첨하다.

flatter라는 단어 안에는 '후자'를 뜻하는 latter가 들어 있습니다.

Of the two, the latter is better than the former.
두 사람 중 후자가 전자보다 좋다.

권력에 빌붙기 위해 강력한 파워를 가진 두 사람을 생각해 내고는 두 사람 중 뒤에 떠올린 사람에게 아첨을 해야겠다고 결정하는 사람을 떠올려 보세요. flatter는 '아첨하다'라는 뜻을 가진 단어입니다.

flatter의 예문을 볼까요?

He doesn't want to flatter people to gain their trust.
그는 사람들의 신용을 얻기 위해 아첨하는 것은 원치 않는다.

🔖 자기 계발 전문가 데일 카네기가 쓴 "당신의 삶과 직업을 즐기는 법 How to Enjoy Your Life and Your Job"에 보면 다음과 같은 문장이 나옵니다.

Don't be afraid of enemies who attack you. Be afraid of friends who flatter you.
당신을 공격하는 적들을 두려워하지 마라. 하지만 당신에게 아첨하는 친구들은 두려워하라.

정말 공감이 가는 문장입니다. 내게 듣기 좋은 말을 하는 친구와 내게 직언을 해서 내 마음을 불편하게 하는 친구 중 누가 더 오래 내 곁에 남아 있는지 한번 살펴보세요. 내게 직언을 하는 사람은 진정으로 날 생각하는 사람일 가능성이 높습니다. 그런 사람은 멀리하지 말고 항상 가까이 두어야 합니다.

044 furnish - fur

백화점에서 사은품으로 **모피** 코트를 **제공하다**.

furnish라는 단어 안에는 '모피'를 뜻하는 fur가 들어 있습니다. 또한 fur는 '가구'를 뜻하는 furniture 안에도 들어 있습니다. '가구 안에 모피 코트가 들어 있다.'라고 연결해서 생각하면 fur를 쉽게 기억할 수 있을 것입니다.

This is the most expensive fur coat I've ever seen.
이건 내가 지금까지 본 가장 비싼 모피 코트다.

대형 백화점에서 VIP고객에게 사은품으로 모피 코트를 제공한다고 생각해 보세요. furnish는 '제공하다'라는 뜻을 가진 단어입니다.

furnish의 예문을 볼까요?

She furnished him with the facts surrounding the case.
그녀가 그에게 그 사건과 관련된 사실들을 제공해 주었다.

 알베르 카뮈의 소설 "페스트 The Plague"에 보면 신문 기삿거리를 위해 찾아온 레이몽 랑베르 기자에게 의사인 리외가 그를 마뜩치 않게 생각하며 다음과 같이 말하는 문장이 나옵니다.

That is why I shall not furnish information in support of yours.
그것이 바로 내가 당신을 도와 기삿거리를 제공하지 않는 이유입니다.

045 fulfill - fill

목표량을 꽉 채워 완수하다.

fulfill이라는 단어 안에는 '채우다'라는 뜻을 가진 fill이 들어 있습니다.

Don't forget to fill the bathtub with water.
욕조에 물 가득 채우는 거 잊지 마.

fulfill의 예문을 볼까요?

Fulfill your duties before you assert your rights.
권리를 주장하기 전에 너의 의무를 먼저 완수하라.

 개구리를 등장시킨 우화 소설 "핑 Ping"에 보면 다음과 같은 문장이 나옵니다.

 You can fulfill your destiny by helping others.
넌 다른 사람을 도와줌으로써 네 운명을 완수할 수 있을 거야.

impeach - peach

천도**복숭아** 먹은 자를 **탄핵하다**.

impeach라는 단어 안에는 '복숭아'를 뜻하는 peach가 들어 있습니다.

I'm allergic to peaches.
나는 복숭아에 알레르기가 있다.

천도복숭아를 먹어 화가 난 옥황상제의 탄핵을 받아 동굴에 갇힌 자가 있다고 생각해 보세요. impeach는 '탄핵하다'라는 뜻을 가진 단어입니다.

impeach의 예문을 볼까요?

The governor was impeached for wrongful use of state money.
그 주지사는 주 정부의 공금을 유용해서 탄핵을 받았다.

The prime minister was impeached for taking a bribe.
총리는 뇌물을 받아서 탄핵되었다.

047 shatter - hat

바람결에 날린 **모자**가 지나가는 차에 **산산이 부서지다**.

shatter라는 단어 안에는 '(테 있는) 모자'를 뜻하는 hat이 들어 있습니다.

He stood with his hat off.
그는 모자를 벗고 서 있었다.

모자가 바람에 날려 지나가는 차에 깔려 산산이 부서졌다고 생각해 보세요. shatter는 '산산이 부서지다'라는 뜻을 가진 단어입니다.

shatter의 예문을 볼까요?

The glass shattered into a thousand tiny pieces.
그 유리는 수천 개의 작은 조각으로 산산이 부서졌다.

🔊 독일의 철학자 니체가 한 다음의 말을 음미해 볼까요?

Even a thought, even a possibility can shatter us and transform us.
심지어 아주 작은 생각이나 아주 작은 가능성 하나가 우리를 산산이 부수고 새로운 사람으로 변화시킬 수 있다.

작은 아이디어가 큰 변화를 이루어 내는 경우는 수도 없이 많습니다. 이 문장은 항상 떠오르는 생각을 메모하고 작은 일일지라도 가능성이 보이는 일에 도전해 보는 자세가 필요함을 역설하고 있습니다.

plagiarize - arise

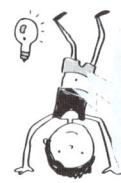

표절했다는 시비가 일어나다.

plagiarize라는 단어 안에는 '일어나다'라는 뜻을 가진 arise에서 철자 하나만 바꾼 arize로 들어 있습니다. arize를 arise의 의미로 생각하고 plagiarize라는 어려운 단어를 익혀 봅시다.

Differences of viewpoint may arise from time to time.
의견의 차이가 종종 일어날 수도 있다.

대중가요나 논문의 표절 시비가 일어나는 것을 자주 보게 됩니다. plagiarize는 '표절하다'라는 뜻을 가진 단어입니다.

plagiarize의 예문을 볼까요?

He was accused of plagiarizing his colleague's thesis.
그는 동료의 논문을 표절했다는 비난을 받았다.

I guess the professor will know this report is plagiarized.
교수님이 이 보고서는 표절되었다는 걸 알 거예요.

obliterate - liter

1리터의 휘발유로 증거를 지우다.

obliterate라는 단어 안에는 액체의 단위 '리터'를 뜻하는 liter가 들어 있습니다.

My car runs 10 kilometers per liter of gasoline.
내 차는 휘발유 1리터로 10킬로미터를 간다.

1리터의 휘발유를 뿌려서 증거를 지워버린다고 생각해 보세요. obliterate는 '지우다', '제거하다'라는 뜻을 가진 단어입니다.

obliterate의 예문을 볼까요?

He gets drunk to obliterate painful memories.
그는 고통스런 기억을 지우기 위해 술에 취한다.

"돈키호테"의 작가 세르반테스의 다음과 같은 멋진 문장을 한 번 보세요.

There is no remembrance which time does not obliterate, nor pain which death does not terminate.
시간이 없애지 못할 기억이란 없고, 죽음이 끝내지 못할 고통이란 없다.

# deliver - liver

배달간 곳에서 조폭들을 보고 간이 콩알만 해지다.

 deliver라는 단어 안에는 '간'을 뜻하는 liver가 들어 있습니다.

He was diagnosed with liver cancer two years ago.
그는 2년 전에 간암 진단을 받았다.

중국집 배달원이 배달간 곳에서 팔뚝에 문신이 가득한 조폭들을 보고 간이 콩알만 해졌다고 생각해 보세요. deliver는 '배달하다'라는 뜻을 가진 단어입니다.

deliver의 예문을 볼까요?

Can you deliver these vegetables to my house?
이 야채들을 저희 집으로 배달해 주시겠어요?

Maybe I'll deliver milk in the morning.
나는 어쩌면 아침에 우유 배달을 할 것 같아.

Check-up !

1회 2회 3회 4회 5회

쉬운 단어들을 보고 앞에서 학습한 어려운 단어들을 기억해 보세요.

1	밀가루	flour	flourish	번창하다
2	조각			
3	다루다			
4	(테 없는) 모자			
5	간			
6	나이			
7	자동차			
8	한 번			
9	걸레			
10	참나무			
11	복숭아			
12	리터			
13	잉크			
14	밴드			
15	악마			
16	비			
17	일어나다			
18	모피			
19	시대			
20	우물			
21	후자			
22	경유하여			
23	올빼미			
24	채우다			
25	(테 있는) 모자			

emancipate - man

인간을 노예 상태에서 **해방시키다**.

emancipate라는 단어 안에는 '인간'을 뜻하는 man이 들어 있습니다.

Man must live by the sweat of his brow.
인간은 이마에서 땀 흘리며 살아야 한다.

미국의 링컨 대통령은 남북 전쟁을 통해 흑인을 노예 상태에서 해방시켰습니다. 흑인은 노예이기 이전에 인간이기에 그랬던 것입니다. emancipate는 '해방시키다'라는 뜻을 가진 단어입니다.

emancipate의 예문을 볼까요?

Slaves were not emancipated until 1863 in the United States.
미국에서 노예는 1863년에야 해방이 되었다.

Korea was emancipated from Japanese colonial rule in 1945.
한국은 1945년에 일본의 식민 통치에서 해방되었다.

cremate - mate

젊은 나이에 죽은 **친구**를 **화장시키다**.

cremate라는 단어 안에는 '짝', '친구'를 뜻하는 mate가 들어 있습니다. 젊은 나이에 절친한 짝이 사고로 죽어 화장시켰다고 생각해 보세요. cremate는 '화장시키다'라는 뜻을 가진 단어입니다.

The student studied hard to catch up with his mate.
짝을 따라잡으려고 그 학생은 열심히 공부했다.

cremate의 예문을 볼까요?

He doesn't have a tomb because he was cremated and his ashes were spread all over India.
그는 화장되어 그의 재가 인도 전역에 뿌려졌기 때문에 무덤이 없다.

이 문장에서 그는 누구일까요? 바로 간디입니다. 평생 무저항 비폭력 정신으로 일관한 그의 삶은 죽음에 있어서도 경건함이 느껴집니다. 그런데 인도에는 간디만 있는 것이 아니라 불가촉천민 출신으로 평생 가난한 사람들 편에 서서 인도의 신분제인 카스트 철폐에 앞장섰던 암베드카르(Ambedkar)도 있다는 것을 기억하세요.

Ambedkar was the first Untouchable leader of India.
암베드카르는 인도 최초의 불가촉천민 지도자였다.

cremate의 예문을 하나 더 볼까요?

The body was cremated in accordance with the wishes of the deceased.
고인의 뜻에 따라 시신은 화장되었다.

67

053 meander - mean

스님이 삶의 의미를 찾아 구불구불한 산길을 내려가다.

meander라는 단어 안에는 '의미하다'를 뜻하는 mean이 들어 있습니다.

What's that supposed to mean?
무슨 뜻으로 하는 말이야?

'님'이라는 글자에 점 하나만 찍으면 '남'이 되는 것처럼 mean이라는 단어에 철자 s 하나만 붙이면 means가 됩니다. '수단'이라는 뜻이죠. 사람과의 관계에 있어서 상대를 수단으로 보지 말고 진정한 의미를 나눌 수 있는 대상으로 바라봐야 한다는 의미로 mean과 means의 관계를 새겨 보세요.

스님이 여름 수행을 마치고 삶의 의미를 찾아 구불구불한 산길을 내려간다고 생각해 보세요. meander는 '구불구불하다'라는 뜻을 가진 단어입니다.

meander의 예문을 볼까요?

A river meanders through open field.
강물이 평야를 구불구불 흘러간다.

I followed a path meandering through the woods.
나는 숲에 구불구불 나 있는 길을 따라갔다.

commemorate - memo

메모 수첩에 그녀의 생일을 기념하기 위해 기록하다.

commemorate라는 단어 안에는 '메모'를 뜻하는 memo가 들어 있습니다.

Just write her a memo and let her know.
그녀한테 메모를 써서 알리세요.

메모 수첩에 여자 친구의 생일, 처음 만난 날 등을 기념하기 위해 기록한다고 생각해 보세요. commemorate는 '기념하다'라는 뜻을 가진 단어입니다.

commemorate의 예문을 볼까요?

A statue has been built to commemorate the 100th anniversary of the poet's birthday.
시인 탄생 100주기를 기념하기 위하여 석상이 만들어졌다.

The award was named after him to commemorate his accomplishments.
이 상은 그의 업적을 기념하기 위해 그의 이름을 따서 지어졌다.

menace - men

남자들 여럿이 와서 위협하다.

menace라는 단어 안에는 '남자들'이란 뜻을 가진 men이 들어 있습니다.

The men are storming into the store.
남자들이 가게로 쏜살같이 들어가고 있다.

영화나 드라마에 보면 힘없는 사람들이 꾸려가는 포장마차나 가게에 남자들 여럿이 와서 위협하고 행패를 부리는 장면이 나옵니다. menace는 '위협하다'란 뜻을 가진 단어입니다.

menace의 예문을 볼까요?

She was menaced by the organized gangsters.
그녀는 조직 폭력배들에게 위협을 받았다.

The forests are being menaced by major development projects.
그 숲들이 거대 개발 사업들로 위협받고 있다.

056 determine - term

일단 결심을 하면 그 기간이 오래가도록 하라.

determine이라는 단어 안에는 '기간'을 뜻하는 term이 들어 있습니다. 작심삼일이란 말이 있듯이 결심보다 중요한 것은 얼마나 결심을 오래 유지하느냐 하는 것입니다. determine은 '결심하다', '결정하다'라는 뜻을 가진 단어입니다. 그런데 determine 안에는 '~을 못 하게 하다'라는 뜻인 deter도 숨어 있습니다. 공부 좀 하려면 술 마시자는 친구, 놀자는 친구 등 결심을 방해하는 삶의 지뢰가 참 많습니다. determine에 들어 있는 mine은 '지뢰'라는 뜻도 있습니다.

He won the first place in the mid-term exams.
그는 중간고사에서 일등을 했다.

determine의 예문을 볼까요?

Once you have determined your goal, make a list of the steps that you will have to take to achieve that goal.
일단 목표를 정하면 그 목표를 이루기 위해 취해야 할 단계를 자세히 목록으로 만드세요.

목표를 정했다면 그 목표에 이르기까지 정밀한 과정도 정해야 합니다. 목표만 있고 그에 이르는 구체적 과정이 없다면 나침반 없이 항해에 나서는 것과 마찬가지일 테니까요. "끝짜기의 백합"을 쓴 소설가 발자크의 짧은 한 마디에 귀 기울여 보세요.

 Our thoughts determine our happiness.
우리의 생각이 우리의 행복을 결정한다.

'일체유심조'라는 말이 있습니다. 모든 것은 마음먹기 달려 있다는 말입니다. 행복해야겠다고 마음먹으면 정말 행복해집니다. 올림픽 금메달리스트 중의 많은 선수들이 경기 전 자신이 실제로 경기하는 모습과 경기 후 우승해서 금메달을 따는 모습을 생생하게 상상한 후 실전에 임해서 성공했다고 합니다.

057 smother - mother

유괴당한 아이를 되찾은 **엄마**가 반가워서 아이를 **질식할** 정도로 세게 껴안다.

smother 안에는 '엄마'라는 뜻을 가진 mother가 들어 있습니다. 🔊 소설 "연을 쫓은 아이 The Kite Runner"에 보면 다음과 같은 문장이 나옵니다.

My mother died giving birth to me.
엄마는 나를 낳다 돌아가셨다.

mother라는 단어 안에는 '나방'을 뜻하는 moth도 들어 있습니다. 🔊 존 고든이 쓴 "에너지 버스 Energy Bus"에는 다음과 같은 문장이 있습니다.

If you work and live with enthusiasm, people are drawn to you like moths to a light.
당신이 열정을 가지고 일하고 살아간다면 마치 나방이 불에 달려들 듯이 사람들이 당신 곁에 모일 것입니다.

유괴당한 아이를 경찰의 도움으로 다시 찾은 아이 엄마는 자신도 모르게 아이가 숨이 막힐 정도로 으스러지게 껴안으며 안도할 것입니다. smother는 '질식시키다'라는 뜻을 가진 단어입니다. 🎬 애드리안 브로디가 주연한 영화 "피아니스트 Pianist"에 보면 유태인 수용소에 와 있는 여자 중 반 실성한 여자를 보여 주는 장면이 나옵니다. 그녀는 유태인 색출에 혈안이 되어 있는 긴박한 상황에서 아기가 울어 전체가 발각될까 봐 아기의 입을 틀어막았는데 아기가 그만 죽고 맙니다. 그런 그녀를 향해 수용소에 있던 한 사람이 다음과 같이 말하는 장면이 떠오릅니다.

She smothered her baby.
저 여자가 자기 아기를 질식시켜 죽였대.

He tried to smother the flames with a blanket.
그는 담요를 덮어 그 불길을 잡으려고 해보았다.

058 diagnose - nose

코가 비염이라고 진단하다.

diagnose 안에는 '코'를 뜻하는 nose가 들어 있습니다. 코에 문제가 있어서 이비인후과에 갔더니 비염이라고 진단을 받았다고 생각해 보세요. diagnose는 '진단하다'라는 뜻을 가진 단어입니다. diagnose의 예문을 볼까요?

I was diagnosed with breast cancer.
나는 유방암 진단을 받았다.

죽기 전까지 삶의 희망을 놓지 않았던 내용을 담아 전 세계를 감동시켰던 랜디 포시의 "마지막 강의 The Last Lecture"에 보면 다음과 같은 문장이 나옵니다.

I already had been diagnosed with pancreatic cancer, but I was optimistic.
난 이미 췌장암 진단을 받았지만 그래도 낙관적인 생각을 가졌다.

2005년도 스탠포드대 하계 졸업식에서 스티브 잡스도 다음과 같은 이야기를 합니다. 하지만 결국 그는 암을 극복하고 아이팟, 아이폰, 아이패드, 아이TV라는 매력적인 제품을 선보입니다. 그는 연설에서 새롭고 창의적인 뭔가에 굶주리고, 이미 알고 있는 것에 자만하지 않는 것이 독창적 사고의 원천이라고 연설을 마무리합니다.

About a year ago, I was diagnosed with cancer. I had a scan at 7:30 in the morning and it clearly showed a tumor on my pancreas.
1년 전에 나는 암 진단을 받았습니다. 아침 7시 30분에 내시경 검사를 받았는데 췌장에 종양이 있다는 것을 알았습니다.

Stay hungry. Stay foolish.
언제나 배고플 것. 언제나 멍청할 것.

penetrate - net

세게 찬 축구공이 그물을 뚫다.

penetrate라는 단어 안에는 '그물'을 뜻하는 net이 들어 있습니다.

A fisherman cast a net into the water.
어부가 물속으로 그물을 던졌다.

월드컵에서 한 선수가 찬 공이 너무 세서 골대의 그물을 뚫고 나갔다고 생각해 보세요. penetrate는 '관통하다'라는 뜻을 가진 단어입니다.

penetrate의 예문을 볼까요?

A bullet penetrated his thigh.
총알이 그의 넓적다리를 관통했다.

The cold wind penetrated into my bones.
찬바람이 뼛속까지 파고들었다.

inundate - nun

홍수가 수녀들이 사는 수녀원을 침수시키다.

inundate라는 단어 안에는 '수녀'를 뜻하는 nun이 들어 있습니다.

Nuns usually live together in a convent.
수녀들은 대개 수녀원에서 함께 산다.

홍수가 나서 수녀들이 사는 수녀원이 침수되었다고 생각해 보세요. inundate는 '침수시키다', '넘치게 하다'라는 뜻을 가진 단어입니다.

inundate의 예문을 볼까요?

The river overflowed its banks and inundated the fields.
강물이 제방을 넘어 밭이 침수됐다.

The post office was inundated with thousands of holiday cards in December.
우체국은 12월이면 수천 장의 연하장으로 넘쳤다.

061 loathe - oath

서약을 하고 지키지 않는 사람을 혐오하다.

loathe라는 단어 안에는 '서약'이란 뜻을 가진 oath가 들어 있습니다.

Witnesses have to take the oath in court.
증인들은 법정에서 선서를 해야 한다.

국민을 위해, 시민을 위해 낮은 자세로 봉사하겠다고 서약을 하고 나서 나중에 비리로 감옥에 가는 정치인들을 보면 혐오스럽습니다. loathe는 '혐오하다'라는 뜻을 가진 단어입니다.

loathe의 예문을 볼까요?

They loathe each other.
그들은 서로를 혐오한다.

Most of my friends loathe the singer's music and cannot understand why anyone would join her fan club.
내 친구들 대부분은 그 가수의 음악을 혐오하고 그녀의 팬클럽에 가입하는 사람들을 이해하지 못한다.

I loathe flattery.
나는 아첨하는 것을 혐오한다.

062 expand - pan

프라이**팬**에 계란을 떨어뜨리자 흰자가 **확장하다**.

expand라는 단어 안에는 '팬'을 뜻하는 pan이 들어 있습니다. 계란 프라이를 하려고 프라이팬에 계란을 떨어뜨리자 계란 흰자가 점점 확장한다고 생각해 보세요. expand는 '확장하다'라는 뜻을 가진 단어입니다.

Scrape up any little bits adhering to the frying pan.
프라이팬에 붙어 있는 작은 것까지도 긁어내세요.

expand의 예문을 볼까요? 세계적인 호스피스 운동가 엘리자베스 퀴블로 로스의 책 "인생 수업 Life Lessons"에 보면 다음과 같은 문장이 나옵니다.

Being unhappy leads to selfish behavior, while happiness expands our capacity to give.
불행한 상태는 이기적인 행동에 이르는 반면 행복은 남에게 줄 수 있는 우리의 능력을 확장시킨다.

마음이 행복하지 못하면 스스로 미망에서 벗어나지 못하여 이기적인 사람이 되기 쉽습니다. 행복한 마음 상태에 있는 사람은 마음의 여유가 있어 자꾸 다른 사람에게 뭔가를 주고 싶은 마음을 가지게 됩니다. "에너지 중독자 Energy Addict"를 쓴 고든은 다음과 같이 말합니다.

It is vital to expand your mind and be flexible.
마음을 넓히고 유연해지는 것은 대단히 필요한 일이다.

어떤 어려움이 있더라도 마음의 유연함을 가지는 것은 정말 우리 삶에서 긴요한 부분입니다.

pierce - pier

부둣가의 찬바람이 옷 속으로 **뚫고** 들어오다.

pierce라는 단어 안에는 '부두'를 뜻하는 pier가 들어 있습니다.

We stood on the pier and watched them board the ship.
우리는 부두에 서서 그들이 승선하는 것을 지켜보았다.

겨울 부둣가에서 사랑하는 사람을 떠나보내고 나니 찬바람이 옷 속까지 뚫고 들어온다고 생각해 보세요. pierce는 '뚫다'라는 뜻을 가진 단어입니다.

pierce의 예문을 볼까요?

She had her ears pierced.
그녀는 귀를 뚫었다.

🎧 **트레이시 쉬발리에의 소설 "진주 귀걸이를 한 소녀 Girl with a Pearl Earring"**
에 보면 화가 베르메르의 집에 하녀로 들어간 소녀에 대해 다음과 같은 문장이 나옵니다.

For a moment I considered asking him to pierce my ear.
순간 나는 그에게 내 귀를 뚫어 달라고 부탁해 볼까 생각해 보았다.

dread - read

공포 소설을 읽어 무서워하다.

dread라는 단어 안에는 '읽다'라는 뜻을 가진 read가 들어 있습니다.

How many times did you read the books?
얼마나 여러 번 그 책을 읽었니?

한 여름 밤 아이가 공포 소설을 읽어 무서워한다고 생각해 보세요. dread는 '무서워하다'라는 뜻을 가진 단어입니다.

dread의 예문을 볼까요?

I really dread going to the dental clinic tomorrow.
난 내일 치과에 가는 게 정말 무서워.

They dread that the volcano may erupt again.
그들은 화산이 다시 폭발하지 않을까 무서워하고 있다.

arrest - rest

범인을 체포하여 감옥에서 쉬게 하다.

arrest라는 단어 안에는 '휴식'이란 뜻을 가진 rest가 들어 있습니다.

Why don't you get some rest?
좀 쉬는 게 어때?

오랫동안 수배되었던 범인이 체포되어 더 이상 도피 생활을 할 필요 없이 이제 감옥에서 쉰다고 생각해 보세요. arrest는 '체포하다'라는 뜻을 가진 단어입니다.

arrest의 예문을 볼까요?

He was arrested when customs officers found drugs in his bag.
세관원이 가방에서 마약을 발견해서 그는 체포되었다.

The man was arrested for shoplifting.
그 남자는 가게에서 물건을 훔쳐서 체포되었다.

영화를 보면 범인을 체포할 때 항상 다음과 같이 말합니다.

You are under arrest. You have the right to remain silent.
당신을 체포합니다. 당신은 묵비권을 행사할 권리가 있습니다.

066 deride - ride

자전거를 잘 타지 못한다고 놀리다.

deride라는 단어 안에는 '타다'라는 뜻을 가진 ride가 들어 있습니다.

I used to ride a bike with my father when I was young.
난 어렸을 때 아버지와 함께 자전거를 타곤 했다.

자전거를 처음 배울 때는 누구나 조금 가다가 이내 넘어지곤 합니다. 자전거를 잘 타지 못한다고 친구가 자꾸 놀린다고 생각해 보세요. deride는 '놀리다'라는 뜻을 가진 단어입니다.

deride의 예문을 볼까요?

He was derided as being lazy.
그는 게으르다고 놀림을 받았다.

🎬 영화 "슈렉 Shrek"의 초반부에 동키가 슈렉에게 다음과 같이 말하는 장면이 나옵니다.

There is no one to deride me.
날 놀릴 사람은 아무도 없어.

067 enroll - roll

주사위를 굴려 수강할 과목을 결정하여 등록하다.

enroll이라는 단어 안에는 '굴리다'라는 뜻을 가진 roll이 들어 있습니다.

I saw him roll the dice.
나는 그가 주사위 굴리는 것을 봤다.

신학기가 되어 수강할 수업을 정해야 하는데 쉽게 결정할 수 없어서 주사위를 굴려 결정해서 등록한다고 생각해 보세요. enroll은 '등록하다'라는 뜻을 가진 단어입니다.

enroll의 예문을 볼까요?

Where do I enroll for the spring term?
봄 학기 등록은 어디 가서 해야 되죠?

🔖 아프가니스탄 출신 작가 할레드 호세이니의 소설 "연을 쫓는 아이 The Kite Runner"에 보면 다음과 같은 문장이 나옵니다.

I tried to get Baba to enroll in ESL classes to improve his broken English.
나는 바바의 엉터리 영어를 개선시키려고 그로 하여금 ESL 영어 수업을 등록하게 했다.

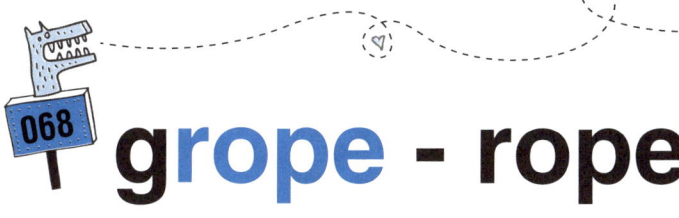

grope - rope

어둠 속에서 로프를 잡으려고 더듬다.

grope라는 단어 안에는 '로프'를 뜻하는 rope가 들어 있습니다.

The drowning woman clutched at a rope to save herself.
물에 빠진 여자는 살기 위해 밧줄을 꽉 쥐었다.

길을 가다 맨홀 뚜껑이 열린 것을 못 보고 아래로 떨어진 남자가 구조 요청을 받고 달려온 119 구급 대원이 던진 로프를 어둠 속에서 잡으려고 더듬는다고 생각해 보세요. grope는 '더듬다'라는 뜻을 가진 단어입니다.

grope의 예문을 볼까요?

I groped the switch in the dark to turn on the light.
나는 불을 켜기 위해 어둠 속에서 스위치를 더듬어 찾았다.

He groped his way up the staircase in the dark.
그는 어둠 속에서 더듬더듬 계단을 올라갔다.

069 shrug - rug

비싼 **양탄자**를 왜 샀냐고 묻자 아내가 어깨를 **으쓱하더니** 그냥 나가버렸다.

shrug라는 단어 안에는 '양탄자'를 뜻하는 rug가 들어 있습니다. 이 rug란 단어는 '마약'을 뜻하는 drug 안에도 들어 있습니다. '마약을 양탄자에 떨어뜨리다.'라고 연결해서 생각하면 rug란 단어를 쉽게 기억할 수 있을 것입니다.

Where did you buy the expensive rug?
어디서 그 비싼 양탄자를 산 거야?

퇴근해서 집에 와 보니 거실에 비싼 양탄자가 깔려 있어 남편이 아내에게 왜 비싼 양탄자를 샀느냐고 묻자 아내가 대답도 없이 무시하듯 어깨만 으쓱거리며 그냥 나가버렸다고 생각해 보세요. shrug는 '어깨를 으쓱대다'라는 뜻을 가진 단어입니다.

shrug의 예문을 볼까요?

The employee shrugged and turned away.
그 종업원은 어깨를 으쓱하고는 몸을 돌려버렸다.

She shrugged when the pedestrian asked for directions.
그 보행자가 길을 물었을 때 그녀는 어깨를 으쓱했다.

 frustrate - rust

좌절만 거듭하여 마음이 **녹슬다**.

 frustrate라는 단어 안에는 '녹슬다'라는 뜻을 가진 rust가 들어 있습니다.

The iron gate was covered with rust.
철문은 잔뜩 녹슬어 있었다.

하는 일마다 자꾸 실패하면 마치 마음이 녹슬 듯이 깊은 좌절감에 빠질 것입니다. frustrate는 '좌절시키다'라는 뜻을 가진 단어입니다.

frustrate의 예문을 볼까요?

Don't be frustrated by today's failure.
오늘의 실패에 좌절하지 마라.

The next time you get angry, depressed, or frustrated, realize that you are being presented with a gift.
만약 당신이 다음에 화가 나고, 우울해지고, 좌절감을 느낀다면 당신이 선물을 받고 있다는 것을 깨달아야 합니다.

대단히 역설적인 말 같지만 현재의 마음 상태가 대단히 안 좋다면 오히려 자신을 크게 되돌아 볼 수 있는 계기를 얻는 것이라고 생각하세요.

It frustrates me that I'm not able to put any of my ideas into practice.
내 어떤 생각도 실행할 수 없다는 것이 나를 좌절하게 만든다.

071 persevere - severe

극심한 고통을 잘 인내하다.

persevere라는 단어 안에는 '심각한'이란 뜻을 가진 severe가 들어 있습니다.

I had to endure a severe stomachache all morning.
나는 오전 내내 심한 복통을 참고 있어야 했다.

배우자나 자녀의 사망과 같은 극심한 고통을 주는 상황을 잘 인내한다고 생각해 보세요. persevere는 '인내하다'라는 뜻을 가진 단어입니다.

persevere의 예문을 볼까요?

I think a hero is an ordinary individual who finds the strength to persevere and endure in spite of overwhelming obstacles.
영웅이란 엄청난 장애가 있음에도 불구하고 인내하고 참을 수 있는 힘을 발견하는 평범한 개인이라고 나는 생각한다.

🔖 조이스 마이어의 책 "절대 포기하지 마세요 Never Give Up"에 보면 다음과 같은 문장이 나옵니다.

You must realize you will reach goals which you never dreamed were possible if you continue to persevere.
당신이 계속 인내한다면 당신이 결코 가능하다고 꿈꾸지 않았던 목표에 도달할 것이라는 것을 반드시 깨달아야 합니다.

072 subside - side

옆구리의 고통이 가라앉다.

subside라는 단어 안에는 '옆구리', '측면'이라는 뜻을 가진 side가 들어 있습니다.

The warrior felt a sharp pain in his right side.
그 전사는 오른쪽 옆구리에 날카로운 통증을 느꼈다.

자동차 추돌 사고로 옆구리의 심한 통증을 느꼈는데 진통제를 맞고서 많이 가라앉았다고 생각해 보세요. subside는 '가라앉다'라는 뜻을 가진 단어입니다.

subside의 예문을 볼까요?

The pain will subside in an hour or two.
통증은 한두 시간이면 가라앉을 것이다.

She waited nervously for his anger to subside.
그녀는 그의 화가 가라앉기를 초조하게 기다렸다.

The waves subside, and the surface of the sea is placid.
파도가 가라앉자 바다 표면이 잔잔해졌다.

absolve - solve

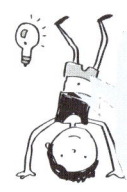

정치적인 문제가 해결되어 그를 사면시키다.

absolve라는 단어 안에는 '해결하다'라는 뜻을 가진 solve가 들어 있습니다.

How long will it take to solve the problem?
그 문제를 해결하려면 얼마나 걸리나요?

반정부 인사에 대한 정치적인 문제가 해결되어 그를 사면시킨다고 생각해 보세요. absolve는 '사면시키다'라는 뜻을 가진 단어입니다.

absolve의 예문을 볼까요?

After praying for forgiveness, he was absolved of sin.
용서를 구하는 기도를 한 후 그는 죄의 사면을 받았다.

The court absolved him of all responsibility for the accident.
법원이 사고에 대한 모든 책임으로부터 그를 사면했다.

resonate - son

아들의 노래 소리가 집 안에 울려 퍼지다.

resonate라는 단어 안에는 '아들'을 뜻하는 son이 들어 있습니다.

I encouraged my son to do his best in the test.
나는 아들에게 시험 볼 때 최선을 다하라고 격려해 주었다.

독창발표회를 앞 둔 아들의 노래 연습 소리가 온 집 안에 울려 퍼진다고 생각해 보세요.
resonate는 '울려 퍼지다'라는 뜻을 가진 단어입니다.

resonate의 예문을 볼까요?

The room resonated with the chatter of about 1000 people.
그 방에는 1000여 명의 사람들이 치는 이야기 소리가 울려 퍼졌다.

When I read, I pause to let an idea or a phrase resonate within me.
내가 책을 읽을 때는 하나의 생각이나 하나의 문구가 내 안에서 공명하도록 읽다가 잠시 멈춘다.

075   plunder - under

산적이 산 아래로 내려와 약탈하다.

plunder라는 단어 안에는 '아래에'라는 뜻을 가진 under가 들어 있습니다.

There is a cat under the table.
탁자 밑에 고양이 한 마리가 있다.

깊은 산에 산채를 가지고 있는 산적들이 산 아래로 내려와 약탈을 한다고 생각해 보세요. plunder는 '약탈하다'라는 뜻을 가진 단어입니다.

plunder의 예문을 볼까요?

The temple was plundered of its valuable cultural assets during the war.
그 사찰은 전쟁 중에 귀중한 문화재를 약탈당했다.

The pirates plundered the treasures from the ship.
해적들이 배에서 보물을 약탈했다.

Check-up!

1회 2회 3회 4회 5회

쉬운 단어들을 보고 앞에서 학습한 어려운 단어들을 기억해 보세요.

1	타다	ride	deride	놀리다
2	짝			
3	인간			
4	옆구리			
5	아래에			
6	양탄자			
7	의미하다			
8	남자들			
9	굴리다			
10	서약			
11	로프			
12	팬			
13	메모			
14	기간			
15	해결하다			
16	녹슬다			
17	휴식			
18	부둣가			
19	그물			
20	엄마			
21	읽다			
22	수녀			
23	코			
24	심각한			
25	아들			

purge - urge

빨리 반역자를 숙청하라고 재촉하다.

purge라는 단어 안에는 '재촉하다'라는 뜻을 가진 urge가 들어 있습니다. urge라는 단어는 hamburger라는 단어 안에도 들어 있는데 '놀이 공원에서 아이가 엄마에게 햄버거를 사달라고 재촉하다.'라고 연결하면 urge를 쉽게 기억할 수 있을 것입니다.

Don't urge me to pay your money back.
돈 갚으라고 재촉 좀 하지 마.

한 정당의 전당 대회에서 당에 반역한 사람을 빨리 숙청하라고 당원들이 재촉한다고 생각해 보세요. purge는 '숙청하다'라는 뜻을 가진 단어입니다.

purge의 예문을 볼까요?

Party leaders decided to purge the extremists.
당 지도부는 극단주의자들을 숙청하기로 결정했다.

The party purged corrupt members.
당은 부패한 당원들을 숙청했다.

stutter - utter

더듬대며 말하다.

stutter라는 단어 안에는 '말하다'라는 뜻을 가진 utter가 들어 있습니다. utter라는 단어는 butter에도 들어 있는데, '빵에 버터를 바르면서 친구에게 의견을 말하다.'라고 연결하여 생각하면 utter를 쉽게 기억할 수 있을 것입니다.

He didn't utter a word at the conference.
그는 회의에서 한마디도 말하지 않았다.

마음에 두고 있는 여학생 앞에서 제대로 말을 못 하고 더듬대고 있다고 생각해 보세요. stutter는 '더듬대며 말하다'라는 뜻을 가진 단어입니다.

stutter의 예문을 볼까요?

My son tends to stutter when he gets embarrassed.
내 아들은 당황하면 말을 더듬는 버릇이 있다.

가슴 시린 러브 스토리로 많은 사랑을 받았던 영화 "노트북 Notebook"에 보면 주인공 남자 노아의 집에 처음 찾아갔을 때 그의 아버지가 여주인공 엘리에게 다음과 같이 말하는 장면이 나옵니다.

He used to stutter.
그 아이는 어렸을 때 말을 더듬곤 했지.

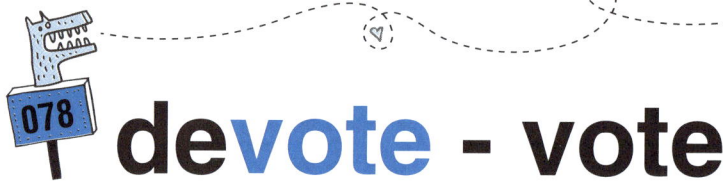

devote - vote

정치인들은 투표할 때만 몰두하는 경향이 있다.

devote라는 단어 안에는 '투표하다'라는 뜻을 가진 vote가 들어 있습니다.

They deprived him of the right to vote.
그들은 그의 투표권을 박탈했다.

좋은 정치인도 많이 있지만 많은 정치인들이 투표일 전까지는 비굴할 정도로 허리를 굽혀 유권자들에게 다가가지만 일단 당선이 된 후에는 목에 힘을 주는 경향이 있습니다. 그래서 정치인들은 투표할 때만 당선되기 위해 온몸으로 몰두한다는 말이 나오나 봅니다. devote는 '몰두하다'라는 뜻을 가진 단어입니다.

devote의 예문을 볼까요?

Mother Teresa devoted her entire life to helping the poor.
테레사 수녀는 전 생애를 가난한 사람들을 돕는 데 바쳤다.

He resolved to devote his whole life to the study of medicine.
그는 의학 연구에 평생을 바치기로 결심했다.

plummet - plum

자두가 탁자 아래로 곤두박질치다.

plummet라는 단어 안에는 '자두'라는 뜻을 가진 plum이 들어 있습니다.

My favorite fruit is plums.
내가 가장 좋아하는 과일은 자두다.

탁자 위 쟁반에 놓여 있던 자두 하나가 또르르 굴러 아래로 곤두박질친다고 생각해 보세요. plummet은 '곤두박질치다'라는 뜻을 가진 단어입니다.

plummet의 예문을 볼까요?

House prices have plummeted in recent months.
주택 가격이 최근 몇 달 동안 바닥으로 곤두박질쳤다.

The kite plummeted to the ground.
연이 땅으로 곤두박질쳤다.

The plane plummeted into a row of houses.
그 비행기는 늘어선 집들 사이로 곤두박질쳤다.

080 interrogate - gate

게이트 사건에 연루된 자를 심문하다.

interrogate라는 단어 안에는 '대문'을 뜻하는 gate가 들어 있습니다.

Wait for me at the gate.
대문에서 날 기다려.

이런저런 비리 사건이 터지면 사람 이름을 붙여 '~ 게이트'라고 부르는 경우가 많습니다. **역사상 가장 유명한 게이트는 닉슨 대통령의 민주당사 도청과 관련된 '워터게이트' 사건**일 것입니다. '워터게이트 사건'에 연루된 사람을 검찰이 불러 심문한다고 생각해 보세요. interrogate는 '심문하다'라는 뜻을 가진 단어입니다.

interrogate의 예문을 볼까요?

Hundreds of dissidents have been interrogated or imprisoned in recent weeks.
최근 몇 주 동안 수백 명의 반체제 인사들이 심문을 받거나 수감되었다.

The police officer interrogated the woman in a very loud voice.
그 경관은 아주 큰 소리로 그 여자를 심문했다.

081 sympathize - path

같은 길을 가는 사람끼리 서로 공감하다.

sympathize라는 단어 안에는 '길'이라는 뜻을 가진 path가 들어 있습니다. 과거 화성 탐사선의 이름이 '패스파인더 Pathfinder'였던 거 기억나지요? 화성까지 가는 길을 잘 찾으라고 지은 이름 같습니다.

Have you ridden on the new bike path?
새로 생긴 자전거 길을 달려 봤어요?

같은 취미, 같은 취향, 같은 세계관을 가진 사람들은 서로에 대한 깊은 공감이 있을 것입니다. sympathize는 '공감하다', '동정하다'라는 뜻을 가진 단어입니다.

sympathize의 예문을 볼까요?

I sympathize with what you would like to do.
당신이 하려고 하는 일에 나는 공감합니다.

I sympathize with her in her suffering.
나는 그녀의 고통에 대해 동정한다.

drowse - row

제일 앞**줄**에서 **졸다**.

drowse라는 단어 안에는 '줄', '열'을 뜻하는 row가 들어 있습니다. row라는 단어는 '던지다'라는 뜻을 가진 throw에도 들어 있는데 '농구 선수들이 시합 전에 팬 서비스로 자신들의 사인이 들어간 농구공을 관중들이 앉아 있는 줄을 향해 던지다.'라고 연결해서 생각하면 row를 쉽게 기억할 수 있을 것입니다.

Chairs are arranged in rows in the auditorium.
의자가 줄 맞춰서 강당에 정렬되어 있다.

수업 시간에 제일 앞줄에서 꾸벅꾸벅 졸고 있는 학생이 있으면 선생님 기분이 어떻겠어요? drowse는 '졸다'라는 뜻을 가진 단어입니다.

drowse의 예문을 볼까요?

The pupil is drowsing in her chair.
그 학생은 의자에 앉아 졸고 있다.

The guard drowsed but hasn't quite fallen asleep.
그 교도관은 꾸벅꾸벅 졸았으나 아주 잠들지는 않았다.

smuggle - mug

황금 머그잔을 밀수하다.

smuggle이라는 단어 안에는 '머그잔'을 뜻하는 mug가 들어 있습니다.

The mug tipped over, spilling hot coffee everywhere.
머그잔이 넘어지면서 뜨거운 커피가 사방에 쏟아졌다.

황금을 밀수하기 위하여 머그잔을 황금으로 만들어 밀수한다고 생각해 보세요. smuggle은 '밀수하다'라는 뜻을 가진 단어입니다.

smuggle의 예문을 볼까요?

He was caught trying to smuggle 10 kilos of heroin.
그는 10킬로그램의 헤로인을 밀수하려다 붙잡혔다.

They deny conspiring together to smuggle drugs.
그들은 마약 밀수 공모를 부인하고 있다.

release - ease

아들이 감옥에서 **석방**되니 마음이 **편안하다**.

release라는 단어 안에는 '편함'이란 뜻을 가진 ease가 들어 있습니다.

He solved the difficult math questions with ease.
그는 어려운 수학 문제들을 쉽게 풀었다.

가두시위로 체포된 아들이 감옥에 수감되어 있다가 석방되어 편안한 마음을 가지는 부모를 생각해 보세요. release는 '석방하다'라는 뜻을 가진 단어입니다.

release의 예문을 볼까요?

He was released from prison after serving two years of a five-year sentence.
그는 5년 형을 선고받았으나 2년을 복역한 후 감옥에서 석방되었다.

She was arrested for shoplifting but was released on bail.
그녀는 절도 혐의로 구속되었으나 보석으로 석방되었다.

Keep a journal to help release clutter from your mind.
마음에 응어리진 것들을 푸는 데 도움이 될 수 있도록 일기를 쓰세요.

manufacture - fact

불량 식품을 제조했다는 사실을 부인하다.

manufacture에는 '사실'이라는 뜻의 fact가 들어 있습니다. 방송에 보면 불량 식품을 제조한 사실로 업체 대표가 구속되는 기사가 자주 나옵니다. 불량 식품 제조 사실을 부인하는 제조업자를 생각해 보세요. manufacture는 '제조하다'라는 뜻입니다.

He works for a company that manufactures car parts.
그는 자동차 부품을 제조하는 회사에서 일한다.

🔖 자기 계발 전문가 조이스 마이어의 책 "절대로 포기하지 마세요 Never Give Up"
에 보면 실패한 일이 반드시 나쁜 일은 아니라는 교훈을 얻을 수 있을 것입니다.

Ivory soap was never intended to float. It floats because of a manufacturing error - and its buoyancy is the quality that distinguishes it from every other soap on the market.
아이보리 비누는 물 위에 떠 있기를 의도한 제품은 아니었습니다. 그 비누는 제조상의 결함으로 물 위에 떴는데 오히려 이렇게 뜨는 성질이 다른 모든 제품과 차별성을 가지게 되었습니다.

Similarly, the material used to manufacture Kleenex tissues was originally intended to be used to make filters in gas masks during World War I, but it did not work. It also failed as a cold cream remover. But when someone decided to package and market it in the form of disposable handkerchief... well, you know the rest of the story.
마찬가지로 크리넥스 티슈를 제조하는 데 사용된 재료는 원래는 1차 세계대전 시 가스 마스크의 필터를 만드는 데 사용할 의도였습니다. 하지만 제대로 작동되지 않았습니다. 그것은 콜드크림 제거기로도 실패했습니다. 하지만 누군가가 그것을 여러 개로 묶어서 일회용 손수건의 형태로 시장에 내놓았을 때 나머지 이야기는 말 안 해도 알겠죠.

 # 086 mourn - urn

 유골 단지를 보고 애도하다.

mourn이라는 단어 안에는 '유골 단지'라는 뜻을 가진 urn이 들어 있습니다. urn이라는 단어는 '태우다'라는 뜻을 가진 burn에도 들어 있는데 '화장터에서 태운 고인의 재를 유골 단지에 넣다.'라고 연결해서 생각하면 urn이라는 단어를 어렵지 않게 기억할 수 있을 것입니다.

His urn was put to rest at a temple.
그의 유골 단지가 절에 안치되었다.

화장터에서 화장을 마친 고인의 재가 담긴 유골 단지를 보고 유족들과 친지들이 애도한다고 생각해 보세요. mourn은 '애도하다'라는 뜻을 가진 단어입니다.

mourn의 예문을 볼까요?

Many people gathered to mourn the author who went to heaven last week.
많은 사람들이 지난주에 하늘나라로 간 그 작가를 애도하기 위해 모였다.

Today we mourn for all those who died in Korean War.
오늘 우리는 한국 전쟁 때 돌아가신 모든 분들을 애도한다.

087 improve - prove

실력이 향상되었다는 것을 증명하다.

improve라는 단어 안에는 '증명하다'라는 뜻을 가진 prove가 들어 있습니다.

He must find the real culprit to prove his innocence.
그는 무죄를 증명하기 위하여 진짜 범인을 찾아야만 한다.

새로운 영어 학습법을 활용해 공부를 해서 실력이 향상되었다는 것을 증명한다고 생각해 보세요. improve는 '향상시키다'라는 뜻을 가진 단어입니다.

improve의 예문을 볼까요?

He did a lot to improve conditions for factory workers.
그는 공장 노동자의 근무 조건을 향상시키기 위하여 많은 일을 했다.

I thought the best way to improve my French was to live in France.
나는 불어 구사 능력을 향상시키는 가장 좋은 방법은 프랑스에 사는 것이라고 생각했다.

Her health has improved dramatically since she started on this new diet.
그녀의 건강은 새로운 식이 요법을 시작한 이래로 급격히 좋아졌다.

manipulate - nip

아내가 남편의 팔을 꼬집어 뒤에서 조종하다.

manipulate라는 단어 안에는 '꼬집다'라는 뜻을 가진 nip이 들어 있습니다. 백화점에 가서 물건을 사려는 남편의 팔을 꼬집어 뒤에서 비싸니 다른 곳에 가서 사자고 조종하는 아내가 있다고 생각해 보세요. manipulate는 '조종하다'라는 뜻을 가진 단어입니다.

She nipped my arm in public.
그녀는 사람들 보는 앞에서 내 팔을 꼬집었다.

manipulate의 예문을 볼까요?

 "살며, 사랑하며 배우며 Living, Loving and Learning"을 쓴 레오 버스카글리아의 다음의 말을 귀 기울여 보세요. 삶에서 진정한 주체가 되라는 말로 받아들여집니다.

We are no longer puppets being manipulated by outside powerful forces.
우리는 외부의 강한 힘에 조종당하는 꼭두각시가 더 이상 아니다.

Manipulating stock prices is against the law.
주가를 조작하는 것은 위법이다.

The opposition leader accused government ministers of manipulating the statistics to suit themselves.
그 야당 지도자는 정부 각료들이 입맛에 맞게 통계를 조작한 것에 대해 비난했다.

scavenge - cave

동굴 안에서 쓰레기 더미를 뒤지다.

scavenge라는 단어 안에는 '동굴'을 뜻하는 cave가 들어 있습니다.

This is the cave where the monster hides.
이곳이 그 괴물이 숨어 있는 동굴이야.

사람들이 동굴 안에 버리고 간 음식물 쓰레기를 짐승들이 뒤진다고 생각해 보세요. scavenge는 '쓰레기 더미를 뒤지다'라는 뜻의 단어입니다. 삭제한 파일을 복구해 주는 세계적인 프로그램의 이름이 'File Scavenger'인 거 들어 본 적 있을 것입니다.

scavenger의 예문을 볼까요?

Racoons scavenged through the trash cans for something to eat.
너구리들이 먹을 것을 찾아 쓰레기통들을 뒤졌다.

Much of their furniture was scavenged from other people's garbage.
그들의 가구들 중 많은 것들이 다른 사람들이 내다 버린 폐품을 뒤져서 가져온 것이었다.

stagger - tag

수화물 꼬리표를 단 커다란 여행용 가방을 비틀거리며 끌고 가다.

stagger라는 단어 안에는 '꼬리표'라는 뜻을 가진 tag가 들어 있습니다.

There is no baggage tag here.
여기에는 수화물 꼬리표가 붙어 있지 않네요.

공항 주차장에서 수화물 꼬리표를 단 커다란 여행용 가방을 체구도 작은 여자가 이리 비틀 저리 비틀 끌고 간다고 생각해 보세요. stagger는 '비틀거리다'라는 뜻을 가진 단어입니다.

stagger의 예문을 볼까요?

The injured soldier staggered to his feet.
부상을 입은 그 병사는 비틀거리며 일어섰다.

The fugitive managed to stagger the last few steps.
도망자는 비틀거리며 간신히 마지막 몇 걸음을 뗐다.

He staggered home because he was drunk.
그는 술에 취해서 비틀거리며 집에 왔다.

strangle - angle

각도를 잘 맞춰 목 조르다.

strangle이라는 단어 안에는 '각도'를 뜻하는 angle이 들어 있습니다.

The three angles in a triangle add up to 180 degrees.
삼각형 내각의 합은 180도이다.

연쇄 살인범(serial killer)이 살인을 할 때 각도를 잘 맞춰 목을 조른다고 생각해 보세요. strangle은 '목 조르다'라는 뜻을 가진 단어입니다.

strangle의 예문을 볼까요?

She had been strangled with her own scarf and her body dumped in the woods.
그녀는 스카프로 목 졸려 살해된 후 숲에 버려졌다.

He was found strangled on the bed.
그는 침대에서 목 졸려 살해된 채로 발견되었다.

alienate - lie

자꾸 거짓말하는 사람을 소외시키다.

alienate라는 단어 안에는 '거짓말하다'라는 뜻을 가진 lie가 들어 있습니다.

Don't lie to me anymore.
더 이상 내게 거짓말하지 마.

자꾸 거짓말하는 사람은 가까이 하기 힘들죠. 거짓말하는 사람을 친구들이 소외시킨다고 생각해 보세요. alienate는 '소외시키다'라는 뜻을 가진 단어입니다. alienate 안에는 '외계인'을 뜻하는 alien도 들어 있는데 혼자서 자꾸 외계인을 봤다고 말하면 사람들이 거짓말로 받아들일 수밖에 없겠죠.

alienate의 예문을 볼까요?

Muslims in Europe are alienated from European societies in which they live.
유럽의 회교도들은 현재 그들이 살고 있는 유럽 사회에서 소외되고 있다.

Many youngsters feel alienated and say society is hostile and unfriendly.
많은 젊은이들이 소외감을 느끼며 사회가 자신들을 적대시하고 비우호적이라고 말한다.

grieve - eve

이브가 죽어 **슬퍼하다**.

grieve라는 단어 안에는 '이브'를 뜻하는 Eve가 들어 있습니다.

The serpent tempted Eve to pick the forbidden fruit.
뱀은 이브를 유혹하여 금단의 열매를 따게 했다.

이브가 죽어 그녀를 진정으로 사랑한 아담이 슬퍼한다고 생각해 보세요. grieve는 '슬퍼하다'라는 뜻을 가진 단어입니다.

grieve의 예문을 볼까요?

He is greatly grieved over the death of his wife.
그는 아내의 죽음을 대단히 슬퍼했다.

The family grieved the loss of their home after the fire.
그 가족은 화재로 집을 잃고 슬퍼했다.

094 collapse - lap

거대한 괴물이 무릎에 총알을 맞더니 그 자리에서 무너지다.

collapse라는 단어 안에는 '무릎'을 뜻하는 lap이 들어 있습니다. 또한 lap 앞에 c를 붙이면 '손뼉 치다'라는 뜻을 가진 clap이 되고, lap 앞에 s를 붙이면 '뺨 때리다'라는 뜻을 가진 slap이 됩니다.

She sat with her hands in her lap.
그녀는 두 손을 무릎 위에 올리고 앉아 있었다.

The audience cheered and clapped.
청중들이 환호하며 박수를 쳤다.

She slapped his face hard.
그녀가 그의 뺨을 세게 철썩 때렸다.

괴수를 다룬 영화 '고질라', '킹콩' 등을 보면 대포나 총알을 맞고 그 자리에서 무너져 내리는 장면이 나옵니다. 거대한 괴물이 무릎에 총알을 맞고 무너졌다고 생각해 보세요. collapse는 '무너지다'라는 뜻을 가진 단어입니다.

The heavy rain caused the river bank to collapse.
폭우 때문에 강 제방이 무너졌다.

Thousands of buildings collapsed in the earthquake.
수천의 건물이 지진으로 무너졌다.

establish - stab

새로운 왕조를 세우기 위해 옛 왕조의 신하들을 찌르다.

establish라는 단어 안에는 '찌르다'라는 뜻을 가진 stab이 들어 있습니다.

He was stabbed to death in a racist attack.
그는 인종 차별주의자의 공격으로 칼에 찔려 죽었다.

왕조 시대에는 새로운 왕조가 수립될 때마다 옛 왕조의 신하들이 칼에 찔려 죽임을 당했습니다. establish는 '설립하다'라는 뜻을 가진 단어입니다.

establish의 예문을 볼까요?

We are planning to establish a factory in China.
우리는 중국 현지에 공장을 설립할 계획이다.

The company was established about one hundred years ago.
그 회사는 약 백 년 전에 설립되었다.

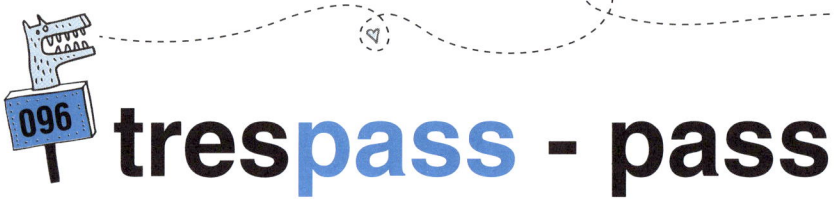

096 trespass - pass

남의 영토를 침입하여 지나가다.

trespass라는 단어 안에는 '지나가다', '통과하다'라는 뜻을 가진 단어 pass가 들어 있습니다.

A lot of cruises tankers pass through the South Pacific.
많은 유람선들이 남태평양을 통과한다.

허가도 받지 않고 남의 영토를 침입하여 지나간다고 생각해 보세요. trespass는 '침입하다'라는 뜻을 가진 단어입니다.

trespass의 예문을 볼까요?

He was accused of trespassing the restricted area.
그는 출입 금지 구역을 불법 침입한 죄로 기소되었다.

The plane trespassed upon another country's airspace.
그 비행기는 다른 나라의 영공을 침입했다.

proliferate - life

봄에는 새 **생명**이 온 대지로 **확산된다**.

proliferate라는 단어는 참 어려운 단어입니다. 하지만 이 단어를 잘 살펴보면 '생명'이라는 뜻을 가진 life가 들어 있습니다. 봄이 되면 겨우내 얼어붙었던 대지가 녹으면서 꽃이나 애벌레 등 새 생명이 온 대지로 퍼집니다. proliferate는 '확산시키다'라는 뜻을 가진 단어입니다.

proliferate의 예문을 볼까요?

Small businesses have proliferated in the last ten years.
소규모 기업들이 지난 10년 사이 확산되어 왔다.

 에크하르트 톨레의 책 "지금 이 순간을 살아라 The Power of Now"에 보면 다음과 같은 말이 나옵니다.

Disease happens when things get out of balance. For example, there is nothing wrong with cells dividing and multiplying in the body, but when this process continues in disregard of the total organism, cells proliferate and we have disease.

균형을 잃었을 때 병이 생깁니다. 예를 들어 신체 내에서 세포가 분열하고 증식하는 일을 아무런 문제가 되지 않습니다. 하지만 이런 과성이 유기체의 무관심 속에서 진행된다면 세포는 확산되고 우리는 병에 걸리게 되는 것입니다.

우리 몸의 상태를 살피지 않고 몸을 함부로 놀리면 병에 걸린다는 뜻으로 스스로의 몸을 항상 섬세하게 살피는 일, 그것이 바로 건강을 지키는 지름길임을 말해 줍니다.

procrast**in**ate - tin

광산 사고가 나서 **주석** 생산을 **지연시키다**.

procrastinate도 정말 어려운 단어지만 이 단어 안에는 광산에서 캐는 광물질 중 '주석'이라는 뜻을 가진 tin이 들어 있습니다. 맥주잔은 주로 유리로 되어 있지만 '주석'으로 된 잔도 있습니다. 골프를 다룬 영화 중에 "틴 컵 Tin Cup"은 케빈 **코스트너**와 르네 루소가 **주연**했던 영화입니다. TIn Cup은 골프 우승자에게 수는 컵이란 뜻입니다. 주석 광산의 갱도에 사고가 나서 주석 채굴을 중지하고 주문량 수송을 지연시킨다고 생각해 보세요. procrastinate는 '지연시키다'라는 뜻의 단어입니다.

procrastinate의 예문을 볼까요? 🎧 자기 계발 전문가 레오 바바우타(Leo Babauta)의 책 "적게 가지는 것의 힘 The Power of Less"에 보면 다음과 같은 말이 나옵니다.

Anytime you find yourself procrastinating on an important task, see if you can break it into something smaller. Then just get started. Don't procrastinate, but just get started. Once you've gotten started, you will gain momentum.

중요한 일을 지연시키고 있을 때는 언제나 그 일을 좀 더 작은 여러 개의 일로 쪼갤 수 있는지 살펴보세요. 그리고 나서 그냥 시작하세요. 절대 지연시키지 말고 그냥 시작하세요. 일단 시작하면 당신은 계기를 얻게 될 것입니다.

큰일을 앞에 놓고 자꾸 미루는 사람들이 많습니다. 그때는 우선 작은 일부터 먼저 시작하세요. 일단 시작하면 계기가 생기고 그런 식으로 큰일을 끝낼 수 있습니다. 미리 겁먹지 말고 천천히 하세요. 결국 해내게 될 것입니다.

negotiate - go

협상하러 네가 가.

negotiate라는 단어 안에는 '가다'라는 뜻을 가진 go가 들어 있습니다. 적과 중요한 협상을 해야 하는데 서로 상대의 눈치를 보며 미루고 있을 때 사령관이 장교 한 사람을 지목해 그에게 협상하러 가라고 말한다고 생각해 보세요. negotiate는 '협상하다'라는 뜻을 가진 단어입니다.

negotiate의 예문을 볼까요? 아주 단호함이 느껴지는 문장으로 이렇게 살기가 쉽지 않겠지만 그런 삶을 살려고 노력을 해야겠지요.

I will not flinch in the face of sacrifice, hesitate in the presence of adversity, and negotiate at the table of the enemy.
나는 내 몸을 희생할 일이 있을 때 움찔하지 않을 것이고, 역경이 닥칠 때 주저하지 않을 것이며 적과 마주 앉은 테이블에서는 결코 협상하지 않을 것이다.

negotiate의 예문을 하나 더 볼까요?

The government will not negotiate with terrorists.
정부는 테러범들과는 협상하지 않을 것이다.

bewilder - wild

순한 사람이 갑자기 거칠게 나오니 당황하다.

bewilder라는 단어 안에는 '거친', '야생의'란 뜻의 wild가 들어 있습니다.

평소에 순했던 사람이 술을 마시거나 너무 화가 나는 일이 있을 때 갑자기 거칠게 나오면 당황하잖아요. "두 얼굴의 여친"이란 한국 영화에서처럼 평소에 얌전했던 여자가 술만 마시면 거칠게 변했던 상황을 떠올리면 될 것입니다. bewilder는 '당황하게 하다'라는 뜻입니다.

He was totally bewildered by her sudden change of mood.
그는 그녀의 갑작스러운 기분 변화에 완전히 당황스러워했다.

bewilder의 예문을 하나 더 볼까요?

She was bewildered by their abrupt questions.
그녀는 그들의 갑작스런 질문에 당황하였다.

25' Check-up !

쉬운 단어들을 보고 앞에서 학습한 어려운 단어들을 기억해 보세요.

#	쉬운말		어려운말 1		어려운말 2		뜻
1	꼬리표	⇨	tag	⇨	stagger	⇨	비틀거리다
2	재촉하다	⇨		⇨		⇨	
3	대문	⇨		⇨		⇨	
4	거친	⇨		⇨		⇨	
5	무릎	⇨		⇨		⇨	
6	각도	⇨		⇨		⇨	
7	머그잔	⇨		⇨		⇨	
8	유골 단지	⇨		⇨		⇨	
9	자두	⇨		⇨		⇨	
10	말하다	⇨		⇨		⇨	
11	거짓말하다	⇨		⇨		⇨	
12	지나가다	⇨		⇨		⇨	
13	가다	⇨		⇨		⇨	
14	편함	⇨		⇨		⇨	
15	줄	⇨		⇨		⇨	
16	투표하다	⇨		⇨		⇨	
17	생명	⇨		⇨		⇨	
18	이브	⇨		⇨		⇨	
19	꼬집다	⇨		⇨		⇨	
20	주석	⇨		⇨		⇨	
21	찌르다	⇨		⇨		⇨	
22	동굴	⇨		⇨		⇨	
23	증명하다	⇨		⇨		⇨	
24	길	⇨		⇨		⇨	
25	사실	⇨		⇨		⇨	

summon - mon

증인을 **월요일**에 법원으로 **소환하다**.

summon이라는 단어 안에는 '월요일'을 뜻하는 Monday의 줄임말 Mon이 들어 있습니다.

Mon is an abbreviation for Monday.
Mon은 Monday의 줄임말이다.

판사가 증인을 월요일에 법원으로 소환했다고 생각해 보세요. summon은 '소환하다'라는 뜻을 가진 단어입니다.

summon의 예문을 볼까요?

The resident was summoned to appear before the judge.
그 주민은 치안 판사 앞에 출두하도록 소환되었다.

South Korea has summoned Japan's ambassador to protest Japanese Prime Minister's action.
한국은 일본 총리의 행동에 항의하기 위해서 일본 대사를 소환하였다.

annoy - no

성가시게 호객 행위를 하는 사람에게 '노'라고 말하다.

annoy라는 단어 안에는 '아니요'라는 뜻을 가진 No가 들어 있습니다.

Did you find your wallet? / No, I didn't.
지갑은 찾았나요? / 아니요. 아직 못 찾았어요.

대로변에서 지나가는 사람들에게 성가시게 호객 행위를 하는 사람에게 No.라고 말한다고 생각해 보세요. annoy는 '성가시게 굴다'라는 뜻을 가진 단어입니다.

When a friend is in trouble, don't annoy him by asking if there is anything you can do. Think up something appropriate and do it.
친구가 어려움에 처해 있다면 뭘 해줄 수 있을지 친구에게 성가시게 묻지 마세요. 그냥 도와줄 적절한 일을 깊이 생각해서 그 일을 행하세요.

정말 지혜로운 자세가 아닐 수 없습니다. 어려움에 처해 있는 친구에게 진정 필요한 것이 무엇인지 깊이 생각하면 반드시 해줄 수 있는 일이 떠오릅니다. 도와준다고 생색내서 자꾸 친구에게 물어본다면 친구가 더 상처받을 수 있으니까요. 영국의 소설가 오스카 와일드의 말을 한 번 들어볼까요?

 Always forgive your enemies; nothing annoys them so much.
언제나 당신의 적을 용서하시오. 그 어느 것도 그것만큼 당신의 적을 불편하게 하는 게 없을 테니까.

상대가 계속 적대 관계로 있고 싶어도 다른 쪽이 용서와 화해를 청하면 결국 용서를 받는 쪽이 더 불리한 위치에 서게 될 수밖에 없습니다. 어떤 경우든 용서와 화해가 결국 서로를 더 높은 관계로 상승시켜 주는 것은 분명합니다.

 infringe - ring

 다이아몬드 반지를 훔쳐 가서 재산권을 침해하다.

 infringe라는 단어 안에는 '반지'를 뜻하는 ring이 들어 있습니다.

The groom was wearing a large diamond ring on his finger.
신랑은 손가락에 커다란 다이아몬드 반지를 끼고 있었다.

다이아몬드가 여러 개 박혀 있는 값비싼 반지를 도둑이 훔쳐가서 재산권을 침해당했다고 생각해 보세요. infringe는 '침해하다'라는 뜻을 가진 단어입니다.

infringe의 예문을 볼까요?

Good care must be taken not to infringe upon copyright.
저작권을 침해하지 않기 위한 충분한 주의가 필요하다.

People fear that security cameras could infringe personal liberties.
사람들은 보안 카메라가 개인의 자유를 침해할 수도 있다고 우려한다.

cooperate - opera

오페라 단원들이 서로 **협력하여** 좋은 작품을 만들다.

cooperate라는 단어 안에는 '오페라'(opera)가 들어 있습니다.

The soprano has the leading role in the opera.
그 소프라노는 그 오페라에서 주역을 맡고 있다.

오페라 단원들이 가을 정기 공연에 올릴 작품을 위해 서로 협력한다고 생각해 보세요. cooperate는 '협력하다', '협조하다'라는 뜻을 가진 단어입니다.

cooperate의 예문을 볼까요?

The two countries were compelled to cooperate to prevent a war.
그 두 나라는 전쟁을 막기 위해 협력할 수밖에 없었다.

Both the ruling party and the opposition agreed to cooperate to revive the economy.
여당과 야당 둘 다 경제를 살리기 위해 협력하는 데에 동의했다.

105 violate - viola

비올라 연주자가 합주 연습에 자꾸 늦어 규정을 위반하다.

violate라는 단어 안에는 악기의 일종인 '비올라'(viola)가 들어 있습니다.

In order to make money, he started playing the viola in the orchestra.
돈을 벌기 위해서, 그는 관현악단에서 비올라를 연주하기 시작했다.

관현악단의 비올라 연주자가 합주 연습에 자꾸 늦어 규정을 위반하고 있다고 생각해 보세요. violate는 '위반하다'라는 뜻을 가지고 있는 단어입니다.

violate의 예문을 볼까요?

Those who violate the rules will be punished severely.
규칙을 위반하는 자들은 엄벌을 받을 것이다.

He violated the speed limit.
그는 제한 속도를 어겼다.

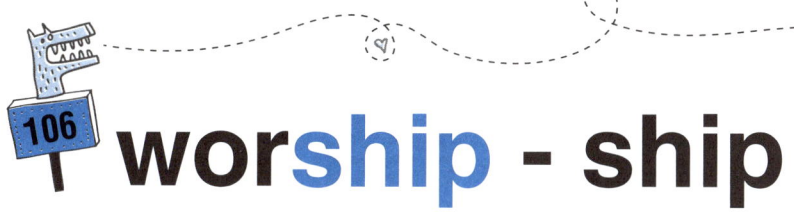

worship - ship

거북선으로 왜적을 물리친 이순신 장군을 숭배하다.

worship이라는 단어 안에는 '배'를 뜻하는 ship이 들어 있습니다.

The ship was wrecked on a reef.
배가 암초에 걸려 부서졌다.

노량 해전, 명량 해전 등에서 거북선으로 왜군을 물리친 이순신 장군을 숭배한다고 생각해 보세요. worship은 '숭배하다'라는 뜻을 가진 단어입니다.

worship의 예문을 볼까요?

The Mayans worshiped gods and built temples and palaces.
마야인들은 신을 숭배했고 신전과 궁전을 건축했다.

Koreans worship ancestors.
한국인들은 조상을 숭배한다.

107 tease - tea

자꾸 차 마시자고 성가시게 괴롭히다.

tease라는 단어 안에는 '차'를 뜻하는 tea가 들어 있습니다.

Drinking green tea is said to be beneficial to the body.
녹차를 마시면 몸에 좋다고 한다.

회사에서 여직원에게 퇴근 후 자꾸 차 한잔 마시자고 남자 직원이 성가시게 군다고 생각해 보세요. tease는 '성가시게 괴롭히다'라는 뜻을 가진 단어입니다.

tease의 예문을 볼까요?

He was teased everyday and he always just put up with it.
그는 매일 괴롭힘을 당했지만 그저 항상 참아냈다.

Give up a bad habit such as teasing animals.
동물을 괴롭히는 나쁜 버릇 따위는 버려라.

accommodate - date

숙박할 날짜를 정하다.

accommodate라는 단어 안에는 '날짜'를 뜻하는 date가 들어 있습니다.

The date of the wedding is still undecided.
결혼식 날짜는 아직 미정이다.

휴가 기간 동안 지방에 있는 호텔에 묵으려고 전화를 했더니 호텔 측에서 숙박할 날짜를 묻는다고 생각해 보세요. accommodate는 '숙박시키다', '수용하다'라는 뜻을 가진 단어입니다.

accommodate의 예문을 볼까요?

This wedding hall can accommodate up to 300 guests.
이 결혼식장은 하객을 300명까지 수용할 수 있다.

The hotel can accommodate all the employees of the company.
그 호텔은 이 회사의 모든 직원을 수용할 수 있다.

surrender - end

끝가지 **항복하지** 않고 버티다.

surrender라는 단어 안에는 '끝'을 뜻하는 end가 들어 있습니다.

He should be back at work by the end of the month.
그는 이달 말이면 다시 출근하게 될 거야.

적군에게 끝까지 항복하지 않고 버틴다고 생각해 보세요. surrender는 '항복하다'라는 뜻을 가진 단어입니다.

surrender의 예문을 볼까요?

I would rather die than surrender.
항복하느니 차라리 죽겠다.

The rebel soldiers were forced to surrender.
반란군들은 어쩔 수 없이 항복해야 했다.

measure - sure

확실하게 재다.

measure라는 단어 안에는 '확실한'이란 뜻을 가진 sure가 들어 있습니다.

I'm sure he will pass the entrance exam.
나는 그가 입학시험에 합격할 거라고 확신하다.

목수가 조수에게 책상을 만들기 위해 목재의 길이를 확실하게 재라고 지시한다고 생각해 보세요. measure는 '재다'라는 뜻을 가진 단어입니다.

measure의 예문을 볼까요?

Most countries measure distance in meters and kilometers.
대부분의 국가에서는 미터와 킬로미터 단위로 거리를 측정한다.

Success isn't measured by the position you reach in life; it's measured by the obstacles you overcome.
성공이란 당신이 도달하는 어떤 지위로 측정되는 것이 아니라 당신이 극복하는 수많은 장애에 의해 측정되는 것이다.

성공에 이르기 위한 수많은 장애가 오히려 한 사람의 진정한 성공의 척도가 된다는 이 말 참 외미심장합니다.

perceive - per

사람마다 인식하는 것이 다르다.

perceive라는 단어 안에는 '~마다'라는 뜻을 가진 per가 들어 있습니다.

The delay fee is one dollar per day.
연체료는 하루에 1달러입니다.

사람들마다 사랑, 인생, 세상 등 제각각 인식하는 것이 다 다릅니다. perceive는 '인식하다'라는 뜻을 가진 단어입니다.

perceive의 예문을 볼까요?

When you perceive that you are a victim of some kind of aggression, you send a signal to your autonomic nervous system that you are in danger.
당신이 어떤 공격의 피해자라는 것을 인식하면 당신은 자율신경계에 당신이 위험에 처해 있다는 신호를 보내게 됩니다.

The brain is the first among the human organs to perceive external stimuli.
뇌는 신체 기관 중에서 외부 자극을 가장 먼저 인식한다.

shiver - hive

벌집을 보고 무서워서 떨다.

shiver라는 단어 안에는 '벌집'을 뜻하는 hive가 들어 있습니다.

Bees are buzzing around the hive.
벌떼가 벌통 주위에서 윙윙거리고 있다.

양봉업을 하는 친지의 집에 갔다가 벌집 주변에 있는 수많은 벌을 보고 벌에 물릴까봐 떤다고 생각해 보세요. shiver는 '떨다'라는 뜻을 가진 단어입니다.

shiver의 예문을 볼까요?

He shivered with cold in his thin cotton shirt.
그는 얇은 면 셔츠를 입고 추위에 벌벌 떨고 있었다.

She stood shivering in the rain for a minutes, and then started down the road, looking for shelter.
그녀는 빗속에서 잠시 떨면서 서 있다가 쉴 곳을 찾기 위해 길을 걸어 내려갔다.

 셀린저의 소설 "호밀밭의 파수꾼 The Catcher in the Rye"에 보면 다음과 같은 문장이 나옵니다.

I always shiver when I'm drunk.
술에 취하면 나는 항상 온 몸을 떤다.

113 spoil - oil

기름 유출로 인해 굴 양식업을 망치다.

spoil이라는 단어 안에는 '기름'을 뜻하는 oil이 들어 있습니다.

An oil tanker hit a reef in Alaska.
알래스카에서 한 유조선이 암초에 부딪혔다.

기름을 싣고 가던 유조선이 암초에 부딪쳐 기름이 바다에 유출되면서 근처 굴 양식업을 망친다고 생각해 보세요. spoil은 '망치다'라는 뜻을 가진 단어입니다.

Spare the rod and spoil the child.
매를 아끼면 아이를 망친다.

유명한 영어 속담이지만 어떤 경우라도 체벌은 옳지 않습니다. 탤런트 김혜자의 책 제목 "꽃으로도 때리지 마라"를 생각해 보세요. 아이의 눈높이에서 아이의 인격을 존중한다는 생각을 가지면 아이에게 체벌을 가할 일은 없을 것입니다. "연금술사 The Alchemist"의 작가 파울로 코엘료가 쓴 산문집 "흐르는 강물처럼 Like the Flowing River"에 보면 다음과 같은 말이 나옵니다.

Obsession will not help you in the search for your goal, and will end up spoiling the pleasure of the climb.
집착은 당신의 목표 추구에 도움이 되지 않습니다. 그것은 오히려 상승의 즐거움을 망치는 결과로 귀결될 것입니다.

마음의 집착을 버리는 것이야말로 진정 이루고자 하는 일에 도달하는 지름길임을 명심하세요.

114 fluctuate - flu

독감 환자의 열이 변동이 심하다.

fluctuate라는 단어 안에는 '독감'을 뜻하는 flu가 들어 있습니다.

My son visited a medical clinic for a flu shot.
내 아들은 독감 주사를 맞기 위해 병원을 찾았다.

신종 플루에 걸린 환자의 열이 오르락내리락하면서 변동이 심하다고 생각해 보세요. fluctuate는 '변동을 거듭하다'라는 뜻을 가진 단어입니다.

fluctuate의 예문을 볼까요?

Vegetable prices fluctuate according to the season.
야채 가격은 계절에 따라 변동 폭이 크다.

My mood seems to fluctuate from day to day.
내 기분은 하루하루 변동을 보이는 것 같다.

When the seasons change, the temperature fluctuates considerably from night to day.
한절기에는 아침저녁으로 기온 변화가 심하다.

splash - ash

연탄재를 하수구에 떨어뜨리니 물이 튀다.

splash라는 단어 안에는 '재'라는 뜻을 가진 ash가 들어 있습니다.

If a volcano erupts, it will fill the air with gases, pieces of ash and smoke.
만약 화산이 폭발하면 대기는 가스, 화산재 그리고 연기로 가득 차게 될 것이다.

연탄재를 하수구에 떨어뜨렸더니 하수구 물이 튄다고 생각해 보세요. splash는 '튀다'라는 뜻을 가진 단어입니다.

splash의 예문을 볼까요?

He tried not to splash muddy water on pedestrians' clothes.
그는 보행자의 옷에 흙탕물이 튀기지 않도록 노력했다.

Be careful not to splash the oil when cooking.
요리할 때 기름이 튀지 않게 조심하세요.

discriminate - disc

손님을 차별하여 음악 디스크를 틀어 주다.

discriminate라는 단어 안에는 '디스크'(disc)가 들어 있습니다.

The disc jockey played the song 3 times in a row.
디스크자키는 그 노래를 잇달아 3번이나 틀었다.

음악다방의 디스크자키가 손님을 차별하여 자기가 좋아하는 여자 손님의 신청곡만 자꾸 틀어 준다고 생각해 보세요. discriminate는 '차별하다'라는 뜻을 가진 단어입니다.

discriminate의 예문을 볼까요?

We must not discriminate against anyone based on race or religion.
인종이나 종교를 이유로 사람을 차별해서는 안 된다.

Social systems that discriminate against women need to be abolished immediately.
여성을 차별하는 사회 제도는 즉시 철폐되어야 한다.

bleach - each

옷들을 각각 표백해.

bleach라는 단어 안에는 '각각'이란 뜻을 가진 each가 들어 있습니다.

The cost of each item is stamped in ink on each item.
각 물건에는 스탬프로 가격이 찍혀 있습니다.

청바지를 서로 조금씩 다르게 각각 표백한다고 생각해 보세요. bleach는 '표백하다'라는 뜻을 가진 단어입니다.

bleach의 예문을 볼까요?

This detergent has an excellent bleaching effect.
이 세제는 표백 효과가 뛰어나다.

His hair was bleached by the sun.
그의 머리는 햇빛에 바래져 있었다.

disobey - sob

부모 말에 **복종하지 않아** 돌아가신 후에 후회하며 **흐느끼다**.

disobey라는 단어 안에는 '흐느끼다'라는 뜻을 가진 sob이 들어 있습니다. sob이라는 단어는 '직업'을 뜻하는 job에서 첫 철자 j를 s로 바꿨다고 생각하면 됩니다. '직장을 잃어서 흐느끼다.'라고 연결해서 생각하면 sob을 쉽게 기억할 수 있을 것입니다.

The sound of her sobbing kept me awake all night.
그녀가 흐느껴 우는 소리에 밤새 잠을 못 잤다.

청개구리처럼 부모 말에 복종하지 않았다가 부모가 돌아가신 후에 후회하며 흐느낀다고 생각해 보세요. disobey는 '불복종하다'라는 뜻을 가진 단어입니다.

Those who disobey the commander's order will be shot.
지휘관의 명령에 불복하는 자는 사살될 것이다.

 러시아 작가 톨스토이의 소설 "안나 카레니나 Anna Karenina"에 보면 다음과 같은 문장이 나옵니다.

I dared not disobey Your Highness's commands, though the road's much too bad.
비록 가야할 길이 험하다고 해도 폐하의 명을 감히 뿌리치지는 않았습니다.

 프랑스 작가 생텍쥐페리의 소설 "어린 왕자 The Little Prince"에도 다음과 같은 문장이 나옵니다.

In the face of an overpowering mystery, you don't dare disobey.
이 엄청난 신비로움을 마주하고서 당신은 복종하지 않을 수 없을 것입니다.

distinguish - sting

벌에 쏘인 팔뚝이 부어올라 쉽게 구분이 되다.

distinguish라는 단어 안에는 '벌이 쏘다'라는 뜻을 가진 sting이 들어 있습니다.

I stuck my hand in the beehive and was stung three times.
벌집 안에 손을 넣었다가 세 방이나 물렸다.

추석에 산으로 벌초하러 갔다가 벌에 쏘인 팔뚝이 부어올라 한 눈에 상처가 쉽게 구분이 된다고 생각해 보세요. distinguish는 '구별하다'라는 뜻을 가진 단어입니다.

He's colour-blind and can't distinguish the difference between red and green easily.
그는 색맹이어서 적색과 녹색의 차이를 쉽게 구분할 수 없다.

I sometimes have difficulty distinguishing Spanish from Portuguese.
나는 종종 포르투갈어와 스페인어를 구분하는 데 애를 먹는다.

♤ 파울로 코엘료의 산문집 "흐르는 강물처럼 Like the Flowing River"에 보면 다음과 같은 문장이 나옵니다.

He knows how to distinguish between the transient and the enduring.
그는 일시적인 것과 지속적인 것의 차이를 구별하는 법을 안다.

사람들은 일시적인 즐거움과 쾌락에만 몰두합니다. 그런 즐거움과 쾌락이 없어지면 엄청난 공허감에 시달리지요. 오래도록 우리 마음속에 지속적으로 기쁨과 행복을 줄 수 있는 것을 찾아야 합니다. 좋은 책, 좋은 벗, 아름다운 풍경 등이 그런 것 중의 일부입니다.

astonish - ton

10톤 트럭이 앞에서 갑자기 서서 **놀라다**.

astonish에는 무게 단위인 ton이 들어 있습니다. 갑자기 10톤 트럭이 앞에 서서 놀란다고 생각해 보세요. astonish는 '놀라게 하다'라는 뜻을 가진 단어입니다.

Please let me know the price per ton.
톤당 가격을 알려 주세요.

 노만 빈센트 필의 "긍정적 사고의 힘 The Power Of Positive Thinking"에 보면 다음과 같은 문장이 나옵니다.

It is astonishing how people can become inoculated with happiness through an inner experience of spiritual change.
영적인 변화라는 내면의 경험을 통해 사람들이 어떻게 행복에 접할 수 있는지 알게 되는 것은 놀라운 일이다.

물질적 가치를 최우선의 추구 대상으로 삼는 현대인들의 가슴을 치는 의미심장한 말이 아닐 수 없습니다. 자기 계발 전문가 브라이언 트레이시의 "백만 달러 습관 Million Dollar Habits"에는 다음과 같은 문장이 나옵니다.

He was absolutely astonished at the quality of the conversation that poured out when two people get into a car and drive with no music or radio interruption.
두 사람이 차에 탄 후 운전하면서 음악이나 라디오의 방해를 받지 않고 쏟아내는 수준 높은 대화에 그는 아주 크게 놀랐다.

차를 타고 가면서 동행인끼리 심도 높은 대화를 나누는 것도 가능하다는 것을 보여 주는 말입니다. 마치 술자리나 차 마시는 자리에서 음담패설이나 신변잡기만 늘어놓지 않고 진지한 대화로 시간을 채우는 것이 가능한 것처럼 말입니다.

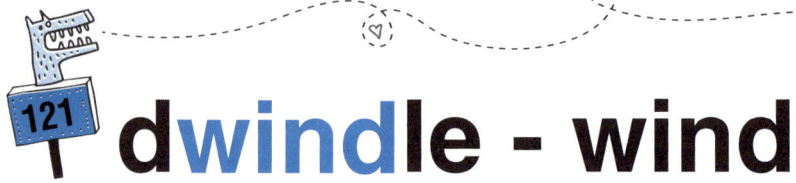

dwindle - wind

거센 바람의 세기가 점점 줄다.

dwindle이라는 단어 안에는 '바람'을 뜻하는 wind가 들어 있습니다.

The flag flutters in the wind.
깃발이 바람에 펄럭인다.

나무를 쓰러뜨리고 지붕을 날릴 정도로 강하게 불던 바람이 점점 그 세기가 줄어든다고 생각해 보세요. dwindle은 '줄다'라는 뜻을 가진 단어입니다.

dwindle의 예문을 볼까요?

The number of memberships dwindled to half of its previous volume.
회원 수가 이전 규모의 반으로 줄었다.

The population of the city has dwindled to fifty thousand people.
그 도시의 인구는 5만 명으로 감소했다.

daunt - aunt

고모가 조카를 무섭게 하다.

daunt라는 단어 안에는 '고모', '이모'를 뜻하는 aunt가 들어 있습니다.

My aunt has a very annoying habit.
우리 고모는 아주 짜증나는 버릇이 하나 있습니다.

아버지의 누나인 고모가 공부를 열심히 하지 않는 조카를 볼 때마다 기가 죽을 정도로 크게 꾸짖는다고 생각해 보세요. daunt는 '무섭게 하다'라는 뜻을 가진 단어입니다.

daunt의 예문을 볼까요?

He is not a man to be daunted by a failure.
그는 실패로 기가 죽을 사람이 아니다.

 톨스토이의 소설 "전쟁과 평화 War and Peace"에 보면 '마리아 공주 Princess Marya'에 대해 다음과 같이 묘사하는 문장이 나옵니다.

She was the last to go to rest, the first to rise, and no difficulty could daunt her.
그녀는 가장 마지막에 쉬러 갔고, 누구보다 먼저 일어났으며 어떤 어려움도 그녀를 기죽게 하지 못했다.

vanish - van

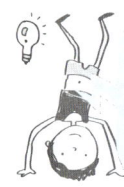

밴을 타고 사라지다.

vanish라는 단어 안에는 '밴'(van)이 들어 있습니다. 추적하던 형사의 바로 눈앞에서 범인이 미니밴을 타고 사라졌다고 생각해 보세요. vanish는 '사라지다'라는 뜻을 가진 단어입니다.

My children were sleeping in the back seats of the van while I was driving.
내가 운전하는 동안 아이들이 밴의 뒷자리에서 잠을 자고 있었다.

vanish의 예문을 볼까요?

The child vanished while on her way home from school.
학교에서 집에 오는 도중에 아이가 사라졌다.

 자기 계발 전문가 데일 카네기의 책 "걱정을 거두고 새로운 삶을 시작하는 법 How to Stop Worrying and Starting Living"에 보면 다음과 같은 문장이 나옵니다.

 I find that fifty percent of my worries vanishes once I arrive at a clear, definite decision; and another forty percent usually vanishes once I start to carry out that decision.
내가 걱정하는 것의 절반은 내가 분명하고 명확한 결정에 이르렀을 때 사라지고 나머지 40퍼센트는 그러한 결정을 실행에 옮겼을 때 사라지는 것을 알게 된다.

우리가 걱정하는 대부분의 일들은 일 년이 지나면 그런 걱정을 했다는 기억조차 없어진다고 합니다. 실행에 옮기면 될 것을 머릿속에 담고 끙끙 앓는 것보다 어리석은 일은 없겠지요.

scorn - corn

구석에서 친구 몰래 옥수수 먹는 녀석을 경멸하다.

scorn이라는 단어 안에는 '옥수수'를 뜻하는 corn이 들어 있습니다.

What's the best way to cook corn?
옥수수를 요리하는 가장 좋은 방법이 뭔가요?

구석에서 친구 몰래 옥수수를 먹는 녀석을 경멸한다고 생각해 보세요. scorn은 '경멸하다'라는 뜻을 가진 단어입니다.

scorn의 예문을 볼까요?

You should not scorn him because he is poor.
가난하다고 해서 그를 경멸해서는 안 된다.

He's been scorned by his wife since he lost his job.
그는 실직한 후로 아내의 멸시를 받아왔다.

grapple - apple

하나 남은 사과를 세게 잡다.

grapple이라는 단어 안에는 '사과'를 뜻하는 apple이 들어 있습니다.

The apple was so rotten that it fell off the tree before it was picked.
사과가 너무 썩어서 따기도 전에 나무에서 떨어졌다.

배가 고팠던 두 형제가 사과를 먹다가 마지막 남은 사과 하나를 먼저 먹으려고 동생이 꽉 움켜잡았다고 생각해 보세요. grapple은 '꽉 잡다'라는 뜻을 가진 단어입니다.

grapple의 예문을 볼까요?

Armed guards grappled with an intruder.
무장 경비원들이 침입자와 붙잡고 싸웠다.

 앨빈 토플러가 쓴 "부의 미래 Revolutionary Wealth"에 보면 다음과 같은 문장이 나옵니다.

They will grapple with truth, lies, markets and money.
사람들은 진실과 거짓, 시장과 돈을 꽉 부여잡을 것이다.

미래 학자가 쓴 말인데, 시장과 돈을 먼저 앞에 놓지 않고 진실과 거짓을 우선적으로 배치한 것이 인상적입니다. 시장과 돈에 대한 이야기는 점점 더 복잡하고 다양해지겠지만 진실과 거짓에 대한 이야기는 예나 지금이나 단순합니다. 진실과 거짓을 복잡하게 받아들이면 세상이 복잡해질 수밖에 없습니다.

25' Check-up!

쉬운 단어들을 보고 앞에서 학습한 어려운 단어들을 기억해 보세요.

1회 2회 3회 4회 5회

1	벌이 쏘다	sting	distinguish	구별하다
2	아니요			
3	사과			
4	옥수수			
5	각각			
6	벌집			
7	날짜			
8	독감			
9	(차 종류) 밴			
10	흐느끼다			
11	(무게 단위) 톤			
12	기름			
13	월요일			
14	비올라			
15	반지			
16	확실한			
17	재			
18	고모			
19	(마시는) 차			
20	배			
21	오페라			
22	끝			
23	디스크			
24	~마다			
25	바람			

persecute - cute

귀엽게 생긴 소녀를 다른 아이들이 **박해하다**.

persecute라는 단어 안에는 '귀여운'이란 뜻을 가진 cute가 들어 있습니다.

Your wife gave birth to a daughter as cute as a bunny.
당신 아내는 토끼처럼 귀여운 딸을 출산하셨습니다.

새로 학교에 전학 온 귀엽게 생긴 소녀를 다른 아이들이 박해한다고 생각해 보세요. persecute는 '박해하다'라는 뜻을 가진 단어입니다.

persecute의 예문을 볼까요?

Throughout history, people have been persecuted for their religious beliefs.
역사를 통틀어 사람들은 종교적 신념 때문에 박해를 받아 왔다.

In what way were these pagans 'persecuted'?
이 이교도들이 어떤 식으로 '박해를 받은' 거죠?

console - sole

아내의 발바닥을 닦아 주며 위로하다.

console이라는 단어 안에는 '발바닥'이란 뜻을 가진 sole이 들어 있습니다.

I cut my sole while strolling along the beach.
나는 해변을 산책하다가 발바닥을 베었다.

맞벌이 하는 아내가 지쳐서 집에 들어오는 것을 보고 남편이 따뜻한 물로 아내의 발바닥을 씻겨 주며 위로한다고 생각해 보세요. console은 '위로하다'라는 뜻입니다.

His friends gathered to console him upon his father's sudden death.
갑작스럽게 아버지가 돌아가셔서 그의 친구들이 모여 그를 위로했다.

 자기 계발 전문가 웨인 다이어가 쓴 "자유롭게 Pulling Your Own Strings"에 보면 다음과 같은 문장이 나옵니다.

Most patients find it very difficult to talk to doctors about their fees, so they just pay whatever they are billed and console themselves with feeling ripped off.

대부분의 환자들은 의사들에게 병원비에 대해 말하는 것을 어렵게 생각합니다. 그래서 그들은 청구서에 요구된 대로 지불하고 바가지를 썼구나 생각하며 스스로를 위로합니다.

웨인 다이어의 이 책은 '다른 사람에게 끊임없이 피해자가 되는 것(victimized)'에 대해 스스로 삶의 주인이 되라고 역설합니다. 잘못된 것, 꼼꼼히 따져야 할 것 등에 대해서는 더 이상 물러서지 말라고, 피해자가 되지 말라고 우리에게 충고합니다.

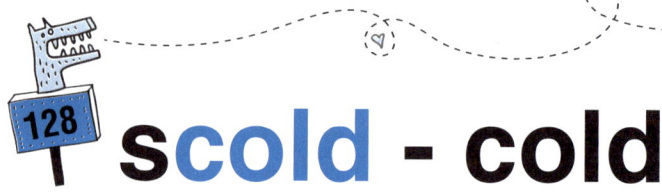

scold - cold

꾸중을 들으니 마음이 **차가와지다**.

scold라는 단어 안에는 '차가운'이란 뜻을 가진 cold가 들어 있습니다.

If you wash your shirt in cold water, the stain won't come out.
셔츠를 찬물로 빨면 얼룩이 지워지지 않을 거야.

시험 성적이 좋지 않아 선생님에게 심하게 꾸중을 들어 마음이 차가워졌다고 생각해 보세요. scold는 '꾸짖다'라는 뜻을 가진 단어입니다.

scold의 예문을 볼까요?

If you scold your child too much, he will lose confidence.
애를 너무 나무라면 자신감을 잃을 것이다.

아이를 나무라기보다는 잘못의 원인이 뭔지 짚어 주는 것이 더 중요합니다. 그래야 스스로 자신의 잘못을 깨닫고 같은 잘못을 반복하지 않을 테니까요. 아이를 나무라기 전에 다음 문장을 한번 생각해 보세요?

True correction always inspires children to want to do better.
진정한 마음으로 잘못을 고쳐 주려고 하면 아이들은 좀 더 잘 하고 싶은 마음을 가지게 된다.

The teacher shouldn't have scolded the boy so severely.
선생님이 그 아이를 그토록 호되게 꾸짖지 않았어야 했다.

slander - land

땅을 헐값에 샀다고 중상모략하다.

slander라는 단어에는 '땅'을 뜻하는 land가 들어 있습니다.

The rain on the land flows into the ground.
땅 위로 내리는 비는 땅속으로 흘러 들어간다.

개발 예정 지역이라는 것을 속이고 해당 지역 주민의 땅을 헐값에 살 것을 중상모략한다고 생각해 보세요. slander는 '중상모략하다'라는 뜻을 가진 단어입니다.

slander의 예문을 볼까요?

She enjoys slandering people without their absence.
그녀는 사람들이 없는 데서 중상모략하기를 좋아한다.

 카프카의 소설 "심판 The Trial"의 첫 문장은 다음과 같이 시작합니다.

Someone must have slandered Josef K., for one morning, without having done anything wrong, he was arrest.
누군가 유제프 K를 중상모략한 것이 틀림없다. 왜냐하면 그는 아무런 나쁜 짓도 하지 않았는데, 어느 날 아침 체포되었으니까 말이다.

hiccup - cup

딸꾹질이 나와 물 한 컵을 마시다.

hiccup이라는 단어 안에는 '컵'이라는 뜻을 가진 cup이 들어 있습니다.

A cup of coffee relieved my fatigue.
커피 한 잔이 내 피로를 풀어 주었다.

친구와 이야기하다 자꾸 딸꾹질이 나와 물 한 컵을 마신다고 생각해 보세요. hiccup은 '딸꾹질하다'라는 뜻을 가진 단어입니다.

hiccup의 예문을 볼까요?

I can't stop hiccuping – does anyone know a good cure?
딸꾹질이 멈추지를 않아요. 누구 딸꾹질 멈추는 좋은 방법 아는 사람 있어요?

She drank a cup of water to stop hiccuping.
그녀는 딸꾹질을 멈추려고 물 한 잔을 마셨다.

bestow - best

최고 점수를 기록하여 상장을 **수여하다**.

bestow라는 단어 안에는 '최고'라는 뜻을 가진 best가 들어 있습니다.

He is the best scholar I have ever seen.
그는 내가 만나 본 최고의 학자다.

기말고사 후 최고 점수를 기록한 학생에게 교장 선생님이 조회 시간에 상장을 수여한다고 생각해 보세요. bestow는 '수여하다'라는 뜻을 가진 단어입니다.

bestow의 예문을 볼까요?

The queen has bestowed a knighthood on him.
여왕이 그에게 기사 작위를 수여했다.

The king bestowed land on the warrior.
국왕은 그 전사에게 토지를 하사했다.

kidnap - kid

길에서 **아이**를 **유괴하다**.

kidnap이라는 단어 안에는 '아이'를 뜻하는 kid가 들어 있습니다.

When I was a kid, I wanted to be a meteorologist.
난 어렸을 때 기상학자가 되고 싶었다.

학교를 마치고 집으로 가는 아이를 길에서 유괴한다고 생각해 보세요. kidnap은 '유괴하다'라는 뜻을 가진 단어입니다.

kidnap의 예문을 볼까요?

The suspect who attempted to kidnap an elementary schoolgirl is being taken to the police station after being arrested.
초등학교 여학생을 납치하려고 시도했던 용의자가 체포된 후 경찰서로 이송되고 있다.

People who kidnap children should be punished severely.
아이를 유괴하는 사람들은 엄하게 처벌받아야 한다.

kidnap이란 단어 안에는 '낮잠'을 뜻하는 nap도 들어 있습니다.

I told you not to take a nap in class.
내가 수업 중에 낮잠 자지 말라고 그랬지.

133 shred - red

소가 투우사의 **빨간** 천을 갈기갈기 찢다.

shred라는 단어 안에는 '빨간'이란 뜻을 가진 red가 들어 있습니다.

Red is the color of passion and love.
빨간색은 정열과 사랑의 색깔이다.

 터키의 노벨문학상 수상자 오르한 파묵의 소설 중 "내 이름은 빨강 My Name is Red"라는 작품이 있습니다. 16세기 터키를 완벽하게 구현해 내면서 추리 소설 형식으로 진행되는 이 작품의 첫 문장은 다음과 같이 시작합니다.

 I am nothing but a corpse now, a body at the bottom of a well.
나는 지금 우물 바닥에 시체로 누워 있다.

스페인(Spain)의 한 투우장에서 소가 투우사의 빨간 천을 뿔로 갈기갈기 찢고 있다고 생각해 보세요. shred는 '갈기갈기 찢다'라는 뜻을 가진 단어입니다. red 앞에 s와 h는 각각 Spain과 horn을 나타낸다고 생각하면 shred를 좀 더 쉽게 기억할 수 있을 것입니다.

shred의 예문을 볼까요?

She shredded my letter because she didn't want to read it.
그녀는 내 편지를 읽고 싶지 않았기 때문에 갈기갈기 찢어버렸다.

What I need you to do is shred all the documents in the file cabinet.
파일 캐비닛에 있는 서류를 모두 분쇄해 주면 좋겠어요.

134 intrude - rude

무례하게 말도 없이 남의 집에 침입하다.

intrude라는 단어 안에는 '무례한'이란 뜻을 가진 rude가 들어 있습니다.

The bully became intoxicated and were quite rude to me.
그 불량배는 술에 취해서 나에게 아주 무례하게 굴었다.

아무 말도 하지 않고 무례하게 남의 집에 침입하는 사람이 있다고 생각해 보세요. intrude는 '침입하다'라는 뜻을 가진 단어입니다.

intrude의 예문을 볼까요?

The plane has intruded into the territory of another country.
그 비행기는 타국의 영역을 침입했다.

I don't want to intrude on her privacy.
나는 그녀의 사생활을 침범하고 싶지 않다.

135 swallow - allow

환자가 알약을 삼키는 것을 허락하다.

swallow라는 단어 안에는 '허락하다'라는 뜻을 가진 allow가 들어 있습니다.

 영화 "로마에서 생긴 일 When in Rome"에 보면 길거리 화가가 조깅하는 주인공 여자를 끝까지 따라가서 그녀의 발을 잡고 아래와 같이 말하는 장면이 나옵니다. 상상 만으로 그녀의 모습을 그렸지만 이상하게 그녀의 발만은 그릴 수 없게 되어 그런 무리한 부탁을 한 것입니다.

 Allow me to see your magnificent feet.
당신의 아름다운 발을 볼 수 있도록 허락해 주세요.

정신병원에 입원한 환자가 자꾸 자살을 시도해서 알약을 먹는 것을 금지했다가 상태가 많이 호전되어 알약 삼키는 것을 허락한다고 생각해 보세요. swallow는 '삼키다'라는 뜻을 가진 단어입니다.

My throat is so sore that it really hurts when I swallow.
목이 너무 따끔해서 삼킬 때마다 정말 아프다.

After the operation you may find it difficult to chew and swallow.
수술 후에는 음식을 씹고 삼키는 것이 힘들지도 모릅니다.

swallow가 명사로 쓰이면 '제비'라는 뜻입니다.

One swallow doesn't make a summer.
제비 한 마리가 왔다고 해서 여름이 온 것은 아니다.

136 crouch - ouch

지나가다 공사장에서 떨어진 돌을 맞고 '**아야**'하고 **쭈그리고 앉다.**

crouch라는 단어 안에는 '아야'라는 뜻을 가진 ouch가 들어 있습니다.

Ouch! You stepped on my foot.
아얏! 네가 내 발을 밟았어!

길을 걸어가다가 공사장에서 떨어진 돌을 맞고 '아야'하고 소리 지르며 바닥에 쭈그리고 앉았다고 생각해 보세요. crouch는 '쭈그리고 앉다'라는 뜻을 가진 단어입니다.

crouch의 예문을 볼까요?

The beggar is crouching in front of the vending machine.
그 거지는 자판기 앞에서 쭈그리고 앉아 있다.

He crouched in a corner of the room.
그는 방 한구석에 몸을 오그리고 앉았다.

kindle - kind

> 야영장에서 친절하게 불을 붙여 주다.

kindle라는 단어 안에는 '친절한'이란 뜻을 가진 kind가 들어 있습니다.

It's very kind of you to do it for me.
나를 위해 그 일을 해주겠다니 고마워.

보이스카우트 야영장에서 처음 만난 친구가 친절하게 불을 붙여 준다고 생각해 보세요. kindle은 '불을 붙이다'라는 뜻을 가진 단어입니다.

He used paper to kindle a fire in the stove.
그는 종이를 써서 난로에 불을 붙였다.

Her heart was kindled up with sympathy.
그녀의 마음은 동정심으로 불탔다.

Her imagination was kindled by the exciting stories her grandmother told her.
그녀의 상상력은 할머니가 해 준 신나는 이야기 때문에 불이 붙었다.

kindle이란 단어는 세계 최고의 인터넷 서점 Amazon이 출시한 전자책(E-Book)의 이름이기도 합니다.

Kindle is easy to hold and read.
킨들은 손에 잡고 읽기가 아주 쉽습니다.

138 slay - lay

적을 죽여서 눕히다.

slay라는 단어 안에는 '눕히다'라는 뜻을 가진 lay가 들어 있습니다.

Relatives laid wreaths on the grave.
친척들이 무덤에 화환을 놓았다.

전투 중에 용맹한 전사가 상대 장수를 죽여 바닥에 눕혔다고 생각해 보세요. slay는 '죽이다'라는 뜻을 가진 단어입니다.

 영화 "슈렉 Shrek"에 보면 피오나 공주와 같이 성을 빠져나오던 슈렉에게 피오나 공주가 다음과 같이 물어보는 장면이 나옵니다.

 Did you slay the dragon?
따라오던 용은 죽인 거예요?

Two passengers were slain by the hijackers.
두 명의 탑승객이 그 비행기 탈취범들에게 살해되었다.

classify - class

담임 선생님이 학급 학생들의 성적을 분류하다.

classify라는 단어 안에는 '학급'을 뜻하는 class가 들어 있습니다.

We were in the same class at school.
우리는 학교 다닐 때 같은 반이었다.

기말고사가 끝난 후 담임 선생님이 학급 학생들을 성적순으로 분류하고 있다고 생각해 보세요. classify는 '분류하다'라는 뜻을 가진 단어입니다.

classify의 예문을 볼까요?

The books in the library are classified according to subject.
도서관의 책들은 주제별로 분류되어 있다.

It is a human trait to try to define and classify the things we find in the world.
세상에서 우리가 찾아낸 사물들을 정의 내리고 분류하려고 하는 것은 인간의 특성이다.

extend - ten

기간을 10년 연장하다.

extend에는 '10'을 뜻하는 ten이 들어 있습니다. 특허권 중 상표권은 10년마다 권리를 연장할 수 있습니다. extend는 '연장하다', '손을 내밀다'라는 뜻을 가진 단어입니다.

Can you recommend ten wonderful novels to read?
읽을 만한 10권의 소설을 추천해 줄 수 있나요?

The dean allowed the library to extend its regular hours.
학장은 도서관이 정규 개방 시간을 연장하는 것을 허용했다.

 오바마 대통령의 취임 연설문 중에 다음과 같은 문장이 나옵니다. 이는 테러리스트 국가들에 대해 그들이 평화적 태도를 보이면 받아들이겠다는 의지를 담고 있습니다.

We will extend a hand if you are willing to unclench your fist.
당신들이 쥔 주먹을 편다면 우리도 손을 내밀 것입니다.

 아이 넷을 데리고 전 세계를 여행하고 있는 허만 씨 부부의 책 "네 꿈에 불을 지펴라 Spark Your Dream"의 서문에도 다음과 같은 문장이 나옵니다.

There were more than 800 families who received us in their homes, and thousands and thousands who extended their hands and encouraged us.
우리를 자신의 집에 받아들여 주었던 800명 이상의 가족들이 있었고, 손을 내밀어 우리를 격려해 주었던 수천 명의 사람들이 있었다.

허만 씨 가족처럼 차 한 대로 전 세계를 여행하는 것이 쉬운 일은 아니지만, 이처럼 남들이 하기 힘든 일을 도전해 보는 것, 이런 게 사는 맛 아닐까요?

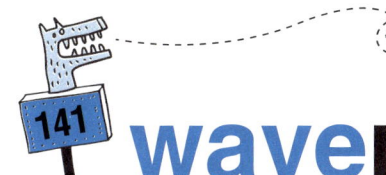

waver - wave

파도가 거세게 일자 출항하려는 마음이 흔들리다.

waver라는 단어 안에는 '파도'라는 뜻을 가진 wave가 들어 있습니다.

Look at the size of the wave.
저 파도의 크기를 좀 봐.

강한 비를 동반한 태풍이 불면서 집채만 한 파도가 거세게 일자 출항하려는 마음이 흔들린다고 생각해 보세요. waver는 '마음이 흔들리다', '망설이다'라는 뜻을 가진 단어입니다.

waver의 예문을 볼까요?

He is wavering between two options.
그는 두 가지 선택을 놓고 망설이고 있다.

⬇ 침팬지 연구의 세계적인 대가 제인 구달의 책 "희망의 이유 Reason For Hope"에 보면 다음과 같은 문장이 나옵니다.

There have been times during my life when this belief wavered.
살아가면서 내 믿음이 흔들렸던 때가 여러 번 있었다.

rummage - rum

술꾼이 아내가 감춘 럼주를 찾아 집 안을 샅샅이 뒤지다.

rummage라는 단어 안에는 술의 한 종류인 '럼'(rum)이 들어 있습니다. 술을 좋아하는 남편 때문에 골머리를 썩는 아내가 남편이 좋아하는 럼주를 숨겼더니 남편이 집 안 곳곳을 샅샅이 뒤진다고 생각해 보세요. rummage는 '샅샅이 뒤지다'라는 뜻을 가진 단어입니다.

His favourite liquor is rum and lemon.
그가 좋아하는 술은 레몬을 넣은 럼주다.

rummage의 예문을 볼까요?

She rummaged through all the drawers, looking for a pen.
그녀는 펜을 찾아 서랍을 샅샅이 뒤졌다.

♣ 샬롯 브론테의 "제인 에어 Jane Eyre"의 초반부에 보면 몰래 책을 읽고 있는 어린 제인에게 주인집 아들인 존 리드가 책망하듯이 다음과 같이 말하는 장면이 나옵니다.

Now, I'll teach you to rummage my bookshelves: for they are mine; all the house belongs to me, or will do in a few years.
책장을 뒤지면 어떻게 되는지 내가 가르쳐 줄 거야. 책은 모두 내 것이야. 이 집의 모든 것이 내 것이야. 몇 해 안에 그렇게 돼.

acclaim - aim

목표를 달성하고 돌아온 선수들을 공항에서 환호하며 맞이하다.

acclaim이라는 단어 안에는 '목표'라는 뜻을 가진 aim이 들어 있습니다.

Our main aim is to increase sales in China.
우리의 주된 목표는 중국에서 매출을 늘리는 것이다.

2010년 남아공 월드컵에서 16강이라는 목표를 달성하고 온 한국 대표 선수들이 공항에 모습을 나타내자 팬들이 환호한다고 생각해 보세요. acclaim은 '환호하다', '찬사를 받다'라는 뜻을 가진 단어입니다.

acclaim의 예문을 볼까요?

The athlete was acclaimed for winning a medal in the Olympics.
그 운동선수는 올림픽에서 메달을 획득해 환호를 받았다.

The work was acclaimed as a masterpiece.
그 작품은 걸작으로 찬사를 받았다.

identify - dent

차의 움푹 들어간 부분을 보고 범인의 차임을 확인하다.

identify라는 단어 안에는 '움푹 들어간 곳'이라는 뜻을 가진 dent가 들어 있습니다.

The accident left a dent in my car door.
그 사고로 내 차 문에 움푹 들어간 자국이 생겼다.

자동차 사고를 내고 그냥 도주한 뺑소니차를 추적하던 중 차에 움푹 들어간 자국을 보고 범인의 차임을 확인한다고 생각해 보세요. identify는 '신원을 확인하다'라는 뜻을 가진 단어입니다.

identify의 예문을 볼까요?

The bodies were identified as those of three suspected drug dealers.
그 사체는 세 명의 마약 거래 용의자들 것임이 확인되었다.

🔖 자기 계발 전문가 존 고든이 쓴 책 "에너지 중독자 Energy Addict"에 보면 다음과 같은 말이 나옵니다.

Identify three people you would like to thank today and call them or write them.
오늘 감사를 표하고 싶은 세 사람을 확인하고 그들에게 전화를 걸거나 편지를 써 보세요.

소중한 사람과 오래 관계를 맺고 싶다면 마음을 담은 전화나 편지가 크게 도움이 될 것입니다. 문자나 이메일보다 다정한 음성이나 직접 쓴 글씨가 더 정겹게 상대에게 다가가니까요.

pluck - luck

운 좋게 길가에서 네잎클로버를 발견하고 **따다**.

pluck라는 단어 안에는 '운'이란 뜻을 가진 luck이 들어 있습니다. 아픈 아버지 대신 남장을 하고 오랑캐와 싸운 내용을 담은 만화 영화 "뮬란 Mulan"의 초반부에 보면 중매쟁이에게 선보러 가기 전에 아버지에게 다음과 같이 말하는 장면이 나옵니다.

 Wish me luck.
제 행운을 빌어 주세요.

산길로 아침 산책을 나갔다가 길가에서 네잎클로버를 운 좋게 발견하고 그것을 땄다고 생각해 보세요. pluck은 '따다', '뽑다'라는 뜻을 가진 단어입니다.

pluck의 예문을 볼까요?

I plucked an orange from the tree.
나는 그 나무에서 오렌지를 하나 땄다.

He plucked out a grey hair.
그는 흰 머리카락 한 올을 뽑아냈다.

transplant - plant

정원에 있던 식물을 **옮겨서** 화분에 **심다**.

transplant라는 단어 안에는 '심다'라는 뜻을 가진 plant가 들어 있습니다.

This is the tree I planted ten years ago.
이것은 내가 10년 전에 심은 나무입니다.

집 정원에 있는 식물을 화분에 옮겨 심는다고 생각해 보세요. transplant는 '이식하다'라는 뜻을 가진 단어입니다. 여기서 trans는 '옮기다'라는 뜻을 가진 접두사입니다.

transplant의 예문을 볼까요?

Surgeons have successfully transplanted a liver into a four-year-old boy.
외과 의사들이 네 살짜리 소년에게 간을 성공적으로 이식시켰다.

You will have to undergo a blood vessel transplant operation.
혈관 이식 수술을 받으셔야 할 것입니다.

restrain - train

기차를 타고 훌쩍 어디론가 떠나고 싶은 마음을 억제하다.

 restrain이라는 단어 안에는 '기차'라는 뜻을 가진 train이 들어 있습니다.

Commuters are boarding the train into the city.
통근자들이 시내로 가는 기차를 타고 있다.

일상생활에 너무 지쳐 기차를 타고 어디론가 훌쩍 떠나고 싶지만 현실을 생각해서 그런 마음을 억제한다고 생각해 보세요. restrain은 '억제하다'라는 뜻을 가진 단어입니다.

restrain의 예문을 볼까요?

She was so angry that she could hardly restrain herself.
그녀는 너무 화가 나서 거의 자제할 수가 없었다.

🎬 영화 "해리포터와 아즈카반의 죄수 Harry Potter and the Prisoner of Azkaban"을 보면 스네이프 교수가 늑대와 베오울프의 차이점에 대해 묻자 헤르미온느가 아주 장황하게 설명을 합니다. 이에 스네이프 교수가 다음과 같이 말하는 장면이 나옵니다.

 Are you incapable of restraining yourself?
너는 잘난 체하는 마음을 억제하지 못하는 것이냐?

restrict - strict

기숙사가 **엄격한** 규정으로 귀가 시간을 **제한하다**.

restrict라는 단어 안에는 '엄격한'이란 뜻을 가진 strict가 들어 있습니다.

Too strict discipline will do more harm than good to children.
너무 엄격한 규율은 도리어 아이에게 좋지 않다.

여학생들만 거주하는 기숙사가 엄격한 규정으로 귀가 시간을 제한한다고 생각해 보세요. restrict는 '제한하다'라는 뜻을 가진 단어입니다.

restrict의 예문을 볼까요?

Congress is considering measures to restrict the sale of cigarettes.
의회는 담배 판매를 제한하는 조치를 고려하고 있다.

Access is restricted to authorized personnel only.
관계자 외 출입을 제한합니다.

149. harass - ass

엉덩이를 만지며 **희롱하다.**

harass라는 단어 안에는 '엉덩이'를 뜻하는 ass가 들어 있습니다.

He kicked the dog's ass.
그는 개 엉덩이를 발로 찼다.

회사에서 상사가 !167 노골적으로 직원의 엉덩이를 만지며 희롱해서 고소를 당했다고 생각해 보세요. harass는 '희롱하다', '괴롭히다'라는 뜻을 가진 단어입니다.

harass의 예문을 볼까요?

She claims she has been sexually harassed at work.
그녀는 직장에서 성희롱을 당했다고 주장한다.

Don't harass people who are weaker than you.
너보다 약한 사람을 괴롭히지 마라.

150 lament - lame

교통사고로 다리를 절게 된 신세를 한탄하다.

lament라는 단어 안에는 '절뚝거리는'이라는 뜻을 가진 lame이 들어 있습니다.

He is lame in his left leg.
그는 왼쪽 다리를 전다.

교통사고를 당해 다리를 절게 되어 신세를 한탄하는 사람이 있다고 생각해 보세요. lament는 '한탄하다'라는 뜻을 가진 단어입니다.

lament의 예문을 볼까요?

In the poem he laments the destruction of the countryside.
그 시에서 그는 전원의 파괴를 한탄한다.

He knows that it is no use lamenting the loss.
그는 손실에 대해 한탄을 해봐야 소용이 없다는 것을 잘 알고 있다.

25' Check-up !

1회 2회 3회 4회 5회

쉬운 단어들을 보고 앞에서 학습한 어려운 단어들을 기억해 보세요.

1	허락하다	allow	swallow	삼키다
2	발바닥			
3	컵			
4	파도			
5	엄격한			
6	땅			
7	아이			
8	친절한			
9	기차			
10	귀여운			
11	목표			
12	심다			
13	학급			
14	차가운			
15	무례한			
16	운			
17	절뚝거리는			
18	움푹 들어간 곳			
19	최고			
20	아야			
21	엉덩이			
22	빨간			
23	10			
24	눕히다			
25	(술 종류) 럼			

Scatter seeds of kindness everywhere you go and watch them grow and grow.

당신이 가는 곳 어디나 친절함의 씨앗을 뿌리세요. 그리고 그 씨앗이 자라고 또 자라는 것을 보세요.

PART 2
명사편

 본문　 상식　 책　 연설　 영화　 앨범

combustion - bus

버스가 연료를 연소시켜 연기를 뿜어내다.

combustion이라는 단어 안에는 bus가 들어 있습니다. combustion이란 단어는 쉬운 단어가 아닙니다. 하지만 이 단어 안에 있는 bus를 이용해서 아주 쉽게 공부해 볼 수 있습니다. 버스에서 나오는 연기는 버스 안의 연료가 연소되어 뿜어져 나오는 것입니다. combustion은 '연소'라는 뜻을 가진 단어입니다.

combustion의 예문을 볼까요?

Success is not the result of spontaneous combustion. You must set yourself on fire.
성공이란 우연한 연소의 결과가 아니다. 먼저 여러분 자신을 불붙여서 타오르게 해야 한다.

그렇습니다. 성공하려면 스스로를 열정에 가득 찬 상태로 만들어야 합니다. 스스로가 타올라야 주변에 사람들이 모여듭니다. "에너지 버스 Energy Bus"를 쓴 존 고든은 열정에 대해 다음과 같이 말합니다.

If you live and work with enthusiasm, people are drawn to you like moths to a light.
당신이 열정을 가지고 살아가고, 일을 한다면 나방이 불에 달려드는 것처럼 사람들이 당신에게로 몰려들 것이다.

'열정'에 대한 말을 하나 더 볼까요?

We can no more explain passion to a person who has never experienced it than we can explain light to the blind.
장님에게 빛을 설명할 수 없는 것처럼 열정을 한 번도 경험해 보지 못한 사람에게 열정을 설명할 수 없다.

스스로를 연소시켜 거대한 열정 덩어리가 되어 보세요.

 client - lie

고객에게 거짓말하면 안 된다.

client라는 단어 안에는 lie가 들어 있습니다. 요즘은 일반 오프라인 매장뿐만 아니라 온라인 쇼핑몰의 고객들도 물건 가격이나 품질에 속아서 항의 소동이 많이 일어납니다. 고객들에게 거짓말을 해서는 그 매장의 신용이 유지될 수도 없고 영업도 오래가지 못할 것입니다. client는 '고객'이란 뜻을 가진 단어입니다.

The man has been a client of this law firm for many years.
그 남자는 오랫동안 이 변호사 사무실의 고객이었다.

client는 주로 변호사 사무실, 은행, 증권 등의 회사에서 손님을 지칭할 때 많이 쓰입니다. 일반적으로 손님은 customer라는 단어를 사용합니다.

The boss of the store didn't want to lose the regular customer.
그 가게의 주인은 단골손님을 놓치고 싶지 않았다.

 경영학의 대가 피터 드러커는 품질과 고객에 대해 다음과 같이 말합니다.

Quality in a service or product is not what you put into it. It is what the client or customer gets out of it.
서비스나 제품의 품질이란 당신이 집어넣는 그 무엇이 아니다. 품질이란 고객이나 손님이 제품이나 서비스에서 끌어내는 그 어떤 것이다.

rebellion - lion

반란하는 무리들이 성난 사자 같다.

rebellion이라는 단어 안에는 '사자'라는 뜻을 가진 lion이 들어 있습니다. 프랑스 혁명 당시 왕의 폭정에 항거하는 반란의 무리들이 성난 사자처럼 바스티유 감옥을 습격하고 죄수들을 풀어 주었던 장면을 떠올려 보세요. rebellion은 '반란'이란 뜻을 가진 단어입니다. 얼마 전에 한 중학교 여학생이 'Rebellion'이란 제목으로 스파르타쿠스의 난을 소재로 영어 소설로 써서 화제가 된 일이 있었습니다. 대학생도 아니고 중학생이 말입니다. 많은 사람이 자극을 받았을 거라고 생각합니다.

The government has brutally crushed the rebellion.
정부는 잔혹하게 그 반란을 진압했다.

The army was sent in to crush the rebellion.
반란을 진압하기 위해 군대가 투입되었다.

The beginning of men's rebellion against God was, and is the lack of a thankful heart.
신에 대한 인간의 반역의 시작은 감사하는 마음의 결핍에서 비롯된다.

004 ingredient - die

음식 성분에 독이 들어 있어 죽다.

ingredient에는 '죽다'라는 뜻을 가진 die가 들어 있습니다. 버섯에 독성분이 있는 줄도 모르고 먹었다가 죽었다고 생각해 보세요. 과거에 왕이나 왕자들은 음식에 들어 있는 독성분 때문에 독살되는 경우가 많았습니다. ingredient는 '성분'이란 뜻을 가진 단어로 수입한 식료품의 포장지에서 ingredient라는 단어를 쉽게 볼 수 있을 것입니다.

Trust is a vital ingredient in a successful marriage.
신뢰는 성공적인 결혼의 가장 중요한 성분이다.

신뢰가 없는 결혼 생활은 '무늬만 부부'나 마찬가지입니다. 이때 피해자는 결혼 당사자뿐만 아니라 자녀, 친지에게도 두루 미칩니다. 서로 신뢰를 깨지 않는 말과 행동을 유지하는 것이 대단히 중요합니다. 신뢰로 가정을 탄탄히 유지했다면 이제는 상대를 배려하며 지내는 것을 배워야 할 것입니다. 남의 말을 잘 들어 주는 것, 상대방을 존중하는 것, 상대로부터 항상 배우려는 것 등이 다른 사람들과 잘 어울려 지내는 방법일 것입니다. 루스벨트 대통령의 다음의 말을 들어 보세요.

The most important single ingredient to the formula of success is knowing how to get along with people.
성공이라는 공식에 있어서 가장 중요한 단 하나의 성분은 사람과 잘 어울려 지내는 것을 아는 것이다.

There are three ingredients in the good life: learning, earning and yearning.
훌륭한 인생에는 세 가지 구성 요인이 있다: 배움, 습득, 갈망이 바로 그것이다.

learning, earning and yearning이라는 세 단어로 훌륭한 삶을 재치 있게 정리했네요. 끊임없이 배우고, 자신의 것으로 만들고 드높은 곳을 갈망하는 삶이 정말 훌륭한 삶이라고 생각합니다.

probation - rob

도둑질하다가 감옥에 갔는데 집행유예로 풀려나다.

probation이라는 단어 안에는 '도둑질하다'라는 뜻을 가진 rob이 들어 있습니다. 강도짓을 하다가 체포되어 재판을 받았는데 초범이라는 이유로 판사로부터 집행유예를 선고받아 풀려났다고 생각해 보세요. probation은 '집행유예'라는 뜻을 가진 단어입니다. '보호관찰'이나 '학사 경고'라는 의미로도 쓰이니 참고하세요.

probation의 예문을 볼까요?

The judge put him on probation for two years.
판사는 그에게 집행유예 2년을 선고했다.

The government has three means of criminal punishment: probation, incarceration, and death.
정부는 범죄의 처벌로 세 가지 수단을 가지는데 그것은 보호관찰, 감금, 그리고 사형이다.

I was put under academic probation last semester.
난 지난 학기에 학사 경고를 받았어.

006 acro**bat** - **bat**

서커스 무대 위에서 박쥐처럼 날아다니는 곡예사.

acrobat라는 단어 안에는 '박쥐'를 뜻하는 bat가 들어 있습니다.

A bat is a small winged mammal that flies using ultrasonic waves to avoid obstacles.
박쥐는 장애물을 피하기 위해 초음파를 사용하여 날아다니는 날개 달린 작은 포유류이다.

서커스 무대 위에서 공중그네의 줄을 잡고 펄펄 날아다니는 곡예사를 생각해 보세요. acrobat은 '곡예사'라는 뜻을 가진 단어입니다.

acrobat의 예문을 볼까요? 📖 카프카의 단편 소설 "시골 의사 A Country Doctor"에 보면 다음과 같은 문장이 나옵니다.

Many a time in variety theatres, waiting for my turn to come on, have I watched some pair of acrobats high up in the roof, performing on their trapezes.
많은 극장에서 들어갈 차례를 기다리며 몇몇 쌍의 곡예사들이 지붕 높은 곳에서 공중그네를 타는 것을 지켜보았다.

📖 "샬롯의 거미줄"에도 다음과 같은 문장이 나옵니다. 주인공 샬롯이 농장에 있는 동물들에게 영어 단어 terrific의 철자를 물었을 때 거위가 대답을 하자 그걸 거미줄에 새길 생각에 아득해져서 하는 말합니다.

What kind of an acrobat do you think I am?
내가 어떤 종류의 곡예사인 것 같아?

177

007 comparison - son

파리에 유학 다녀왔다고 옆집 **아들**과 **비교**하다.

comparison이란 단어 안에는 '아들'을 뜻하는 son이 들어 있습니다.

She is very boastful of her son.
그녀는 자기 아들을 매우 자랑한다.

아들이 디자인 공부를 하러 파리(comparison 안에 paris도 들어 있습니다.)로 유학을 다녀왔다고 자랑하며 은근히 옆집 아들과 비교하는 엄마가 있다고 생각해 보세요. comparison은 '비교'라는 뜻을 가진 단어입니다.

comparison의 예문을 볼까요? 제인 오스틴의 소설 "오만과 편견 Pride and Prejudice"에 보면 콜린스 씨(Mr. Collins)에게서 온 편지 중에 다음과 같은 내용이 나옵니다.

The death of your daughter would have been a blessing in comparison of this.
따님의 죽음은 이 일과 비교해 보면 축복일지도 모릅니다.

comparison의 예문을 하나 더 볼까요?

Do comparison shopping when you buy an expensive thing.
비싼 물건을 살 때는 여기저기 다니면서 가격을 비교해 보고 사세요.

008 parole - role

모범수 역할을 잘 해서 가석방 처분을 받다.

parole이라는 단어 안에는 '역할'을 뜻하는 role이 들어 있습니다. 반기문 유엔 사무총장이 한 인터뷰에서 한국이 국제무대에서 해야 할 '역할'에 대해 다음과 같이 말한 바 있습니다.

I cannot help emphasizing that South Korea should play a bigger role in the global society to match its economic and social status on the world stage.
나는 남한이 세계무대에서 그 경제적, 사회적 지위에 걸맞도록 국제 사회에서 더 커다란 역할을 해야 한다는 것을 강조할 수밖에 없다.

감옥에서 모범수로서 맡은 바 역할을 성실히 수행해서 가석방을 받았다고 생각해 보세요. parole은 '가석방'이라는 뜻을 가진 단어입니다.

He has been released on parole.
그는 가석방으로 풀려났다.

parole이란 단어를 보면 항상 생각나는 영화가 있습니다. 애슐리 쥬드가 인상적인 연기를 한 "더블 크라임 Double Jeopardy"이 바로 그것입니다. 남편 때문에 누명을 쓰고 감옥에 간 아내가 남편에게 복수하기 위해 가석방을 받아내고 남편을 처단하는 과정이 박진감 있게 전개되는 영화입니다. 영화 속에서 가석방 집행관(타미 리 존스)이 주인공에게 하는 말 중에 parole이 사용됩니다.

You are a parole violator. You are coming back with me to Seattle.
당신은 가석방 규정을 위반했습니다. 나와 함께 시애틀로 가야겠습니다.

009 treason - reason

백성들이 반역을 일으킬 때는 다 이유가 있다.

treason이라는 단어 안에는 '이유'를 뜻하는 reason이 들어 있습니다.

I don't drink alcohol for religious reasons.
나는 종교적인 이유로 술을 마시지 않는다.

역사상 유명한 도적인 '임꺽정'이나 '장길산'이 반역을 일으킬 때는 그럴 만한 이유가 있었습니다. 백성들을 착취하고 학정을 일삼으니 백성들이 스스로를 지키기 위하여 반역을 한 것입니다. treason은 '반역'이라는 뜻을 가진 단어입니다.

treason의 예문을 볼까요?

He was executed for treason after he took part in a plot to kill the king.
그는 왕을 죽이려는 음모에 참여한 이후 반역죄로 처형되었다.

He was sentenced to death for treason.
그는 반역죄로 사형 선고를 받았다.

benefactor - actor

고아들을 입양하는 배우는 아이들의 은인이다.

benefactor라는 단어 안에는 '배우'라는 뜻을 가진 actor가 들어 있습니다.

I need to overcome stage fright if I want to become a good actor.
훌륭한 배우가 되기를 원한다면 나는 무대 공포증을 극복해야 한다.

안젤리나 졸리, 신애라 등 고아를 입양하는 배우들이 있습니다. 이들은 아이들의 큰 은인이겠지요. benefactor는 '은인'이란 뜻을 가진 단어입니다.

benefactor의 예문을 볼까요?

Founded in the seventeenth century, Harvard University took its name from a benefactor which donated his books to the library.
17세기에 건립된 하버드 대학은 도서관에 책을 기증한 은인의 이름에서 대학 이름을 따왔다.

He is looked up to as their benefactor.
그는 그들의 은인으로서 존경을 받고 있다.

predic**ament** - **amen**

곤경에 처하자 기도를 하고 나지막한 목소리로 '아멘'이라고 말하다.

predicament라는 단어 안에는 amen이 들어 있습니다. 예상치 못한 큰 곤경에 처했을 때 기도를 하고 나지막한 목소리로 '아멘'이라고 말한다고 생각해 보세요. predicament는 '곤경'이란 뜻을 가진 단어입니다.

predicament의 예문을 볼까요?

She is hoping to get a loan from her bank to help her out of her financial predicament.
그녀는 재정적 어려움에서 벗어나기 위하여 은행으로부터 융자를 얻기를 희망하고 있다.

My attempt to help him ironically cornered him into a predicament.
그를 돕는다고 한 일이 오히려 그를 곤경으로 몰아넣었다.

tenant - ant

열 마리 개미가 남의 집에 세들어 살다.

tenant라는 단어 안에는 '개미'를 뜻하는 ant가 들어 있습니다.

Countless ants were gathering on the sugar.
셀 수 없이 많은 개미가 설탕에 모여 있었다.

현실적으로 가능한 이야기는 아니지만 열 마리 개미가 남의 집에 세들어 산다고 상상해 보세요. tenant는 '세입자'라는 뜻을 가진 단어입니다.

tenant의 예문을 볼까요?

As soon as I put the room up for rent, I found a tenant.
방을 내놓자마자 나는 세입자를 구했다.

Is the new tenant moving in today?
새로운 세입자가 오늘 이사 들어오나요?

monarch - arch

군주가 아치형 개선문을 지나가다.

monarch라는 단어 안에는 '아치'를 뜻하는 arch가 들어 있습니다.

Tourists are staring at the arch.
관광객들이 아치문을 유심히 보고 있다.

전쟁에서 승리한 대왕이 아치형 개선문을 지나고 있다고 생각해 보세요. monarch는 '군주'라는 뜻을 가진 단어입니다.

monarch의 예문을 볼까요?

An emperor is a monarch who rules over an empire.
황제란 제국을 통치하는 군주다.

Britain's head of state is a constitutional monarch.
영국의 국가 수장은 입헌 군주이다.

pharmacist - arm

팔을 다친 사람에게 약사가 약을 주다.

pharmacist라는 단어 안에는 '팔'을 뜻하는 arm이 들어 있습니다.

What happened to your arm?
너 팔 어떻게 된 거야?

팔을 다쳐 약국에 온 사람에게 약사가 약을 준다고 생각해 보세요. pharmacist는 '약사' 라는 뜻을 가진 단어입니다.

pharmacist의 예문을 볼까요?

A pharmacist is filling a prescription.
약사가 처방전을 쓰고 있다.

The pharmacist will advise which medicines are safe to take.
약사에게 자문하면 어느 약이 복용하기에 안전한지 알려 줄 것이다.

185

015 martyr - art

저항하는 예술 작품으로 순교자가 되다.

martyr라는 단어 안에는 '예술'을 뜻하는 art가 들어 있습니다.

He enjoys collecting exquisite pieces of art work.
그는 정교한 예술 작품을 모으는 것을 좋아한다.

권력에 저항하는 예술 작품으로 순교자가 된 작가가 있다고 생각해 보세요. martyr는 '순교자'라는 뜻을 가진 단어입니다.

martyr의 예문을 볼까요?

The tyrant dies and his rule ends, the martyr dies and his rule begins.
폭군이 죽으면 그의 통치도 끝난다. 그러나 순교자가 죽으면 그의 영향력이 시작된다.

The Catholic priest died a martyr during his mission work abroad.
그 신부는 외국에서 선교 활동을 하다 순교했다.

autopsy - auto

자동차 사고로 죽은 사람을 **부검**하다.

autopsy라는 단어 안에는 '자동차'를 뜻하는 auto가 들어 있습니다.

I'm in the auto parts business.
저는 자동차 부품 사업을 하고 있습니다.

자동차 사고로 의문의 죽음을 당한 사람을 부검한다고 생각해 보세요. autopsy는 '부검'이라는 뜻을 가진 단어입니다.

autopsy의 예문을 볼까요?

The bodies were sent to the National Institute of Scientific Investigation for identification and autopsy.
시신들은 신원 확인과 부검을 위해 국과수로 보내졌다.

The autopsy result showed that she died of a heart attack.
부검 결과 그녀의 사인은 심장마비로 밝혀졌다.

017 obituary - bit

그의 **사망 기사**가 작은 **조각**처럼 조그맣게 신문에 나다.

obituary라는 단어 안에는 '조각'을 뜻하는 bit이 들어 있습니다.

The glass smashed into little bits.
그 유리는 작은 조각으로 산산이 깨졌다.

신문마다 부고 기사를 다루는 면이 따로 있습니다. 사망 기사가 신문 한 귀퉁이에 작은 조각처럼 조그맣게 나왔다고 생각해 보세요. obituary는 '사망 기사'란 뜻을 가진 단어입니다.

obituary의 예문을 볼까요?

The old man happened to read the 'obituary' article in the newspaper to find that his old friend had passed away.
그 노인은 신문의 '부고'란에서 그의 오랜 친구가 죽었다는 기사를 우연히 읽게 되었다.

An obituary is an article offering a brief summary of the deceased.
Obituary란 죽은 사람들에 대해 짤막하게 요약해 놓은 내용을 제공하는 기사를 말한다.

lubricant - can

윤활유가 깡통에 들어 있다.

lubricant라는 단어 안에는 '깡통'을 뜻하는 can이 들어 있습니다.

You'll need a can of tuna for this recipe.
이 요리를 하려면 참치 통조림 하나가 필요할 거야.

자동차 엔진의 원활한 운행에 필요한 윤활유가 깡통에 들어 있다고 생각해 보세요. lubricant는 '윤활유'라는 뜻을 가진 단어입니다.

lubricant의 예문을 볼까요?

It is a lubricant, not a fuel.
이건 윤활유지 연료가 아니다.

The engine won't work properly without lubricant.
그 엔진은 윤활유 없이는 제대로 작동하지 않을 것이다.

019 exclamation - clam

맛있는 **대합조개**를 먹고 **감탄**하다.

exclamation라는 단어 안에는 '대합조개'를 뜻하는 clam이 들어 있습니다.

We really enjoyed digging clams at the beach.
우리는 해변에서 아주 즐겁게 대합조개를 캤다.

조개구이집에 가서 맛있는 대합조개를 먹고 감탄했다고 생각해 보세요. exclamation은 '감탄'이라는 뜻을 가진 단어입니다.

exclamation의 예문을 볼까요?

His speech elicited exclamations from the audience.
그의 연설은 청중의 탄성을 자아냈다.

Their exclamations of delight at the spectacular view went on and on.
멋진 광경에 대한 그들의 감탄사가 계속 이어졌다.

courtesy - court

법정에서는 판사에게 **예의**를 지켜야 한다.

---

courtesy라는 단어 안에는 '법정'을 뜻하는 court가 들어 있습니다.

It is regrettable that recent court rulings are lenient to violators of women rights.
최근의 법원 판결이 여성의 권리를 침해한 사람들에게 관대한 것은 유감스러운 일이다.

법정에서는 판사가 입장하면 모두 예의를 갖춰 일어서야 합니다. courtesy는 '예의'라는 뜻을 가진 단어입니다. 📢 미국 작가 존 그리샴이 쓴 법정 소설들은 대부분 영화로 만들어졌는데 법정에서 주로 쓰는 간단한 생활영어가 3가지는 아래와 같습니다.

- **All rise.** 일동 기립(판사가 입장할 때)
- **Objection Your Honor.** 이의 있습니다, 재판장님.(심문하는 과정에 반대 의견을 제시할 때)
- **No further questions.** 더 이상 질문 없습니다.(증인에게 더 이상 질문이 없다고 말할 때)

courtesy의 예문을 볼까요? 📢 더글러스 맥아더(Douglas MacArthur)의 다음과 같은 말은 음미할 만합니다.

Am I a constant example to my subordinates in character, dress, deportment and courtesy?
나는 내 부하들에게 인격이나 복장, 몸가짐, 예절 면에서 항상 모범이 되고 있는가?

There should be courtesy even among close friends.
친한 친구 사이에도 예의가 있어야 한다.

021 abundance - dance

풍요롭게 수확을 한 후 마을 축제에서 **춤추다**.

abundance라는 단어 안에는 '춤추다'라는 뜻을 가진 dance가 들어 있습니다.

The song makes me want to dance.
그 노래는 나를 춤추고 싶게 한다.

가을이 되어 풍요롭게 농작물을 수확한 후 사람들이 마을 축제에서 춤을 춘다고 생각해 보세요. abundance는 '풍요로움'이란 뜻을 가진 단어입니다. 엘리자베스 퀴블러 로스의 "인생 수업 Life Lesson"에 보면 다음과 같은 말이 나옵니다.

All abundance is based on being grateful for what we have.
모든 풍요로움은 우리가 가지고 있는 것을 감사하는 데에서 비롯된다.

모든 불행은 타인과의 비교에서 나옵니다. 사지 멀쩡하고 사랑하는 가족이 있고 할 일이 있으면 그것으로 이미 풍요로운 것입니다. 남과 비교하여 열등하다고 느끼는 것은 스스로 자신을 바닥으로 떨어뜨리는 일입니다. 프랭클린 루즈벨트의 다음과 같은 말도 새겨들을 만합니다.

The test of our progress is not whether we add more to the abundance of those who have much; it is whether we provide enough for those who have too little.
우리가 진보하고 있다는 것은 많이 가지고 있는 사람들의 풍요에 뭔가를 더 보태는 것이 아니라 너무 적게 가진 사람들에게 충분히 제공해 주는 것에 달려 있다.

많이 가진 사람들의 '노블리스 오블리제'가 절실히 필요한 시대입니다. 점점 경제적 격차가 심하게 벌어지는 지금 이 세상에서는 더더욱 그렇습니다.

candidate - date

선거 후보자가 투표일을 기다리다.

candidate라는 단어 안에는 '날짜'를 뜻하는 date가 들어 있습니다.

The closer I got to the vacation dates, the more excited I became.
휴가일이 가까이 올수록 나는 점점 더 신이 났다.

선거에 출마한 후보자는 당연히 투표 당일을 기다릴 것입니다. candidate는 '후보자'라는 뜻을 가진 단어입니다.

candidate의 예문을 볼까요?

The candidate was disappointed at the outcome of the election.
그 후보자는 선거 결과에 실망했다.

The Democratic and Republican parties hold conventions every four years to choose candidates for president.
민주당과 공화당은 매년 대통령 후보를 선출하기 위해 4년마다 한 번씩 전당 대회를 연다.

ordeal - deal

시련을 잘 다루다.

ordeal이라는 단어 안에는 '다루다'라는 뜻을 가진 deal이 들어 있습니다.

I was trained to deal with customers.
나는 고객들을 어떻게 다뤄야 하는지에 대한 훈련을 받았다.

누구에게나 시련은 있습니다. 시련을 어떻게 다루냐에 따라서 그 사람의 미래가 어떻게 펼쳐질지 결정된다고 할 수 있습니다. ordeal은 '시련'이라는 뜻을 가진 단어입니다.

ordeal의 예문을 볼까요?

The hostages' ordeal came to an end when soldiers stormed the building.
인질들이 겪고 있는 시련은 그들을 구하려는 군인들이 건물로 쏜살같이 들어왔을 때 끝났다.

His determination carried him through the ordeal.
그는 굳은 결의로 그 호된 시련을 헤쳐나갔다.

dialect - dial

전화 다이얼을 돌렸더니 사투리를 쓰는 사람이 받다.

dialect라는 단어 안에는 전화기의 '다이얼'을 뜻하는 dial이 들어 있습니다.

My heart pounded as I dialed his phone number.
그의 전화번호를 돌렸을 때 내 가슴은 뛰었다.

전화번호를 보고 다이얼을 돌렸더니 사투리를 쓰는 사람이 받았다고 생각해 보세요. dialect는 '사투리', '방언'이라는 뜻을 가지고 있는 단어입니다.

Whenever I meet people from my hometown, I find myself speaking in dialect.
나는 고향 사람을 만나면 사투리가 저절로 나온다.

존 파울즈의 소설 "프랑스 중위의 여자 The French Lieutenant's Woman"에 보면 다음과 같은 문장이 나옵니다.

Mary spoke in a dialect notorious for its contempt of pronouns and suffixes.
마리는 대명사와 접미사를 경멸하는 것으로 악명 높은 방언으로 말했다.

subsidiary - diary

자회사를 새로 인수한 것을 일기에 쓰다.

subsidiary라는 단어 안에는 '일기'를 뜻하는 diary가 들어 있습니다.

There are fewer people who keep a diary regularly every day.
매일매일 규칙적으로 일기를 쓰는 사람들이 점점 줄고 있다.

기업의 CEO가 한 대기업의 자회사를 인수한 것을 일기에 기록한다고 생각해 보세요. subsidiary는 '자회사'라는 뜻을 가진 단어입니다.

My brother works for a small subsidiary of a big car company.
내 동생은 큰 자동차 회사의 작은 자회사에서 일한다.

The company is a wholly-owned subsidiary of a large multi-national corporation.
그 회사는 한 거대 다국적 기업이 전액 출자한 자회사이다.

25' Check-up !

쉬운 단어들을 보고 앞에서 학습한 어려운 단어들을 기억해 보세요.

1회 2회 3회 4회 5회

1	춤추다	⇒ dance	⇒ abundance	⇒ 풍요로움
2	역할			
3	개미			
4	버스			
5	도둑질 하다			
6	일기			
7	대합조개			
8	아치			
9	아멘			
10	거짓말하다			
11	다루다			
12	사자			
13	자동차			
14	다이얼			
15	죽다			
16	박쥐			
17	배우			
18	예술			
19	날짜			
20	깡통			
21	조각			
22	법정			
23	팔			
24	아들			
25	이유			

prejudice - dice

편견으로 갈린 의견을 **주사위**를 던져 결정하다.

prejudice라는 단어 안에는 '주사위'를 뜻하는 dice가 들어 있습니다.

Let's roll the dice and play the game.
주사위를 굴려 놀이를 시작하자.

서로 간의 편견 때문에 팽팽히 의견이 맞서서 할 수 없이 주사위를 던져 결정을 내려야 하는 상황이라고 생각해 보세요. prejudice는 '편견'이라는 뜻을 가진 단어입니다.

prejudice의 예문을 볼까요?

Laws against racial prejudice must be strictly enforced.
인종 편견을 금하는 법령이 엄격하게 시행되어야 한다.

 *"월든 Walden"의 저자 헨리 데이빗 소로우*는 편견에 대해 다음과 같이 말했습니다.

It is never too late to give up our prejudices.
편견을 버리는 것은 아무리 늦어도 지나치지 않다.

어떤 경우에도 편견에 의해서 사람이 무시당하거나 차별당해서는 안 됩니다. 늦게라도 편견을 가졌던 마음을 고치려고 하는 자세가 중요합니다.

027 indignation - dig

몰래 뒤를 **캐고** 다녀서 **격분**하다.

indignation이라는 단어 안에는 '파다'라는 뜻을 가진 dig가 들어 있습니다.

Reporters are always trying to dig the dirt on celebrities.
기자들은 언제나 유명인들의 추한 정보를 파려고 한다.

기자들이 유명 연예인의 뒤를 몰래 파려고 한다고 생각해 보세요. 그러한 사실을 알면 해당 연예인들은 격분할 것입니다. indignation은 '격분', '분노'라는 뜻을 가진 단어입니다.

indignation의 예문을 볼까요?

I felt indignation welling up in me.
나는 분노가 치밀어 오름을 느꼈다.

He rushed out of the room in indignation.
그는 격분하여 방을 뛰쳐나갔다.

meditation - edit

명상에 대한 기사를 편집하다.

meditation이라는 단어 안에는 '편집하다'라는 뜻을 가진 edit가 들어 있습니다.

I need to edit the draft by Saturday.
토요일까지 초고를 편집해야 해요.

전국적으로 명상과 관련된 단체들이 많이 생겨나고 있어서 그에 대한 기사를 편집하고 있다고 생각해 보세요. meditation은 '명상'이라는 뜻을 가진 단어입니다.

meditation의 예문을 볼까요?

Meditation is a way to calm your mind and body.
명상은 당신의 몸과 마음을 차분하게 해주는 방법이다.

 하버드대 행복한 교수 탈벤 샤 히르의 책 "해피어 Happier"에 보면 다음과 같은 말이 나옵니다.

Make meditation a ritual.
명상을 일상의 의식으로 만드세요.

freight - eight

8킬로그램의 무게가 나가는 화물.

freight라는 단어 안에는 '8'을 뜻하는 eight이 들어 있습니다.

The committee is comprised of eight members.
그 위원회는 8명으로 구성되어 있다.

지방에 보내야 할 화물이 8킬로그램이라고 생각해 보세요. freight는 '화물'이란 뜻을 가진 단어입니다.

freight의 예문을 볼까요?

This freight must be carefully handled when loading.
이 화물은 실을 때 조심스럽게 다뤄야 합니다.

There's a freight elevator in the back of the building.
건물 뒤편에 화물용 엘리베이터가 있습니다.

appendix - end

책의 **부록**은 제일 **끝**에 있다.

appendix라는 단어 안에는 '끝'을 뜻하는 end가 들어 있습니다.

I will contact you at the end of the month.
월말에 당신에게 연락을 할게요.

책의 부록은 대개 책의 본문이 다 끝난 뒷부분에 위치합니다. appendix는 '부록'이라는 뜻을 가진 단어입니다.

appendix의 예문을 볼까요?

We added an appendix to help readers understand better.
독자의 이해를 돕기 위해 부록을 첨부했다.

appendix는 '맹장'이라는 뜻도 있습니다.

An appendectomy is a medical operation to remove appendix.
맹장절제술은 맹장을 제거하는 의료적 수술 행위다.

orchard - hard

딱딱한 돌배를 재배하는 **과수원**.

orchard라는 단어 안에는 '딱딱한'이란 뜻을 가진 hard가 들어 있습니다.

Wait for the concrete to go hard.
시멘트가 딱딱하게 굳을 때까지 기다려라.

과수원에서 딱딱한 돌배를 재배한다고 생각해 보세요. orchard는 '과수원'이란 뜻을 가지고 있는 단어입니다.

orchard의 예문을 볼까요?

This weekend, we are going to an orchard to pick apples.
이번 주말에 우리는 사과를 따러 과수원에 갈 것이다.

The grapes withered on the vine because the owner of the orchard didn't pick them.
과수원 주인이 포도를 따지 않아서 포도가 줄기에서 시들어버렸다.

032 fallacy - fall

오류에 떨어지다.

fallacy라는 단어 안에는 '떨어지다'라는 뜻을 가진 fall이 들어 있습니다.

The earth's gravity caused that apple you dropped to fall down to the ground.
지구의 중력은 당신이 떨어뜨린 사과가 땅에 떨어지게 만들었다.

사람들은 간혹 스스로의 판단이 오류에 떨어지게 하는 경우가 많습니다. fallacy는 '오류'라는 뜻을 가진 단어입니다.

fallacy의 예문을 볼까요?

Another big fallacy is the notion that if only something about the circumstances of our lives would change, then we would be happy.
또 다른 커다란 오류는 만일 우리의 상황이나 삶이 변화한다면 우리가 행복해질 거라는 관념이다.

우리는 악몽 같은 지금의 상황만 바뀐다면 또는 지금보다 다른 삶을 산다면 행복해질 거라고 믿습니다. 하지만 지금 이 순간을 힘들다고 의미 있게 보내지 않고 상황이 바뀌기만 바란다면 행복은 절대 찾아오지 않을 것입니다.

It is a common fallacy that women are inferior to men.
여성이 남성보다 열등하다는 것은 가장 흔한 오류다.

033 preface - face

서문은 책의 얼굴이다.

preface라는 단어 안에는 '얼굴'을 뜻하는 face가 들어 있습니다.

She slapped his face with anger.
그녀는 화가 나서 그의 얼굴을 때렸다.

대부분의 책은 본문이 시작되기 전에 서문이 있습니다. preface는 '서문'이란 뜻을 가진 단어입니다.

preface의 예문을 볼까요?

The book has a preface written by the author.
그 책에는 저자가 쓴 서문이 있다.

In his preface, the author says that he took eight years to write the book.
서문에서 저자는 그 책을 쓰는 데 8년이 걸렸다고 적고 있다.

infant - fan

더운 여름에 부채를 부쳐 아기를 재우다.

infant라는 단어 안에는 '부채'를 뜻하는 fan이 들어 있습니다.

The man is looking for a fan.
그 남자는 부채를 찾고 있다.

한 여름에 새근새근 잠자고 있는 아기가 더위에 깨지 않도록 부채로 부쳐 주고 있다고 생각해 보세요. infant는 '유아'라는 뜻을 가진 단어입니다.

infant의 예문을 볼까요?

Good nutrition is vital for an infant's growth.
좋은 영양을 공급해 주는 것은 아기의 성장에 필수적이다.

She was carrying an infant in a tiny blanket.
그녀는 작은 담요에 싼 아기를 안고 있었다.

세계적인 호스피스 운동의 선구자인 엘리자베스 퀴블러 로스의 책 "상실 수업 On Grief and Grieving"에 보면 다음과 같은 문장이 나옵니다.

If you look back a hundred years, infant mortality rates were very high and were considered a part of life.
백 년 전으로 돌아가 보면 유아 사망률이 아주 높았고 그것은 삶의 일부로 받아들여졌다.

035 curfew - few

통행금지 시간이 되니 사람들이 거의 없다.

 curfew라는 단어 안에는 '거의 ~이 없는'이란 뜻을 가진 few가 들어 있습니다. 다음은 미국 남북전쟁 당시 남군의 총사령관이었던 로버트 리 장군의 말입니다. 비록 노예 제도를 찬성하는 남군의 위치에서 전쟁에 참여했지만 노예 제도 자체를 인정한 것은 아니었음을 알 수 있습니다.

 There are few but acknowledge that slavery is an evil system.
노예 제도가 사악한 제도라는 것을 인정하지 않는 사람은 거의 없다.

통행금지 시간이 되면 대부분 집으로 귀가해서 거리에 사람이 거의 없습니다. curfew는 '통행금지'라는 뜻을 가진 단어입니다.

curfew의 예문을 볼까요?

I'll be in trouble if you get home after curfew.
통행금지 시간이 지난 후 집에 가면 난 큰일 난다.

I have to get home before curfew.
나는 통행금지 시간 전까지 집에 도착해야 한다.

property - proper

재산은 적당하게 소유하는 게 좋다.

property라는 단어 안에는 '적당한'이란 뜻을 가진 proper가 들어 있습니다.

Proper nutrition is essential to maintain your health.
적당한 영양 섭취는 건강을 유지하는 데 필수적이다.

재산을 얼마나 가지고 있으면 좋을까요? 많으면 많을수록 좋다고 생각할 수도 있겠지만 한 사람이 너무 돈을 많이 가지고 있는 것은 경제에도 도움이 안 된다고 합니다. 한 사람이 100억을 가지고 있는 것보다 100명의 사람이 1억씩 가지고 있는 것이 경제의 원활한 흐름에 기여할 수 있다고 합니다. 그래서 결론은 재산은 적당히 가지고 있는 게 좋다는 것입니다. property는 '재산'이라는 뜻을 가진 단어입니다.

property의 예문을 볼까요?

When she died she left her entire property to her cousin.
그녀가 죽었을 때 그녀는 전 재산을 조카에게 물려주었다.

Success is measured by the accumulation of wealth, power, status, and property but remember happiness does not come from just having more things.
성공은 재산의 축적 정도, 권력, 지위, 그리고 소유물에 의해서 측정될 수 있겠지만 행복은 많이 가지고 있다고 해서 오는 것은 아니라는 점을 명심하세요.

037 crucifixion - fix

십자가에 못 박힌 그리스도상이 떨어져서 고치다.

crucifixion이라는 단어 안에는 '고치다'라는 뜻을 가진 fix가 들어 있습니다.

Thank you for fixing the car.
차를 고쳐 줘서 고맙습니다.

교회에 가면 십자가에 못 박힌 그리스도의 상이 있습니다. 그 그리스도 상이 경미한 지진 때문에 바닥에 떨어져서 망가진 부분을 고쳤다고 생각해 보세요. crucifixion은 '십자가에 못 박힘'이란 뜻을 가진 단어입니다.

crucifixion의 예문을 볼까요?

I think crucifixion is somewhat horrifying and painful.
나는 십자가에 못 박히는 것이 무섭고 고통스러운 일이라고 생각한다.

Crucifixion always reminds me of Jesus Christ.
십자가에 못 박히는 것은 나로 하여금 언제나 예수님을 생각나게 한다.

scaffold - fold

죄인이 접은 천으로 눈을 가린 채 교수대로 걸어가다.

scaffold라는 단어 안에는 '접다'라는 뜻을 가진 fold가 들어 있습니다.

He folded the map up and put it in his pocket.
그는 지도를 접어 호주머니에 넣었다.

사형수가 접은 천으로 눈을 가린 채 교수대로 걸어가고 있다고 생각해 보세요. scaffold는 '교수대'라는 뜻을 가진 단어입니다.

scaffold의 예문을 볼까요?

The serial killer was sent to the scaffold.
그 연쇄 살인범은 교수형에 처해졌다.

🎵 **나다니엘 호손의 소설 "주홍 글씨 Scarlet Letter"에 보면 다음과 같은 문장이 나옵니다.**

Had I truly repented, I would have stood up there on the scaffold with you.
내가 진정으로 회개했다면 나는 당신과 함께 교수대 위에 섰을 거요.

039 fungus - fun

무좀 걸린 발을 긁는 그의 모습이 **재미**있다.

fungus라는 단어 안에는 '재미'를 뜻하는 fun이 들어 있습니다.

I want you to have fun with your friends.
나는 네가 친구들과 재미있게 놀았으면 좋겠구나.

무좀 양말을 신었어도 자꾸 무좀에 걸린 발을 긁어 대는 친구의 모습이 재미있다고 생각해 보세요. fungus의 '무좀', '균류'란 뜻을 가진 단어입니다.

fungus의 예문을 볼까요?

Other problems created by wearing the wrong socks include odors and fungus.
잘못된 양말을 신어서 생기는 다른 문제들에는 악취와 무좀이 포함돼요.

Fungus foot can cause itching, redness, scaling, cracks, blisters.
무좀에 걸리면 간지럽고, 피부가 빨개지고, 벗겨지고, 갈라지고, 물집이 생길 수 있다.

040 ligament - game

축구 경기 하다 다리를 다쳐 인대가 늘어나다.

ligament라는 단어 안에는 '경기'를 뜻하는 game이 들어 있습니다.

The game was played in capricious weather conditions.
그 경기는 변덕스런 날씨 조건 속에서 치러졌다.

축구 경기를 하다 다리를 심하게 다쳐서 선수의 다리 인대가 늘어났다고 생각해 보세요. ligament는 '인대'라는 뜻을 가진 단어입니다.

ligament의 예문을 볼까요?

I pulled a ligament playing tennis.
나는 테니스를 치다가 인대가 늘어났다.

I tore a ligament in my left knee while playing soccer.
나는 축구를 하다가 왼쪽 무릎 인대가 끊어졌다.

hearse - hear

영구차 안에서 유족들의 통곡하는 소리를 듣다.

hearse라는 단어 안에는 '듣다'라는 뜻을 가진 hear가 들어 있습니다.

He was delighted to hear that his wife was pregnant.
그는 아내가 임신했다는 말을 듣고 기뻤다.

장례식장에서 장례를 치르고 장지로 가는 영구차에서 유족들의 통곡하는 소리를 듣는다고 생각해 보세요. hearse는 '영구차'라는 뜻을 가진 단어입니다.

hearse의 예문을 볼까요?

The black hearse entered the cemetery.
검은색 영구차가 공동묘지에 들어섰다.

🔖 스콧 피츠제럴드의 "위대한 개츠비 The Great Gatsby"에 다음과 같은 문장이 나옵니다.

A dead man passed us in a hearse heaped with blooms.
한 죽은 남자가 꽃으로 덮인 영구차에 실려 우리 앞을 지나갔다.

213

phenomenon - hen

암탉들이 원인을 알 수 없는 병으로 죽어 가는 현상.

phenomenon이라는 단어 안에는 '암탉'을 뜻하는 hen이 들어 있습니다.

A hen is pecking at the grain.
암탉이 곡식을 쪼아 먹고 있다.

암탉들이 원인을 알 수 없는 병으로 자꾸 양계장에서 죽어 가는 이상한 현상이 발생했다고 생각해 보세요. phenomenon은 '현상'이라는 뜻을 가진 단어입니다.

phenomenon의 예문을 볼까요?

A beautiful rainbow is a natural phenomenon.
아름다운 무지개는 자연의 한 현상이다.

Farting is a natural physiological phenomenon.
방귀는 자연스러운 생리 현상이다.

atmosp**here** - **here**

여기 분위기가 참 좋은데.

atmosphere라는 단어 안에는 '여기'를 뜻하는 here가 들어 있습니다.

How long is it from here to the hospital?
여기서 병원까지는 거리가 얼마나 됩니까?

천장이 아주 높은 식당에 들어갔는데 창밖으로는 멋진 강물이 흐르고, 식당에는 품격 있는 음악이 연주되고 있어 '여기 분위기가 참 좋은데'라고 말한다고 생각해 보세요. atmosphere는 '분위기'라는 뜻을 가진 단어입니다. 티베트의 정신적 지도자 달라이 라마는 다음과 같은 말을 했습니다.

A loving atmosphere in your home is the foundation for your life.
가정의 사랑스러운 분위기가 당신이 살아가는 삶의 초석입니다.

 조엘 오스틴의 "잘 되는 나 Become A Better You"에서도 이와 비슷한 의미의 문장이 있습니다.

Do your best to create an atmosphere of peace and unity in your home.
가정에서 평화와 일체감의 분위기를 만들어 내도록 최선을 다하세요.

atmosphere는 '대기'라는 뜻도 있습니다.

These factories are releasing toxic gases into the atmosphere.
이곳 공장들이 유독 가스를 대기권으로 방출하고 있다.

044 whip - hip

채찍으로 말의 **엉덩이**를 **때리다.**

whip이라는 단어 안에는 '엉덩이'를 뜻하는 hip이 들어 있습니다.

He fell and hurt his hip.
그는 넘어져서 엉덩이를 다쳤다.

주마가편(走馬加鞭)이란 한자성어가 있습니다. 달리는 말에 채찍을 가해 더 빨리 달리게 하라는 뜻입니다. whip은 '채찍'이란 뜻을 가지고 있는 단어입니다.

whip의 예문을 볼까요?

He lashed the horses mercilessly with his long whip.
그는 긴 채찍으로 매섭게 그 말을 쳤다.

I would have been a failure in life if I had let those worries and fears whip me.
그러한 걱정과 두려움이 나를 후려치게 내버려 두었더라면 나는 필시 실패한 사람이 되었을 것이다.

threshold - old

문지방이 **오래되어서** 문이 잘 안 닫힌다.

threshold라는 단어 안에는 '오래된'이라는 뜻을 가진 old가 들어 있습니다.

That old vase is a genuine antique.
그 오래된 꽃병은 진짜 골동품이다.

문지방이 오래되면 문이 잘 닫히지 않죠. threshold는 '문지방'이란 뜻을 가지고 있는 단어입니다.

She stood hesitating on the threshold.
그녀는 문지방에서 머뭇거리며 서 있었다.

We met at the threshold of the amusement park.
우리는 놀이 공원 입구에서 만났다.

♧ 트레이시 슈발리에의 소설 "진주 귀걸이를 한 소녀 Girl With A Pearl Earring"
에 보면 다음과 같은 문장이 나옵니다. 화가인 베르메르가 하녀인 그리트를 바라보는 장면을 묘사한 문장입니다.

He stood on the threshold, gazing at me.
그는 나를 응시하며 문지방에 서 있었다.

crev**ice** - **ice**

히말라야 산을 오르다 **얼음**의 **틈**으로 추락하다.

crevice라는 단어 안에는 '얼음'을 뜻하는 ice가 들어 있습니다.

Ice forms on the roads in winter.
겨울에는 도로에 얼음이 언다.

히말라야 산을 오르다 얼음의 틈으로 추락한다고 생각해 보세요. crevice는 '틈'이라는 뜻을 가진 단어입니다.

Water dripped from a crevice in the cave.
동굴 안의 갈라진 틈으로부터 물이 뚝뚝 떨어졌다.

There was a crevice in the rock.
바위에 갈라진 틈이 있었다.

047 precipitation - pit

엄청난 강수량으로 마당에 구덩이가 생기다.

precipitation이라는 단어 안에는 '구덩이'라는 뜻을 가진 pit이 들어 있습니다. pit이란 단어는 hospital에도 들어 있는데 병원 앞마당에 나무를 심으려고 구덩이를 팠다고 생각해 보세요. 또 hospital에는 '침 뱉다'라는 뜻의 spit도 들어 있습니다. 병원에서 비위생적으로 침을 뱉으면 안 되겠죠?

We dug a deep pit in the yard.
우리는 마당에 깊게 구덩이를 하나 팠다.

집중 호우로 비포장 도로 여기저기에 구덩이가 생겼다고 생각해 보세요. precipitation은 '강수'라는 뜻을 가진 단어입니다.

precipitation의 예문을 볼까요?

Yesterday's precipitation was the record high in the history of Korea's meteorological survey.
어제는 대한민국의 기상 관측 사상 가장 많은 비가 내렸다.

The annual precipitation in this area amounts to 3,000 millimeters.
이 지방의 연간 강수량은 3,000밀리에 달한다.

 illusion - ill

몸이 아프니 헛것이 보인다.

 illusion이라는 단어 안에는 '아픈'이란 뜻을 가진 ill이 들어 있습니다.

I was ill yesterday and don't feel any better today.
어제 나는 아팠는데 오늘 조금도 나아지지 않았다.

몸이 많이 아파 자꾸 환각이 보인다고 생각해 보세요. illusion은 '환상', '환각'이란 뜻을 가진 단어입니다.

illusion의 예문을 볼까요?

I was momentarily under the illusion that I was in a foreign country.
나는 잠깐 딴 나라에 와 있는 듯한 환상이 들었다.

She's under the illusion that he loves her.
그녀는 그가 자기를 사랑한다는 환상이 있다.

malady - lady

몹쓸 병에 걸린 숙녀.

malady라는 단어 안에는 '숙녀'라는 뜻을 가진 lady가 들어 있습니다.

It is not polite to ask a lady her age.
숙녀에게 나이를 묻는 것은 예의가 아니다.

어린 나이에 백혈병이란 몹쓸 병에 걸린 숙녀가 있다고 생각해 보세요. malady는 '질병'이라는 뜻을 가진 단어입니다.

malady의 예문을 볼까요?

She is suffering from a rare malady.
그녀는 희귀병으로 고생하고 있다.

We have to take countermeasures against the malady.
우리는 그 질병에 대한 대책을 강구해야 한다.

slaughter - laugh

대학살을 하며 웃는 폭군.

slaughter라는 단어 안에는 '웃다'라는 뜻을 가진 laugh가 들어 있습니다.

What are you laughing at?
왜 웃는 거야?

사람들을 대학살하면서 웃는 폭군이 있다고 생각해 보세요. slaughter는 '대학살'이란 뜻을 가진 단어입니다.

slaughter의 예문을 볼까요?

Men, women, old people and children were slaughtered and villages destroyed.
남녀노소가 학살을 당하고 마을들은 파괴되었다.

Millions of Jews were slaughtered by Hitler.
수백만 명의 유대인들이 히틀러에 의해 살육당했다.

25' Check-up !

쉬운 단어들을 보고 앞에서 학습한 어려운 단어들을 기억해 보세요.

1회 2회 3회 4회 5회

#							
1	재미	⇨	fun	⇨	fungus	⇨	무좀
2	얼굴	⇨		⇨		⇨	
3	웃다	⇨		⇨		⇨	
4	아픈	⇨		⇨		⇨	
5	접다	⇨		⇨		⇨	
6	듣다	⇨		⇨		⇨	
7	엉덩이	⇨		⇨		⇨	
8	숙녀	⇨		⇨		⇨	
9	부채	⇨		⇨		⇨	
10	떨어지다	⇨		⇨		⇨	
11	편집하다	⇨		⇨		⇨	
12	주사위	⇨		⇨		⇨	
13	딱딱한	⇨		⇨		⇨	
14	끝	⇨		⇨		⇨	
15	8	⇨		⇨		⇨	
16	파다	⇨		⇨		⇨	
17	얼음	⇨		⇨		⇨	
18	구덩이	⇨		⇨		⇨	
19	암탉	⇨		⇨		⇨	
20	경기	⇨		⇨		⇨	
21	적당한	⇨		⇨		⇨	
22	거의 없는	⇨		⇨		⇨	
23	고치다	⇨		⇨		⇨	
24	여기	⇨		⇨		⇨	
25	오래된	⇨		⇨		⇨	

051 massacre - mass

대학살로 인해 온 천지에 시체 덩어리가 쌓여 있다.

massacre라는 단어 안에는 '덩어리'라는 뜻을 가진 mass가 들어 있습니다.

I saw a mass of snow and rocks falling down the mountain.
나는 산에서 내리는 눈덩이와 암석들을 보았다.

독일군에 의해 가스실에서 대학살당한 유태인들의 시체 덩어리가 아우슈비츠 수용소에 쌓여 있다고 생각해 보세요. massacre는 '대학살'이라는 뜻입니다. massacre에는 acre도 들어 있는데 이는 시체 덩어리가 수십 에이커를 채울 정도로 많다고 생각하면 되겠죠?

massacre의 예문을 볼까요?

He survived the massacre by feigning death.
그는 죽은 척하여 그 대량 학살에서 살아남았다.

The massacre was a crime against humanity.
그 대량 학살은 반인륜적인 범행이었다.

052 malice - lice

아이들 몸에 있는 이들을 악의를 가지고 죽이다.

malice에는 '이'를 뜻하는 lice가 있는데, 이 lice는 '경찰'을 뜻하는 police에도 들어 있습니다. 시골의 한가한 경찰이 옷을 벗고 이를 잡고 있다고 상상해 보세요.

The orphan's head was crawling with lice.
그 고아의 머리에는 이가 득실거렸다.

아이 머리와 몸에 있는 이들을 악의를 가지고 죽인다고 생각해 보세요. malice는 '악의' 라는 뜻입니다. 니콜 키드먼과 알렉 볼드윈이 주연한 스릴러 영화의 제목도 "맬리스 Malice"였습니다. 평범한 부부가 2층에 새로 이사 온 의사로 인해 완전히 파괴되어 가는 과정을 그린 영화로 의사인 제드(알렉 볼드윈)가 니콜 키드만의 남편에게 다음과 같이 말하는 장면이 이 영화의 주제를 압축하고 있다는 생각이 듭니다.

 Bad things happen to good people all the time.
나쁜 일이 항상 좋은 사람들에게 일어나는군요.

malice의 예문을 볼까요?

There certainly wasn't any malice in her comments.
그녀의 말에 악의는 없었습니다.

 윈스턴 처칠의 다음의 말은 변함없는 진실을 감추고 숨기는 것만큼 어리석은 일은 없다는 것을 말해 줍니다.

The truth is incontrovertible, malice may attack it, ignorance may deride it, but in the end, there it is.
진실이란 이론의 여지가 없는 것입니다. 악의로 그것을 공격할 수도 있고 무지로 그것을 조롱할 수도 있지만 진실은 항상 거기 그 자리에 있습니다.

053 atonement - tone

보상하라고 목소리의 톤을 높이다.

atonement라는 단어 안에는 '목소리의 어조'를 뜻하는 tone이 들어 있습니다.

His tone of voice suddenly changed.
갑자기 그 남자의 어조가 바뀌었다.

철거민들이 자신들의 땅과 건물에 대한 보상을 철저히 하라고 마이크로 목소리 톤을 높인다고 생각해 보세요. atonement는 '보상', '속죄'라는 뜻을 가진 단어입니다. atonement는 이언 매큐언의 원작 소설을 영화로 만든 "어톤먼트 Atonement"의 영화 제목이기도 합니다. 키이라 나이틀리가 주연을 맡아 호연을 했던 영화였죠.

atonement의 예문을 볼까요?

The movie "Atonement" is a sophisticated, gorgeous screen tragedy.
영화 '어톤먼트'는 정교하고 정말 훌륭한 비극 영화이다.

I was making a pilgrimage in atonement for my sins.
나는 속죄의 뜻으로 순례 중이었다.

054 compliment - lime

라임을 넣어 칵테일을 잘 만들었다고 **칭찬**하다.

compliment라는 단어 안에는 과일의 종류인 '라임'(lime)이 들어 있습니다.

I'll have a vodka and lime.
라임을 넣은 보드카 한 잔 주세요.

라임 조각을 넣어 만든 칵테일이 너무 맛있다고 바텐더를 칭찬한다고 생각해 보세요. compliment는 '칭찬'이라는 뜻을 가진 단어입니다.

I will take that as a compliment.
칭찬으로 받아들일게요.

I can live for one month on one good compliment.
듣기 좋은 칭찬 한마디로 한 달은 살 수 있다.

조엘 오스틴의 "잘 되는 나 Become A Better You"에 보면 다음과 같은 문장이 나옵니다. 상대를 칭찬하는 데 돈이 드는 것도 아닌데 우리는 너무 칭찬에 인색합니다.

Complimenting each other is the glue that holds relationships together.
서로를 칭찬하는 것은 관계를 굳게 맺어 주는 접착제와 같다.

캐네스 블랜차드의 "칭찬은 고래도 춤추게 한다 Whale Done"라는 책 제목처럼 상대를 칭찬하면 그 사람의 엔도르핀이 팍팍 돌 것입니다. 다른 사람을 칭찬하는 습관을 몸에 배게 해보세요.

discipline - line

규율을 어긴 녀석들은 한 줄로 엎드려.

 discipline이라는 단어 안에는 '선'을 뜻하는 line이 들어 있습니다.

A straight line is the shortest distance between two points.
직선은 두 점 사이의 최단 거리다.

학교 규율을 어긴 학생들이 한 줄로 엎드려 있다고 생각해 보세요. discipline은 '규율', '훈련'이라는 뜻을 가진 단어입니다. 정말 재미있는 만화 영화 "물란 Mulan"에 보면 훈족 오랑캐에 맞서 싸우기 위해 징집 통지서(conscription notice)를 받고 온 사람들이 다들 오합지졸이라서 젊은 사령관이 높은 나무 기둥에 화살을 쏘아올린 후 무거운 쇠둘레를 팔에 끼고 회수해 오라고 명령하는 인상적인 장면이 있습니다.

Retrieve the arrow. This one represents strength. This one represents discipline.
화살을 회수하라. 하나는 힘을 상징한다. 다른 하나는 규율을 상징한다.

discipline의 예문을 하나 더 볼까요?

The school has a reputation for high standards of discipline.
그 학교는 훈육 수준이 높다는 평판이 있다.

056 fetus - et

태아의 모습이 ET같다.

fetus라는 단어 안에는 'ET'가 들어 있습니다. 영화 "이티 ET"는 스티븐 스필버그의 영화로 extraterrestrial의 약자입니다. 달 위로 자전거를 타고 가는 장면이 가장 인상적이었던 영화였습니다.

The movie "ET" directed by Steven Spielberg is my favorite.
스티븐 스필버그가 감독한 "ET"는 내가 가장 좋아하는 영화다.

병원에서 태아의 모습을 담은 모니터 영상을 보고 있는데 아이의 모습이 ET같다고 재미있게 상상해 보세요. fetus는 '태아'라는 뜻을 가진 단어입니다.

It is said that if an expectant mother drinks it has harmful effects on the fetus.
임산부의 음주는 태아에 폐해를 끼친다고들 한다.

Having a depressed mother isn't healthy for a fetus or a baby.
엄마가 우울증을 앓고 있는 것은 태아에게 건강하지 못한 일이다.

057 epitaph - pit

구덩이를 파서 비석을 세우고 묘비명을 새기다.

epitaph라는 단어 안에는 '구덩이'라는 뜻을 가진 pit이 들어 있습니다.

The man is digging a pit to bury the body.
그 남자가 시신을 묻으려고 구덩이를 파고 있다.

무덤 앞에 구덩이를 파서 비석을 세우고 비석에 고인의 묘비명을 새긴다고 생각해 보세요. epitaph는 '묘비명'이란 뜻을 가진 단어입니다. 팝 가수 킹 크림슨의 대표곡이 'Epitaph'입니다. 가사 내용 중에 다음과 같은 내용이 있습니다.

Confusion will be my epitaph.
혼란이 내 묘비명이 될 것입니다.

The epitaph reads 'May Rest in Peace.'
묘비명에는 '편히 잠드소서.' 라고 쓰여 있다.

유명인들의 묘비명 중에 널리 알려진 것이 많은데, 그 중 버나드 쇼의 묘비명과 마르크스의 묘비명을 차례로 살펴볼까요?

I knew if I stayed around long enough, something like this would happen.
우물쭈물하다가 내 이럴 줄 알았다.

The philosophers have only interpreted the world in various ways. The point is however to change it.
철학자들은 그동안 세계를 다양한 방식으로 해석해 왔다. 그러나 중요한 것은 세계를 변혁시키는 것이다.

058 blister - list

행군하다 물집 잡힌 학생들의 명단을 제출하다.

blister라는 단어 안에는 '목록', '명단'을 뜻하는 list가 들어 있습니다.

We will make a list of restaurants and hotels notorious for rip-offs and poor service.
우리는 바가지와 형편없는 서비스로 악명 높은 식당과 호텔의 명단을 작성할 것이다.

여름 방학이면 국토 종단을 하는 학생들이 많아지고 있습니다. 처음으로 하는 행군 때문에 발에 걷기 힘들 정도로 물집이 잡히는 학생이 많아서 그 명단을 작성한다고 생각해 보세요. blister는 '물집'이란 뜻을 가진 단어입니다.

New shoes always give me blisters.
새 신발을 신으면 언제나 물집이 생긴다.

🔖 에밀리 브론테의 소설 "폭풍의 언덕 Wuthering Heights"에 보면 히스클리프를 묘사하는 다음과 같은 문장이 나옵니다.

How could I offend a man who was charitable enough to sit at my bedside a good hour, and talk on some other subject than pills and draughts, blisters and leeches?
한 시간이나 내 침대 옆에 앉아서 알약이 어떻고, 물약이 어떻고, 물집이 어떻고, 거머리가 어떻고 하는 따위가 아닌 어떤 다른 문제에 대해 이야기해 주는 자상한 사람을 어찌 기분 나쁘게 할 수 있을까?

059 inmate - mate

둘씩 **짝**이 되어 수감되어 있는 감방의 **죄수**.

inmate라는 단어 안에는 '친구', '짝'이라는 뜻을 가진 mate가 들어 있습니다.

My mate said the man is innocent.
내 친구는 그 남자가 무죄라고 말했다.

두 명이 짝이 되어 수감되어 있는 감방의 죄수들을 생각해 보세요. inmate는 '죄수'라는 뜻을 가진 단어입니다.

inmate의 예문을 볼까요?

The inmate is not allowed to receive anything from outside the prison.
그 죄수는 감옥 밖에서 그 어떤 것도 반입이 허용되지 않는다.

The inmates escaped while being transported by the police.
죄수들은 경찰에 의해 호송 도중 탈주했다.

nomad - mad

성난 말처럼 대륙을 떠돌아다니는 유목민들.

nomad라는 단어 안에는 '미친'이란 뜻을 가진 mad가 들어 있습니다.

He must be mad to do such an imprudent thing.
그런 경솔한 짓을 하다니 그 사람 미친 게 틀림없다.

성난 말처럼 대륙을 떠돌아다니는 유목민들을 생각해 보세요. nomad는 '유목민'을 뜻하는 단어입니다.

nomad의 예문을 볼까요?

The nomads stopped at an oasis in the desert.
유목민들은 사막의 오아시스에서 걸음을 멈추었다.

I saw the nomads digging the ground.
나는 유목민들이 땅을 파고 있는 것을 봤다.

gourmet - met

어제 진짜 미식가를 만났다.

gourmet라는 단어 안에는 '만났다'라는 뜻을 가진 met가 들어 있습니다.

I met a friend of mine on my way home yesterday.
나는 어제 집에 가는 길에 친구 하나를 만났다.

맛있는 곳이라면 전국 어느 곳이든지 찾아다니는 진짜 미식가를 만났다고 생각해 보세요. gourmet는 '미식가'라는 뜻을 가진 단어입니다.

gourmet의 예문을 볼까요?

Our specialty foods will appeal particularly to the gourmet.
우리의 특제 요리는 특히 미식가들에게 인기가 있을 것이다.

Enjoy spacious cabins with panoramic windows and elegant gourmet dining.
경치를 볼 수 있는 창문이 달린 넓은 선실과 미식가를 위한 고급 저녁식사를 즐기세요.

sophomore - more

신입생이 일 년만 더 배우면 2학년이 돼.

sophomore라는 단어 안에는 '더'라는 뜻을 가진 more가 들어 있습니다.

He was more intelligent than his classmates.
그는 학급의 다른 동기생들보다 더 지적이었다.

대학 신입생은 freshman입니다. 2학년이 되려면 일 년만 더 있으면 되겠죠. sophomore는 '2학년'이란 뜻을 가진 단어입니다.

When I was a sophomore, I had a part time job.
대학교 2학년 때 난 아르바이트를 했다.

He joined the army when he was a sophomore.
그는 2학년 때 군대에 갔다.

063 commotion - motion

거친 **동작**으로 **소란**을 피우다.

commotion이라는 단어 안에는 '동작', '움직임'을 뜻하는 motion이 들어 있습니다.

I think his motion was purposeful.
내가 생각할 때 그의 동작은 의도적이었다.

남의 영업장에서 의자를 던지는 등 거친 동작으로 소란을 피우는 모습을 상상해 보세요. commotion은 '소란'이란 뜻을 가진 단어입니다.

commotion의 예문을 볼까요?

I heard a commotion and went to see what was happening.
나는 소란스러운 소리를 듣고 무슨 일인가 하고 나가 보았다.

 트리나 폴러스의 책 "꽃들에게 희망을 Hope For Flowers"에 보면 다음과 같은 문장이 나옵니다.

But before they could act there were cries and commotion of another kind.
하지만 그들이 행동을 하기 전에 또 다른 종류의 큰 외침 소리와 소란이 있었다.

064 destination - nation

가려고 하는 **목적지**가 어느 **나라**야?

destination이라는 단어 안에는 '나라'를 뜻하는 nation이 들어 있습니다.

There were demonstrations throughout the nation.
나라 전체에서 시위가 있었다.

공항에 가면 전광판에 항공편과 더불어 가려고 하는 목적지가 표시되어 있습니다. 친구가 '가려고 하는 목적지가 어느 나라야?'라고 묻는다고 생각해 보세요. destination은 '목적지'라는 뜻을 가진 단어입니다.

The fuel in the car ran out before we reached our destination.
우리가 목적지에 도착하기 전에 자동차 기름이 다 떨어졌다.

Success is never a destination; it is a journey.
성공이란 목적지가 아니다. 성공은 그곳까지 가는 여행이다.

존 고든의 "에너지 버스 The Energy Bus"에 다음과 같은 문장이 나옵니다.

The goal in life is to live young, have fun, and arrive at your final destination as late as possible, with a smile on your face.
인생의 목표는 젊게 살고 재미있게 놀고 얼굴에 웃음을 띠고 가능하면 목적지에 늦게 도착하는 것이다.

인생의 목표를 좀 다른 시각에서 접근하고 있네요. 어떻게 하면 빨리 목적지에 도달하려고 하는 것이 아니라 항상 젊게 살면서 재미있게 놀면서 성공이라는 목적지에 천천히 가는 것이 쉽지 않은 일이지만 한번 그렇게 살아 보는 것도 괜찮지 않을까요?

gluttony - ton

수십 **톤**의 사료를 돼지들이 **폭식**하다.

gluttony라는 단어 안에는 무게의 단위인 ton이 들어 있습니다.

Please let me know the price per ton.
톤당 가격을 알려 주세요.

양돈장에 있는 돼지들이 수십 톤의 사료를 먹는 장면을 생각해 보세요. gluttony는 '폭식', '과식'이란 뜻을 가진 단어입니다. gluttony라는 단어가 선명하게 쓰인 영화를 혹시 기억하세요? 브래드 피트가 주연한 영화 "세븐 Seven"에 보면 연쇄살인범이 살인을 하면서 그 자리에 글자를 하나씩 남깁니다. 인간의 일곱 가지 원죄(gluttony, greed, sloth, envy, wrath, pride, lust)에 맞춰 살인을 저지르는 이 연쇄살인범의 살해 대상 중 하나가 폭식을 일삼는 남자였습니다. 영화 속에서 서머셋 형사(모건 프리먼)가 인용한 어니스트 헤밍웨이의 말이 인상적으로 기억나네요. 이 말을 근거로 범인을 끝까지 추적하지요.

The world is a fine place and worth fighting for.
세상은 좋은 곳이고 싸울 만한 가치가 있다.

gluttony의 예문을 볼까요?

Gluttony is just as much a vice as drunkenness.
과식은 만취 못지않은 악습이다.

The movie follows the Biblical seven deadly sins of pride, envy, lust, gluttony, sloth, greed and wrath.
그 영화는 자만, 시기, 음욕, 폭식, 나태, 탐욕, 분노 등 성경에 나오는 죽음에 이르는 일곱 가지 죄악을 따르고 있다.

nutrition - nut

견과류에는 풍부한 **영양**이 많이 들어 있다.

nutrition이라는 단어 안에는 '견과류'를 뜻하는 nut가 들어 있습니다.

The nut is very hard to crack.
그 견과는 잘 깨지지 않는다.

땅콩(peanut), 호두(walnut), 밤(chestnut)과 같은 견과에는 영양이 풍부하게 들어 있다고 합니다. nutrition은 '영양'이라는 뜻을 가진 단어입니다.

nutrition의 예문을 볼까요? 조이스 마이어의 "절대 포기하지 마세요 Never Give Up"에 보면 다음과 같은 문장이 나옵니다.

After I learned about nutrition, exercise, living a balanced life and reducing stress, my health improved remarkably.
영양과 운동 그리고 균형 잡힌 삶과 스트레스를 줄이는 법을 배운 후에 내 건강은 현저히 좋아졌다.

건강하게 살기 위한 조건은 다 있네요. 위에서 열거한 4가지 방법을 꾸준히 실천하면 몸과 마음이 건강해질 것입니다.

Milk, meat, fruits, and vegetables provide good nutrition.
우유, 고기, 과일, 야채는 좋은 영양을 공급해 준다.

067 turmoil - oil

기름이 끓듯이 혼란스런 상황이 벌어지다.

turmoil이라는 단어 안에는 '기름'을 뜻하는 oil이 들어 있습니다.

Gradually the oil stains were cleaned from the beaches.
기름 얼룩들이 조금씩 해변으로부터 씻겨 없어졌다.

프라이팬에 기름을 뿌리면 마구 끓어오르듯이 아주 혼란스러운 상황이 벌어졌다고 생각해 보세요. turmoil은 '혼란', '소란'이란 뜻을 가진 단어입니다.

turmoil의 예문을 볼까요?

The political situation of the country is in turmoil.
그 나라의 정국 상황이 혼란에 빠져 있다.

His statement threw the court into turmoil.
그의 진술은 법정을 혼란에 빠뜨렸다.

border - order

주문받은 제품이 국경선을 넘어가다.

 border라는 단어 안에는 '주문하다'라는 뜻을 가진 order가 들어 있습니다. 아래는 🎬영화 "나 홀로 집에 Home Alone"의 초반부에 나오는 대사입니다.

 Tracy, did you order the pizza?
네가 피자 주문했니?

주문받은 외국에 물건을 수출하려면 반드시 국경선을 넘어가야 합니다. border는 '국경선'이란 뜻을 가진 단어입니다.

The two countries have had frequent border disputes.
그 두 나라는 빈번한 국경 분쟁을 벌여 왔다.

You need a passport to cross the border.
국경을 넘으려면 여권이 있어야 한다.

069 controversy - over

그의 언행은 **오버**가 많아 **논란**을 불러일으킨다.

---

controversy라는 단어 안에는 '위에' 라는 뜻을 가진 over가 들어 있습니다.

He lifted his hands over his head.
그는 머리 위로 양손을 들어 올렸다.

한 유명 인사의 말과 행동이 너무 오버하는 것이 많아 언제나 논란의 중심에 서 있다고 생각해 보세요. controversy는 '논란'이란 뜻을 가진 단어입니다.

There was a big controversy over the use of drugs in athletics.
운동선수들이 약물을 사용하는 것에 대해 커다란 논란이 있다.

The policy has caused fierce controversy ever since it was introduced.
그 정책은 도입된 이래로 격렬한 논란을 불러일으켰다.

 마틴 루터 킹 목사의 다음의 말을 귀 기울여 보세요? 자신의 진실된 행동으로 비록 논란의 중심에 서더라고 결코 양보하거나 타협하지 않는 자세를 유지하는 것은 힘들더라도 반드시 지켜져야 할 덕목입니다.

The true measure of a man is not how he behaves in moments of comfort and convenience but how he stands at times of controversy and challenges.
인간의 진정한 척도는 안락함과 편안함의 순간에 어떻게 행동하느냐가 아니라 논란과 도전의 시대에 그가 어떻게 서 있느냐에 달려 있다.

despair - pair

사랑하던 **짝**을 잃어버리니 **절망**스럽다.

 despair라는 단어 안에는 '한 쌍', '짝'을 뜻하는 pair가 들어 있습니다.

I bought a pair of earrings at the department store.
나는 백화점에서 귀걸이 한 쌍을 샀다.

사랑하던 내 한 쪽 분신을 잃어버리면 너무나도 절망스럽죠. deprive(박탈하다)라는 단어에서 보듯이 de라는 접두사는 '분리', '박탈'의 의미를 가지고 있습니다. 그래서 짝(pair)이 없으면(de) 절망에 빠지는 것입니다. despair는 '절망'이라는 뜻을 가진 단어입니다.

despair의 예문을 볼까요?

To my despair, she decided to break up with me.
절망스럽게도 그녀는 나와 헤어질 것을 결심했다.

No circumstance, no adversity can force you to live in despair.
어떤 상황도, 어떤 역경도 당신을 절망 속에 살도록 강요할 수 없다.

🔊 프랑스의 철학자 시그드느의 말을 들어 보세요.

 Life begins on the other side of despair.
삶은 절망이 반대편에서 비로소 시작된다.

071 patriot - riot

대통령이 폭동을 진압한 장군의 어깨를 두드리며 애국자라고 칭송하다.

patriot라는 단어 안에는 '폭동'이란 뜻을 가진 riot가 들어 있습니다.

One prison guard was killed when a riot broke out in the jail.
그 교도소 내에서 폭동이 발생하여 교도관 한 명이 숨졌다.

반정부를 외치는 폭동을 진압한 장군의 어깨를 두드리며 대통령이 당신이 진정한 애국자라고 칭송한다고 생각해 보세요. patriot는 '애국자'라는 뜻을 가진 단어입니다. patriot에는 '톡톡 두드리다'라는 뜻을 가진 pat도 들어 있습니다.

patriot가 제목으로 쓰인 영화에는 뭐가 있을까요? 톰 클랜시의 원작을 바탕으로 해리슨 포드가 주연한 영화 "패트리어트 게임 Patriot Game"이 생각나네요. 해군 사관학교 교수인 라이언(해리슨 포드)이 우연히 테러 사건에 연루되어 가족까지 위험에 처하게 되는 상황을 묘사한 박진감 넘치는 영화였습니다. 영화 속에 강렬한 인상을 주었던 주인공의 다음 대사가 생각납니다.

I'm after the man who tried to kill my family.
나는 내 가족을 죽이려는 사람을 추적하고 있는 중이요.

patriot의 예문을 볼까요?

He regards himself as a patriot.
그는 스스로를 애국자라고 여긴다.

peasant - pea

콩 농사를 짓는 농부.

peasant라는 단어 안에는 '콩'을 뜻하는 pea가 들어 있습니다. pea라는 단어는 '평화'를 뜻하는 peace 안에도 들어 있습니다. '콩 한 쪽이라도 나누어 먹으려는 마음만 있으면 평화가 유지된다.'라고 서로 연결하면 기억이 잘 될 것입니다.

Wash and shell peas just before cooking.
요리하기 직전에 완두콩을 씻고 껍질을 까세요.

쌀농사 외에 콩 농사도 같이 짓는 농부가 있다고 생각해 보세요. peasant는 '농부'라는 뜻을 가진 단어입니다.

peasant의 예문을 볼까요?

Once there lived a poor peasant.
옛날에 어떤 가난한 농부가 살았다.

The peasants depend on a good harvest for their very existence.
수확이 잘 되는 것에 그 농부들의 생계 자체가 걸려 있다.

ostentation - ten

하나부터 열까지 자기 과시만 한다.

ostentation이란 단어 안에는 '열'을 뜻하는 ten이 들어 있습니다.

There used to be ten shovels in the barn.
헛간에 10개의 삽이 있었다.

하나부터 열까지 자기 과시만 하는 사람을 만나면 역겨운 느낌이 들겠죠? ostentation은 '과시'라는 뜻을 가진 단어입니다.

ostentation의 예문을 볼까요?

Her wealth, lifestyle and personal ostentation were a source of criticism throughout her career.
그녀의 부와 삶의 방식, 그리고 자기 과시는 평생 동안 비난거리가 되었다.

I don't want to meet him again because I really hate his ostentation.
나는 그의 자기 과시를 너무 싫어하기 때문에 다시는 그를 만나고 싶지 않다.

appetite - pet

우리 집 애완동물은 식욕이 좋아.

appetite라는 단어 안에는 '애완동물'을 뜻하는 pet이 들어 있습니다.

What kind of pet would you like to have?
어떤 종류의 애완동물을 갖고 싶니?

집에서 키우는 애완동물이 아주 식욕이 좋다고 생각해 보세요. appetite는 '식욕'이란 뜻을 가지고 있는 단어입니다.

appetite의 예문을 볼까요?

Don't lose your appetite by eating cake before dinner.
저녁 먹기 전에 케이크를 먹어서 입맛을 망치지 마라.

A person's appetite is a good criterion of his health.
식욕은 건강 상태에 대한 좋은 판단 기준이 된다.

075 recipient - pie

이 **파이**의 **수혜자**는 열심히 공부한 내 아들이야.

recipient라는 단어 안에는 '파이'(pie)가 들어 있습니다.

Do you like an apple pie?
애플파이 좋아하세요?

열심히 공부해서 기말시험에서 1등을 한 아들에게 맛있는 초코파이의 수혜자가 너라며 말하는 아버지가 있다고 생각해 보세요. recipient는 '수혜자', '수령인'이라는 뜻을 가진 단어입니다.

recipient의 예문을 볼까요?

He was the grand prize recipient for three years in a row.
그는 3년 연속 최우수상의 수혜자였다.

For a successful kidney transplant, the closest tissue compatibility between a donor and a recipient of the same race is best.
콩팥 이식이 성공하려면 기증자와 수혜자가 같은 인종이고 조직도 같으면 최고이다.

25' Check-up!

1회 2회 3회 4회 5회

쉬운 단어들을 보고 앞에서 학습한 어려운 단어들을 기억해 보세요.

1	견과류	⇨ nut	⇨	nutrition	⇨	영양
2	덩어리	⇨	⇨		⇨	
3	(무게 단위) 톤	⇨	⇨		⇨	
4	동작	⇨	⇨		⇨	
5	파이	⇨	⇨		⇨	
6	콩	⇨	⇨		⇨	
7	나라	⇨	⇨		⇨	
8	기름	⇨	⇨		⇨	
9	위에	⇨	⇨		⇨	
10	폭동	⇨	⇨		⇨	
11	애완동물	⇨	⇨		⇨	
12	구덩이	⇨	⇨		⇨	
13	머릿니(이)	⇨	⇨		⇨	
14	만났다	⇨	⇨		⇨	
15	10	⇨	⇨		⇨	
16	친구	⇨	⇨		⇨	
17	주문하다	⇨	⇨		⇨	
18	어조	⇨	⇨		⇨	
19	더	⇨	⇨		⇨	
20	미친	⇨	⇨		⇨	
21	한 쌍	⇨	⇨		⇨	
22	목록	⇨	⇨		⇨	
23	ET	⇨ et	⇨		⇨	
24	줄	⇨	⇨		⇨	
25	라임	⇨	⇨		⇨	

plaintiff - plain

평범한 차림을 한 **원고**가 법정에 들어서다.

plaintiff라는 단어 안에는 '평범한'이란 뜻을 가진 plain이 들어 있습니다.

My plan is just plain and simple.
내 계획은 평범하고 단순하다.

법정에 수의를 입은 피고가 들어오고 이어서 평범한 차림의 원고가 들어온다고 생각해 보세요. plaintiff는 '원고'라는 뜻을 가진 단어입니다.

plaintiff의 예문을 볼까요?

The judge ruled in favor of the plaintiff.
재판장은 원고에게 승소 판결을 내렸다.

The plaintiff doesn't seem to care about the evidence we turned in.
원고는 우리가 제출한 증거를 신경도 쓰지 않는 것 같았다.

surplus - plus

회사의 매출이 많이 플러스 되어 올해는 흑자다.

surplus라는 단어 안에는 '더하기'라는 뜻을 가진 plus가 들어 있습니다.

Two plus seven is nine.
2 더하기 7은 9다.

회사의 매출이 전년도 보다 많이 플러스 되어 올해는 흑자를 기록했다고 생각해 보세요. surplus는 '흑자', '잉여'라는 뜻을 가진 단어입니다.

surplus의 예문을 볼까요?

The trade surplus and the foreign exchange reserves, soared.
무역 흑자와 외환 보유고가 치솟았다.

Farming households are having trouble disposing the surplus produce.
농가들이 잉여 농산물 처리로 어려움을 겪고 있다.

078 accomplice - police

경찰이 **공범**을 잡다.

accomplice라는 단어 안에는 '경찰'이라는 뜻을 가진 police에서 철자 o를 뺀 plice가 들어 있습니다. accomplice를 쉽게 기억하기 위해 plice를 police로 생각하자는 것입니다.

The police are investigating the exact cause of the accident.
경찰은 사고의 정확한 원인을 수사 중이다.

경찰이 사기 사건의 공범자를 잡기 위해 온 수사력을 모으고 있다고 생각해 보세요. accomplice는 '공범'이라는 뜻을 가진 단어입니다.

accomplice의 예문을 볼까요?

He conspired with an accomplice to rob the bank.
그는 은행을 털려고 공범과 짰다.

The thief was arrested, but his accomplice had disappeared.
도둑은 체포했지만, 그의 공범은 달아났다.

portrait - port

해군 대장이 항구를 배경으로 초상화를 그리다.

portrait라는 단어 안에는 '항구'라는 뜻을 가진 port가 들어 있습니다.

No ship can leave the port in stormy weather.
폭풍우 치는 날씨에는 어떤 배도 출항할 수 없다.

해군 대장이 항구를 배경으로 초상화를 그린다고 생각해 보세요. portrait는 '초상화'라는 뜻을 가진 단어입니다.

portrait의 예문을 볼까요? 제인 오스틴의 "오만과 편견 Pride and Prejudice"에 다음과 같은 문장이 나옵니다.

In the gallery there were many family portraits, but they could have little to fix the attention of a stranger.
화랑에 많은 가족 초상화들이 있었지만 낯선 사람의 시선을 끌 수 있는 것은 거의 없었다.

He will hang a portrait of his grandfather in the living room.
그는 거실에 자기 할아버지의 초상화를 걸 것이다.

publication - pub

선술집에서 새로 출판할 책에 대해 논의하다.

publication이라는 단어 안에는 '선술집'이란 뜻을 가진 pub이 들어 있습니다.

They are at a pub chatting over a drink.
그들은 선술집에서 술을 마시며 담소하고 있다.

시내의 한 선술집에서 새로 출판할 책에 대해 논의하고 있다고 생각해 보세요. publication은 '출판'이란 뜻을 가진 단어입니다.

publication의 예문을 볼까요? 아우슈비츠 수용소에서 살아남은 세계적인 작가 빅터 프랭클의 책 "죽음의 수용소에서 Man's Search for Meaning"에 보면 다음과 같은 문장이 나옵니다.

When I was taken to the concentration camp of Auschwitz, a manuscript of mine ready for publication was confiscated.
아우슈비츠 수용소로 보내졌을 때, 출판 준비 중이었던 내 원고가 압수되었다.

Their publication of the book constitutes an infringement of copyright.
그들이 그 책을 출판한 것은 저작권 침해에 해당합니다.

081 compromise - promise

서로 **타협**하겠다고 **약속하다**.

compromise라는 단어 안에는 '약속하다'라는 뜻을 가진 promise가 들어 있습니다.

He promised me that he would buy the necklace at the end of the month.
그는 월말에 목걸이를 사 주겠다고 내게 약속했다.

임금 협상을 팽팽하게 진행하던 노사 당사자들이 다음 회의 때는 타협하자고 서로 약속했다고 생각해 보세요. compromise는 '타협'이라는 뜻을 가진 단어입니다.

compromise의 예문을 볼까요?

In a compromise between management and unions, a 5% pay rise was agreed.
노사 간의 타협으로 5%의 임금 인상에 합의했습니다.

The government said that there will be no compromise with terrorists.
정부는 테러리스트들과는 타협의 여지가 없다고 말했다.

conscience - science

과학에 종사하는 사람은 양심이 있어야 한다.

conscience라는 단어 안에는 '과학'을 뜻하는 science가 들어 있습니다.

My favorite subject is science.
내가 가장 좋아하는 과목은 과학이다.

과학에 종사하는 사람은 인류를 위협하는 핵무기를 개발하거나 환경을 파괴하는 제품을 만드는 일을 하지 않는 양심이 있어야 합니다. conscience는 '양심'이란 뜻을 가진 단어입니다.

conscience의 예문을 볼까요?

He that has no shame has no conscience.
수치를 모르는 사람은 양심이 없는 사람입니다.

Conscience is the inner voice that warns us somebody may be looking.
양심은 누군가가 우리를 보고 있을지 모른다고 타일러 주는 내부의 소리이다.

impulse - pulse

폭력 충동이 들자 맥박이 빨리 뛰었다.

impulse라는 단어 안에는 '맥박'이라는 뜻을 가진 pulse가 들어 있습니다.

Your pulse and temperature are normal.
맥박과 체온에는 이상이 없다.

나도 모르게 폭력을 행사하고 싶은 충동이 들자 맥박이 빨리 뛰었다고 생각해 보세요. impulse는 '충동'이라는 뜻을 가진 단어입니다.

impulse의 예문을 볼까요?

The repeated advertisements cause people to buy things that they don't need on the impulse of the moment.
반복되는 광고는 사람들로 하여금 필요하지도 않은 물건을 순간의 충동적으로 사도록 만든다.

He bought the suit on impulse.
그는 충동적으로 그 양복을 샀다.

amputation - put

생선을 도마 위에 **놓고 절단**하다.

amputation이라는 단어 안에는 '놓다'라는 뜻을 가진 put이 들어 있습니다.

Put yourself in my shoes.
입장을 바꿔서 생각해 봐.

시장의 생선 가게에서 손님에게 주려고 생선을 도마 위에 올려놓고 절단한다고 생각해 보세요. amputation은 '절단'이란 뜻을 가진 단어입니다.

amputation의 예문을 볼까요?

A severe infection from the injury ultimately resulted in the amputation of his leg.
부상으로 인한 심각한 감염은 궁극적으로 그의 다리를 절단하는 결과에 이르렀다.

Diabetes is a leading cause of blindness, heart disease and amputations.
당뇨병은 시력 상실, 심장병 그리고 신체 부위 절단의 주된 원인이다.

terrain - rain

비가 많이 오면 지형이 험악한 곳에서 운전을 조심해야 한다.

terrain이라는 단어 안에는 '비'를 뜻하는 rain이 들어 있습니다.

The heavy rain caused the bridge to collapse.
폭우 때문에 다리가 무너졌다.

비가 많이 오면 지형이 험악한 오지의 비포장 길에서는 운전을 조심해야 합니다. terrain은 '지형'이란 뜻을 가진 단어입니다.

terrain의 예문을 볼까요?

The car handles particularly well on rough terrain.
그 차는 특히 험한 지형에서 다루기가 좋다.

The air and ground operation is being waged in mountainous terrain.
공중 및 지상 작전이 산악 지형에서 진행되고 있습니다.

tyrant - ran

폭군이 분노한 백성들을 피해 **달려갔다.**

tyrant라는 단어 안에는 '달려갔다'라는 뜻을 가진 ran이 들어 있습니다.

He ran away from the monster.
그는 그 괴물에게서 도망갔다.

폭정을 일삼은 폭군이 분노한 백성들을 피해 달려갔다고 생각해 보세요. tyrant는 '폭군'이란 뜻을 가진 단어입니다.

tyrant의 예문을 볼까요?

He was a cruel and capricious tyrant.
그는 잔인하고 변덕스러운 폭군이었다.

The country was ruled by the tyrants.
그 나라는 폭군에 의해 다스려졌다.

pirate - rate

해적들이 빠른 속도로 배를 몰다.

pirate라는 단어 안에는 '속도'라는 뜻을 가진 rate가 들어 있습니다.

The motorcar ran at a tremendous rate.
자동차는 굉장한 속도로 달렸다.

해적들이 상선들을 약탈하기 위하여 빠른 속도로 배를 몰고 있다고 생각해 보세요. pirate는 '해적'이라는 뜻을 가진 단어입니다. '해적'이라는 단어를 들으면 아마 제일 먼저 떠오르는 영화가 "캐리비언의 해적 Pirates Of The Caribbean : At World's End"일 것입니다. 조니 뎁이 익살스러운 선장 '잭 스패로우' 역을 잘 소화해 낸 영화였습니다.

pirate의 예문을 볼까요?

The pirates brandished their swords as they boarded the captured boat.
해적들이 나포한 배 위에 올라가서 칼을 휘둘렀다.

The sea was infested with pirates.
그 해역은 해적이 들끓고 있었다.

261

bureaucrat - rat

쥐 같이 뇌물만 받아먹는 관료.

bureaucrat라는 단어 안에는 '쥐'를 뜻하는 rat이 들어 있습니다.

The garbage that people had thrown onto the street attracted flies and rats.
사람들이 거리에 버린 쓰레기가 파리와 쥐를 꼬이게 했다.

관료 중에는 진정으로 국민을 위해 일하는 사람도 있지만 시궁창의 쥐처럼 뇌물만 받아 챙기면서 제 잇속만 챙기는 사람도 있습니다. bureaucrat은 '관료'라는 뜻을 가진 단어입니다.

bureaucrat의 예문을 볼까요?

He has had a long career as a bureaucrat.
그는 관료로서 오랜 경력을 가지고 있다.

The congressmen tried to dislodge a bureaucrat from his job.
국회의원들이 한 관료를 자리에서 물러나게 하려고 했다.

prestige - rest

휴식할 때도 흐트러지지 않고 위신을 지키다.

prestige라는 단어 안에는 '휴식'이란 뜻을 가진 rest가 들어 있습니다.

I want you to get some rest.
난 네가 휴식을 취했으면 좋겠구나.

조선 시대 양반들은 쉴 때도 절대로 자세를 흐트러뜨리지 않고 사대부의 위신을 지켰다고 합니다. 그래서 이율곡 선생은 "격몽요결"이란 책에서 '혼자 있어도 스스로 삼간다.'라는 뜻을 가진 '신독 愼獨'이란 말을 했습니다. prestige는 '위신', '신망'이란 뜻을 가진 단어입니다.

한 가전 회사의 냉장고 제품명이 prestige였던 적이 있었습니다. 그 정도의 냉장고가 집에 있어야 위신이 선다는 말인 것 같습니다. 하버드 대학 행복학 교수인 탈 벤 샤하르의 책 "해피어 Happier"에 보면 다음과 같은 말이 나옵니다.

We value the measurable (material wealth and prestige) over the unmeasurable (emotions and meaning).
우리는 측정할 수 없는 것(감성과 의미)보다 측정할 수 있는 것(물질적 부와 위신)에 더 높은 가치를 부여한다.

The prestige of the mayor is gone.
시장의 위신이 땅에 떨어졌다.

090 caprice - rice

쌀값이 변덕을 부리며 오르락내리락하다.

caprice라는 단어 안에는 '쌀'을 뜻하는 rice가 들어 있습니다.

Ten days' ration of rice was distributed.
열흘치 쌀이 배급되었다.

농산물의 가격은 수확량이 너무 많아도 공급이 넘쳐서 값이 떨어질 수 있습니다. 쌀값이 변덕을 부리며 오르락내리락한다고 생각해 보세요. caprice는 '변덕'이라는 뜻을 가진 단어입니다.

caprice의 예문을 볼까요?

He is a man of caprice.
그는 변덕이 심한 남자다.

I'm sick of her caprice.
나는 그녀의 변덕이 지겹다.

hypocrite - rite

형식과 의식만 따지는 위선자.

hypocrite라는 단어 안에는 '의식'이라는 뜻을 가진 rite가 들어 있습니다. rite라는 단어가 낯설게 느껴진다면 쉬운 단어 write 안에 들어 있다는 것을 생각하면 됩니다. '제사 의식에 지방(紙榜)을 쓰다.'라고 연결해서 생각하면 rite를 어렵지 않게 기억할 수 있을 것입니다.

I remember this as a rite of passage.
나는 이것을 일종의 통과 의례로 기억한다.

모든 일에 언행이 일치하지 않으면서 지나치게 형식과 의식만을 따지는 사람이 있어서 사람들이 그를 '위선자'라고 부른다고 생각해 보세요. hypocrite는 '위선자'라는 뜻을 가진 단어입니다.

hypocrite의 예문을 볼까요? 세계적인 교육 심리학자인 하워드 가드너 하버드대 교수의 책 "통찰과 포용 Leading Minds"에 보면 다음과 같은 말이 나옵니다.

People who do not practice what they preach are hypocrites.
자신이 설파한 것을 실천하지 않는 사람은 위선자다.

We tend to associate politicians with hypocrites.
우리는 정치인을 위선자로 연관 지어 생각하는 경향이 있다.

proof - roof

지붕에 떨어진 범인의 피가 증거다.

proof라는 단어 안에는 '지붕'이란 뜻을 가진 roof가 들어 있습니다.

I like a house whose roof is blue.
난 지붕이 파란 집을 좋아한다.

자객이 지붕으로 도주하다 화살에 맞아 피를 흘렸다고 생각해 보세요. 지붕에 흘린 피가 범인의 증거라고 생각하면 됩니다. proof는 '증거'라는 뜻을 가진 단어입니다.

There is no scientific proof that ghost exists.
유령이 존재한다는 과학적인 증거는 없다.

세계적인 자기 계발 전문가 브라이언 트레이시의 책 "목표 Goals"에 보면 다음과 같은 말이 나옵니다.

The very fact that hundreds of thousands, and even millions, of people have gone from the bottom to the top in every field is ample proof that you can do it as well.
수십만 명 아니 수백만 명의 사람들이 모든 분야에서 바닥부터 정상으로 올라갔다는 사실이 당신도 역시 할 수 있다는 충분한 증거다.

나도 할 수 있다는 자신감을 가지세요. 그 사람이 겪은 것을 나도 겪을 수 있다고 생각하세요. 다만 성공의 결과만 생각하지 말고 성공하기까지 겪었던 그 모든 힘든 과정을 나도 겪으면서 정상에 오를 수 있다고 생각하세요.

prose - rose

정원에 멋지게 핀 장미에 대해 산문을 쓰다.

prose라는 단어 안에는 '장미'라는 뜻을 가진 rose가 들어 있습니다.

He stuck a rose in his hat.
그는 모자에 장미꽃을 한 송이 꽂았다.

정원에 멋지게 핀 장미를 보고 한 편의 산문을 쓴다고 생각해 보세요. prose는 '산문'이란 뜻을 가진 단어입니다.

He is a writer of incomparable prose.
그는 누구와도 견줄 수 없는 산문 작가이다.

🔖 앨리스 도마의 책 "완벽하지 않고 행복해지기 Be Happy Without Being Perfect"에 보면 다음과 같은 문장이 나옵니다.

She has an unbelievable ability to transform my thoughts and experiences and anecdotes into logical, readable prose.
그녀는 내 생각과 경험 그리고 일상적인 일들을 논리적이고 읽을 만한 산문으로 바꾸는 놀라운 능력을 지녔다.

요즘은 여자 검사들도 많이 있습니다. 검사들이 장미꽃으로 사무실 분위기를 화사하게 바꾸고 멋진 산문도 쓸 수 있다면 참 좋겠네요. 너무 정치만 바라보는 해바라기보다는 장미꽃을 부하 직원에게 선물할 수 있는 여유로운 검사라면 국민들의 편에 설 수 있는 훌륭한 검사일 것 같습니다. '검사'라는 뜻을 가진 단어 prosecutor에는 rose와 prose가 다 들어 있습니다.

drought - rough

가뭄 때는 물 인심이 거칠다.

drought라는 단어 안에는 '거친'이란 뜻을 가진 rough가 들어 있습니다.

The ocean looks a little rough today.
오늘은 바다가 약간 거칠어 보인다.

여러 날 비가 오지 않고 가뭄이 계속되면 사람들의 물 인심이 거칠어질 수밖에 없습니다. drought는 '가뭄'이란 뜻을 가진 단어입니다.

drought의 예문을 볼까요?

Due to the drought, the land was barren.
가뭄 때문에 땅이 황폐해졌다.

The long drought exposed the cracked floor of the reservoir.
오랜 가뭄으로 갈라진 저수지 바닥이 드러났다.

095 crumb - rum

럼주 마실 때는 과자 **부스러기**가 안주로 최고다.

crumb이라는 단어 안에는 '럼주'를 뜻하는 rum이 들어 있습니다.

His favourite liquor is rum.
그가 좋아하는 술은 럼주다.

독한 술을 마시기를 좋아하는 사람이 술안주로 과자 부스러기를 주로 먹는다고 생각해 보세요. crumb은 '부스러기'라는 뜻을 가진 단어입니다.

crumb의 예문을 볼까요?

I am happy to spend my lunch hour in the park, sharing crumbs with the birds.
나는 새들과 과자 부스러기를 나누어 먹으면서 공원에서 점심시간을 보내게 되어 행복하다.

♣ 아프가니스탄 출신의 작가 호세이니의 소설 "연을 쫓는 아이 The Kite Runner"
에 보면 다음과 같은 문장이 나옵니다.

I watched a pigeon peck at a bread crumb on the windowsill.
나는 비둘기 한 마리가 창틱에 있는 빵 부스러기를 쪼아 먹는 것을 지켜보았다.

adolescent - scent

청소년기는 꽃다운 향기가 나는 때다.

adolescent라는 단어 안에는 '향기'를 뜻하는 scent가 들어 있습니다.

The scent of peppermint keeps people awake.
박하 향은 정신을 맑게 해준다.

청소년은 꿈도 많고 꽃다운 향기가 나는 시기라고 생각해 보세요. adolescent는 '청소년', '사춘기 소년'이란 뜻을 가진 단어입니다.

The person I am looking for is an adolescent boy of 15.
내가 찾고 있는 사람은 15세의 청소년이다.

Smoking by adolescents hinders normal development.
청소년의 음주는 정상적인 성장을 방해한다.

☝ 세계적인 심리학자 미하일 칙센트미하이의 책 "몰입 Flow"에 보면 다음과 같은 말이 나옵니다.

Adolescents who never learn to control their consciousness grow up to adults without a discipline.
자신의 의식을 통제하는 법을 한 번도 배운 적이 없는 청소년은 규율이란 것을 전혀 모르는 어른으로 성장한다.

지나치게 뭔가를 탐하거나, 필요 이상으로 화를 내거나, 자신을 위험에 빠뜨릴 수도 있는 행동을 하는 사람은 스스로를 통제하는 훈련이 전혀 되어 있지 않은 사람입니다. 청소년기에 책을 통한 다양한 토론으로 스스로를 돌아보는 훈련을 많이 하는 것이 절대적으로 필요합니다.

manuscript - rip

원고가 마음에 들지 않아 찢어버리다.

manuscript라는 단어 안에는 '찢다'라는 뜻을 가진 rip이 들어 있습니다.

I'll have to rip up your exam paper and give you a zero.
네 시험지를 찢어버리고 영점 처리를 해야겠다.

오랜 시간 공들여 쓴 원고를 찬찬히 읽어 본 작가가 글의 내용이 마음에 들지 않아 원고를 찢어버린다고 생각해 보세요. manuscript는 '원고'라는 뜻을 가진 단어입니다.

manuscript의 예문을 볼까요?

He revised his manuscript many times before it was published.
그는 출간하기 전에 여러 번 원고를 수정했다.

After reading the manuscript, the editor was flabbergasted by its originality and daring.
그 원고를 읽으면서 편집자는 그 원고의 독창성과 대담성에 무척 놀랐다.

nausea - sea

울릉도행 배를 타고 가다 **바다** 위에서 **구토**가 나다.

nausea라는 단어 안에는 '바다'를 뜻하는 sea가 들어 있습니다.

He sat on the rock, gazing at the sea.
그는 바다를 보면서 바위 위에 앉아 있었다.

울릉도행 배를 타고 가다가 배가 파도에 너무 흔들려 바다 위에서 구토가 난다고 생각해 보세요. nausea는 '구토'라는 뜻을 가진 단어입니다. 프랑스의 철학자 사르트르가 쓴 소설의 제목이 "구토 Nausea"였습니다. 이 작품의 첫 문장은 다음과 같이 시작합니다.

Something has happened to me, I can't doubt it anymore.
뭔가 내게 일이 일어났다. 난 더 이상 그것을 의심하지 않는다.

nausea의 예문을 볼까요?

Could I have some medicine for nausea?
구토를 멈출 수 있는 약을 좀 주시겠습니까?

I experienced a feeling of nausea.
나는 구토가 날 것처럼 느껴졌다.

sentinel - sent

급히 보초를 보냈다.

sentinel이라는 단어 안에는 '보냈다'라는 뜻을 가진 sent가 들어 있습니다.

He sent me a text message after school.
그는 방과 후에 내게 문자 메시지를 보냈다.

성 외곽을 지키는 보초가 필요해서 보냈다고 생각해 보세요. sentinel은 '보초'라는 뜻을 가진 단어입니다. 대통령 암살 음모와 관련된 내용을 다루고 있는 마이클 더글라스 주연의 영화 "센티넬 The Sentinel"을 생각해 보면 sentinel이라는 단어가 더욱 친숙해질 것입니다. 영화 대사 중 요원 피터 개리슨의 다음과 같이 말이 인상적으로 다가왔습니다.

I have given my entire life to the Secret Service. I've gotten up at 4 a.m. every morning.
난 비밀 정보국에 내 온 삶을 다 바쳤어. 난 매일 아침 4시에 일어난단 말이야.

sentinel의 예문을 볼까요?

A sentinel is standing guard at the border.
한 초병이 국경선에서 보초를 서고 있다.

Sentinels were murdered by the enemy soldiers.
보초들이 적병에 의해 살해되었다.

100 dissident - side

한 쪽 편만 드는 반체제 인사.

dissident라는 단어 안에는 '편'이라는 뜻을 가진 side가 들어 있습니다.

They drive on the left-hand side of the road in Japan.
일본에서는 도로 왼편으로 차가 다닌다.

정부의 정책에 대해 사사건건 반대를 하는 반체제 인사가 다른 나라로 망명을 했다고 생각해 보세요. dissident는 '반체제 인사'라는 뜻을 가진 단어입니다.

dissident의 예문을 볼까요?

The political dissident was arrested because he made an agitating speech.
그 반체제 인사는 선동성 연설을 한 혐의로 체포되었다.

Aung San Suu Kyi, the Burmese dissident, who won in 1991, was under house arrest and prohibited from traveling to Norway to accept her Prize.
1991년 평화상 수상자인 미얀마의 반체제 인사, 아웅산 수지 여사는 가택 연금 상태를 벗어나지 못해 평화상을 받기 위해 노르웨이에 갈 수 없었습니다.

25' Check-up!

1회 2회 3회 4회 5회

1	휴식	⇨ rest	⇨ prestige	⇨ 위신
2	평범한	⇨	⇨	⇨
3	보냈다	⇨	⇨	⇨
4	속도	⇨	⇨	⇨
5	달렸다	⇨	⇨	⇨
6	더하기	⇨	⇨	⇨
7	과학	⇨	⇨	⇨
8	맥박	⇨	⇨	⇨
9	쥐	⇨	⇨	⇨
10	편	⇨	⇨	⇨
11	바다	⇨	⇨	⇨
12	비	⇨	⇨	⇨
13	지붕	⇨	⇨	⇨
14	(술의 종류) 럼	⇨	⇨	⇨
15	향기	⇨	⇨	⇨
16	경찰	⇨	⇨	⇨
17	찢다	⇨	⇨	⇨
18	약속하다	⇨	⇨	⇨
19	선술집	⇨	⇨	⇨
20	창구	⇨	⇨	⇨
21	놓다	⇨	⇨	⇨
22	거친	⇨	⇨	⇨
23	장미	⇨	⇨	⇨
24	의식	⇨	⇨	⇨
25	쌀	⇨	⇨	⇨

101 assassin - sin

암살하려는 마음을 품는 것도 죄다.

assassin이라는 단어 안에는 '죄'를 뜻하는 sin이 들어 있습니다.

He is penitent for his sin.
그는 자신의 죄를 후회한다.

누군가를 암살하고 싶다는 마음을 품는 것도 죄입니다. assassin은 '암살자'라는 뜻을 가진 단어입니다. 최근 가수 비가 🎬 영화 "닌자 어쌔신 Ninja Assassin"에 출연해서 assassin이란 단어가 아주 친숙해졌습니다. 영화 속에서 라이조 역을 맡은 '비'가 오주노에게 한 다음 대사가 아주 인상적이었습니다.

The breath I take after I kill you will be the first breath of my life.
너를 죽이고 내가 쉬는 숨이 바로 내 생애 최초의 숨이 될 거야.

assassin의 예문을 볼까요?

The assassin said he had acted alone.
그 암살범은 자기 단독으로 범행을 했다고 말했다.

He fell a victim to an assassin.
그는 자객의 손에 죽었다.

prerequisite - site

그 인터넷 사이트를 인수하려면 전제 조건이 있다.

prerequisite라는 단어 안에는 '장소'를 뜻하는 site가 들어 있습니다.

Helmets must be worn at the construction site at all times.
공사장에서는 항상 헬멧을 착용해야 한다.

잘 나가는 인터넷 사이트를 인수하려고 하는데 이런저런 전제 조건이 많다고 생각해 보세요. prerequisite는 '전제 조건'이란 뜻을 가진 단어입니다. 세계적인 자기 계발 전문가 브라이언 트레이시의 책 "백만 달러 습관 Million Dollar Habits"에 보면 다음과 같은 말이 나옵니다.

Failure is an indispensable prerequisite for success.
실패는 성공을 위한 필수불가결한 전제 조건이다.

 브라이언 트레이시의 또 다른 책 "최고의 성취 Maximum Achievement"에 보면 다음과 같은 말도 나옵니다.

A feeling of optimism is a prerequisite for success and happiness.
항상 낙관적 감정을 가지는 것은 성공과 행복의 선세 조건이다.

103 disparity - spa

그 온천은 내가 아는 곳과 시설 면에서 큰 차이가 있다.

disparity라는 단어 안에는 '온천'을 뜻하는 spa가 들어 있습니다.

Where is your favorite spa?
네가 가장 좋아하는 온천은 어디야?

친구와 새로 생긴 온천에 가 보았더니 기존에 알고 있던 곳과 시설 면에서 엄청난 차이가 있다는 것을 알게 되었다고 생각해 보세요. disparity는 '차이'라는 뜻을 가진 단어입니다.

disparity의 예문을 볼까요?

There is a disparity between what he says and what he does.
그는 말과 행동이 일치하지 않는다.

The disparity in their ages made no difference at all.
그들의 나이 차는 전혀 문제 되지 않았다.

spinster - spin

처녀가 물레를 돌리다.

spinster라는 단어 안에는 '돌리다'라는 뜻을 가진 spin이 들어 있습니다.

The room seemed to spin round.
방이 빙글빙글 도는 것 같았다.

동네 처녀가 물레를 돌리고 있다고 생각해 보세요. spinster는 '처녀'라는 뜻을 가진 단어입니다.

spinster의 예문을 볼까요?

The spinster wanted to set up housekeeping.
그 독신 여성은 가정을 갖고 싶었다.

An unmarried woman is called a spinster.
결혼하지 않은 여자는 미혼녀라고 불린다.

tragedy - rage

분노로 행한 복수는 결국 비극으로 끝난다.

tragedy라는 단어 안에는 '분노'라는 뜻을 가진 rage가 들어 있습니다. rage라는 단어는 '용기'라는 뜻을 가진 courage 안에도 들어 있습니다. '불의를 보면 분노하는 마음으로 용기를 가지고 대항하다.'라고 연결해서 생각하면 rage를 쉽게 익힐 수 있을 것입니다.

I was burning with rage.
분노가 타올랐다.

분노로 가득 찬 마음으로 행한 복수는 결국 비극으로 끝난다고 생각해 보세요. tragedy는 '비극'이란 뜻을 가진 단어입니다.

tragedy의 예문을 볼까요?

The tragedy occurred only minutes after the plane took off.
비행기가 이륙하고 얼마 지나지 않아 바로 비극이 일어났다.

He got through the tragedy by sheer force of will.
그는 순전히 정신력으로 그 비극을 극복했다.

mustard - star

매운 겨자를 먹으니 눈앞에 별들이 아른거리다.

mustard라는 단어 안에는 '별'을 뜻하는 star가 들어 있습니다.

We camped out under the stars.
우리는 별이 수놓인 하늘 아래서 야영을 했다.

여름에 냉면을 먹을 때 겨자를 너무 많이 넣어서 먹다가 매워서 눈앞에 별들이 아른거린다고 생각해 보세요. mustard는 '겨자'라는 뜻을 가진 단어입니다.

mustard의 예문을 볼까요?

Mustard and ketchup are the usual condiments for hot dogs.
겨자와 케첩은 핫도그에 쓰이는 가장 흔한 양념이다.

I like to put mustard on my hot dogs.
나는 핫도그에 겨자를 얹는 걸 좋아한다.

107 consumption - sum

여름휴가 때 쓴 소비의 총액을 따지다.

consumption이라는 단어 안에는 '총액', '총합'을 뜻하는 sum이 들어 있습니다. sum이란 단어는 '여름'을 뜻하는 summer에도 들어 있습니다.

The sum of 10 and 21 is thirty-one.
10과 21의 합은 31이다.

여름휴가를 다녀오고 나서 휴가 때 소비 했던 총액을 꼼꼼히 따져 본다고 생각해 보세요. consumption은 '소비'라는 뜻을 가진 단어입니다.

consumption의 예문을 볼까요? 존 고든의 책 "에너지 중독자 Energy Addict" 에 보면 다음과 같은 말이 나옵니다.

Our bodies are constantly losing water, and studies show that a decrease in water consumption leads to fatigue and headaches.
우리의 신체는 끊임없이 물을 땀의 형태로 흘리고 있습니다. 그래서 연구에 따르면 물 소비의 감소는 피로와 두통으로 이어진다고 합니다.

consumption은 '폐병'이라는 뜻으로도 쓰이니 꼭 알아 두세요.

He is seriously ill with consumption.
그는 폐병으로 중태이다.

108 constellation - tell

밤하늘의 별들을 보고 **별자리**를 **말하다**.

constellation이라는 단어 안에는 '말하다'라는 뜻을 가진 tell이 들어 있습니다.

Can you tell me where she lives?
그녀가 어디 사는지 내게 말해 줄 수 있나요?

tell은 '말하다'라는 뜻 외에 '구별하다'라는 뜻도 가지고 있습니다.

Can you tell Tom from his twin brother?
넌 톰과 그의 쌍둥이 형을 구별할 수 있니?

밤하늘에 무수히 떠 있는 별들을 보고 그 중 자신이 좋아하는 별자리를 옆 사람에게 말해 준다고 생각해 보세요. constellation은 '별자리'라는 뜻을 가진 단어입니다.

A constellation is an arrangement of stars that can be seen from the Earth.
별자리는 지구에서 볼 수 있는 별들의 배열이다.

The Big Dipper is the seven brightest stars in the constellation of Ursa Major.
북두칠성은 큰곰자리에서 가장 밝은 일곱 개의 별이다.

patent - tent

리모컨으로 작동되는 **텐트**로 **특허**를 받다.

patent라는 단어 안에는 '텐트'를 뜻하는 tent가 있습니다.

The first thing you should do at a camp is to pitch a tent.
캠프장에서 제일 먼저 할 일은 텐트를 치는 것이다.

리모컨으로 작동되는 텐트가 있다면 틀림없이 특허감일 것입니다. patent는 '특허'라는 뜻을 가진 단어입니다.

The device was protected by patent.
그 장치는 특허로 보호받았다.

He made an application for patent for his new invention.
그는 새로운 발명에 대해 특허를 신청했다.

retirement - tire

오래된 타이어를 은퇴시키다.

retirement라는 단어 안에는 '자동차 타이어'를 뜻하는 tire가 들어 있습니다.

I have a flat tire.
자동차가 펑크 나다.

자동차의 타이어가 너무 오래되어 교체해야 할 상황이라고 생각해 보세요. 타이어 입장에서는 이제 은퇴하는 거겠죠. retirement는 '은퇴'라는 뜻을 가진 단어입니다.

retirement의 예문을 볼까요?

The teacher lived on his pension after his retirement.
그 교사는 퇴직한 후에 연금으로 생활했다.

🖐 세계적인 호스피스 운동가인 엘리자베스 퀴블러 로스의 책 "인생 수업 Life Lessons"에 보면 은퇴에 대한 다음과 같은 문장이 나옵니다.

In retirement we may lose income, but we find more freedom.
퇴직하면 소득은 없을지 모르지만 더 많은 자유를 얻게 된다.

285

111 contempt - tempt

여자들을 유혹하는 데만 마음이 쏠려 있는 녀석을 경멸하다.

contempt라는 단어 안에는 '유혹하다'라는 뜻을 가진 tempt가 들어 있습니다. tempt는 '시도하다'라는 뜻을 가진 attempt 안에도 들어 있습니다.

Avoid all the kinds of things that can tempt you.
너를 유혹하는 모든 종류의 것들을 피해라.

주변에 여자들만 보면 온통 유혹하는 데만 마음이 쏠려 있는 친구가 있어서 속으로 경멸한다고 생각해 보세요. contempt는 '경멸'이란 뜻을 가진 단어입니다.

contempt의 예문을 볼까요?

She threw a look of contempt at me.
그녀는 내게 경멸의 시선을 보냈다.

I will never do anything which will bring contempt upon me.
나는 남에게 경멸받을 일은 절대로 하지 않을 것이다.

intestine - test

내장이 온전한지 내시경으로 **테스트해** 보다.

intestine이라는 단어 안에는 '시험하다'라는 뜻을 가진 test가 들어 있습니다.

Don't test my patience.
내 인내심을 시험하지 마세요.

위와 대장 등 내장에 문제가 없는지 내시경으로 테스트해 본다고 생각해 보세요. intestine은 '내장', '창자'라는 뜻을 가진 단어입니다.

intestine의 예문을 볼까요?

Most nutrients from food are absorbed in your small intestine.
음식으로부터 온 대부분의 영양분은 당신의 소장에 흡수된다.

Iron from food is absorbed into your bloodstream in your small intestine.
음식 속의 철 성분은 당신의 소장에서 혈류로 흡수된다.

The main parts of the small intestine are the duodenum, jejunum, and ileum.
소장의 주요 상기는 십이지장, 공장, 회장으로 이루어져 있다.

euthanasia - than

예전보다 안락사에 대해 부정적인 의견이 줄다.

euthanasia라는 단어 안에는 '~보다'라는 뜻을 가진 than이 들어 있습니다.

The life span of a human being is much longer than that of a dog.
인간의 수명은 개의 수명보다 훨씬 더 길다.

예전보다 안락사에 대한 부정적인 의견이 많이 줄었다고 생각해 보세요. euthanasia는 '안락사'라는 뜻을 가진 단어입니다.

euthanasia의 예문을 볼까요?

Euthanasia is a method of painless death inflicted on people suffering from incurable diseases.
안락사는 불치병으로 고통받는 사람들에게 주어지는 고통 없는 죽음을 맞이하기 위한 방법이다.

Although some people campaign for the right to euthanasia, it is still illegal in most countries.
어떤 사람들은 안락사의 권리를 주장하지만 아직 대부분의 나라에서 안락사는 불법이다.

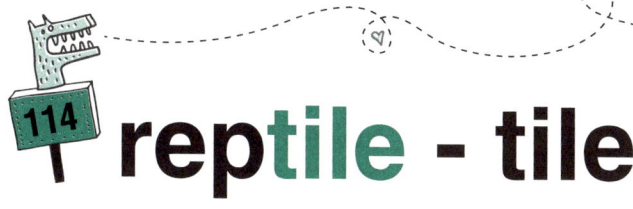

reptile - tile

타일 위로 파충류가 지나가다.

reptile이라는 단어 안에는 '타일'을 뜻하는 tile이 들어 있습니다.

For the tubs, clean the tile surfaces and remove any mildew or soap scum.
욕조에 대해서는 타일 표면을 청소하고 곰팡이나 비누 찌꺼기를 제거해 주세요.

화장실 타일 위로 도마뱀과 같은 파충류가 지나간다고 생각해 보세요. reptile은 '파충류'라는 뜻을 가진 단어입니다.

reptile의 예문을 볼까요?

Most reptiles reproduce by laying eggs on land.
대부분의 파충류는 육지에 알을 낳아 번식한다.

존 스타인벡의 소설 "분노의 포도 The Grapes of Wrath"에 보면 다음과 같은 문장이 나옵니다.

Ruthie looked once more at the gray reptile eggs in her hand, and then she threw them away.
루디는 다시 한 번 손 안에 있는 회색빛이 도는 파충류 알을 보더니 이내 그것을 던져버렸다.

penitentiary - ten

교도소에서 10년을 썩다.

penitentiary라는 단어 안에는 '열'을 뜻하는 ten이 들어 있습니다.

There are ten students in the classroom.
교실에는 10명의 학생이 있습니다.

강도질을 한 죄로 교도소에서 10년을 보내야만 하는 죄수가 있다고 생각해 보세요. penitentiary는 '교도소'라는 뜻을 가진 단어입니다.

penitentiary의 예문을 볼까요?

He was sent to the penitentiary for robbery.
그는 강도 행위로 그 교도소에 보내졌다.

She used to be a prisoner in the penitentiary.
그는 과거에 그 교도소에 수감되어 있었다.

redemption - red

빚을 변제하라는 사채업자에게 맞아 얼굴이 피로 빨개지다.

redemption이란 단어 안에는 '빨간'이란 뜻을 가진 red가 들어 있습니다. 터키의 노벨문학상 수상자인 오르한 파묵의 소설 중에 "내 이름은 빨강 My Name Is Red"이 있습니다. 16세기 오스만 제국을 절묘하게 오늘이라는 시간으로 풀어낸 이 소설의 첫 문장은 다음과 같이 시작됩니다. 빨리 다음을 읽고 싶게 만드는 묘한 소설입니다.

I am nothing but a corpse now, a body at the bottom of a well.
나는 지금 우물바닥에 시체로 누워 있다.

빚을 변제하라는 사채업자에게 맞아 얼굴이 피로 범벅이 되었다고 생각해 보세요. redemption은 '변제'라는 뜻을 가진 단어입니다. redemption하면 생각나는 영화는 "쇼생크 탈출 The Shawshank Redemption"입니다. Redemption이란 단어가 어려워서 '쇼생크 탈출'이라고 제목을 정한 것 같습니다. 억울하게 누명을 쓰고 감옥에 간 주인공(팀 로빈스)이 결국 교도소장에게 통렬하게 복수하고 탈출하면서 그에게 진 빚을 자기 방식으로 변제한다는 내용입니다. 이 영화는 스티븐 킹의 소설을 영화화한 것으로 주인공이 감옥 동료인 흑인 엘리스(모건 프리먼)에게 자신이 처음 아내를 만났던 나무 아래에 뭔가를 묻어 놓았다며 다음과 같이 말하는 장면이 기억납니다.

There's something buried under it I want you to have.
그 나무 아래 뭔가가 묻혀 있는데 나는 당신이 그것을 가지길 바라네.

The term of redemption is ten years.
변제 기한은 10년이다.

His debt is now beyond redemption.
그의 빚은 이제 변제가 불가능하다.

117 stripe - trip

여행 갈 때 줄무늬 셔츠를 입다.

stripe라는 단어 안에는 '여행'을 뜻하는 trip이 들어 있습니다.

How was your trip to New York?
뉴욕 여행은 어땠어?

처음으로 해외여행을 가는데 평소에 좋아하는 줄무늬 셔츠를 입고 간다고 생각해 보세요. stripe는 '줄무늬'라는 뜻을 가진 단어입니다. 미국의 성조기를 'Stars and Stripes'라고 합니다. 미국이 독립했을 당시 주의 숫자인 13개의 줄무늬와 현재의 주의 숫자인 50개의 별로 이루어진 깃발입니다.

stripe의 예문을 볼까요?

A zebra is a wild African horse with black and white stripes.
얼룩말은 검고 흰 얼룩무늬를 가지고 있는 야생의 아프리카 말이다.

His uniform looks very smart with the red stripe in it.
그의 제복은 빨간 선이 들어 있어 아주 멋있다.

118 disturbance - urban

도시에는 소란스런 일들이 많다.

disturbance라는 단어 안에는 '도시의'라는 뜻을 가진 urban이 들어 있습니다.

Many people are moving to urban areas.
많은 사람들이 도시 지역으로 이동하고 있다.

도시에는 교통, 범죄 등 소란스러운 일이 많이 있습니다. disturbance는 '소란'이란 뜻을 가진 단어입니다.

disturbance의 예문을 볼까요?

He was just detained for creating a disturbance in the courtroom.
그는 재판정에서 소란을 피워서 구금되었다.

I was punished for creating a disturbance during class.
나는 수업 시간에 소란을 피워서 벌을 받았다.

119 geometry - try

어려운 기하학 문제의 해답을 찾으려고 시도하다.

geometry라는 단어 안에는 '시도하다'라는 뜻을 가진 try가 들어 있습니다.

The photographer tried everything to make the baby smile.
사진사는 아기를 웃게 하려고 온갖 노력을 다했다.

한 학생이 어려운 기하학 문제의 해답을 찾으려고 시도한다고 생각해 보세요. geometry는 '기하학'이란 뜻을 가진 단어입니다.

geometry의 예문을 볼까요?

He passed his geometry test with ease.
그는 기하학 시험에서 쉽게 합격했다.

I like algebra and geometry.
나는 대수학과 기하학을 좋아한다.

surveillance - veil

테러리스트들이 얼굴에 베일을 쓰고 인질들을 감시하다.

surveillance라는 단어 안에는 '베일'이라는 뜻을 가진 veil이 들어 있습니다.

The women cover their faces with a veil in public.
여자들은 밖에 나갈 때는 베일로 얼굴을 가립니다.

테러리스트들이 얼굴에 베일을 쓰고 인질들을 감시한다고 생각해 보세요. surveillance는 '감시'라는 뜻을 가진 단어입니다.

surveillance의 예문을 볼까요?

The company has installed surveillance cameras for security purposes.
그 회사는 보안을 위해 감시 카메라를 설치했다.

The police have a suspected criminal under surveillance.
경찰은 범죄 용의자를 감시하고 있다.

serendipity - pity

어려운 사람에 대한 동정은 뜻밖의 수확으로 돌아온다.

serendipity라는 단어 안에는 '동정'이란 뜻을 가진 pity가 들어 있습니다.

She poured pity on the poor orphan.
그녀는 그 불쌍한 고아에게 동정을 베풀었다.

어려운 사람에게 베풀었던 선행이 뜻밖의 수확으로 좋은 일이 생겼다고 생각해 보세요. serendipity는 '뜻밖의 수확'이란 뜻을 가진 단어로 영화 "세렌디피티 Serendipity"라는 제목으로도 익숙합니다. 우연히 백화점에서 애인에게 줄 장갑을 고르다가 만난 두 사람이 운명적 사랑을 느끼고 각각 고서적과 지폐에 연락처를 적고 헤어졌다가 7년 후에 다시 만난다는 내용입니다. 그때 연락처를 적었던 책이 작가 가브리엘 마르케스의 "콜레라 시대의 사랑 Love In The Time Of Cholera"으로 첫 문장은 다음과 같이 시작합니다.

It was inevitable: the scent of bitter almonds always reminded him of the fate of unrequited love.
그것은 불가피했다. 씁쓰름한 아몬드 향은 언제나 그에게 보상받지 못하는 사랑의 운명을 생각나게 했다.

serendipity의 예문은 브라이언 트레이시의 "목표 Goals"에도 나옵니다.

Serendipity is the process of making happy discoveries along the road of life.
뜻밖의 수확이란 인생의 행로에서 행복한 순간을 발견해내는 과정이다.

Through the serendipity of Web searches, you end up making all sorts of unexpected discoveries.
웹 검색의 우연한 발견을 통해서 사람들은 다양한 종류의 뜻하지 않은 발견을 하게 된다.

122 slavery - very

노예 제도는 아주 나쁜 제도다.

slavery라는 단어 안에는 '아주', '매우'라는 뜻을 가진 very가 들어 있습니다.

Predicting an abrupt change in climate is very difficult.
갑작스런 기후 변화를 예측하는 것은 매우 어렵다.

노예 제도는 아주 나쁜 제도임에 틀림없습니다. slavery는 '노예 제도'라는 뜻을 가진 단어입니다.

slavery의 예문을 볼까요?

The southern and northern states had different opinions on the slavery system.
남부와 북부는 노예 제도에 대해 서로 다른 의견을 가지고 있었다.

When work is a pleasure, life is a joy. When work is a duty, life is slavery.
노동이 기쁨일 때 삶은 기쁨이다. 노동이 의무일 때 삶은 노예 상태나 다름없다.

123 device - vice

성범죄자에 대해 전자발찌를 채우는 것처럼 **악**을 없애는 **장치**가 필요하다.

device라는 단어 안에는 '악'이라는 뜻을 가진 vice가 들어 있습니다. vice는 advice에도 들어 있는데 '악한 마음을 마음에서 없애라는 충고'라고 advice와 vice를 연결하여 생각하면 vice를 어렵지 않게 기억할 수 있을 것입니다.

 하버드대 마이클 샌델 교수의 "정의란 무엇인가 Justice"에 보면 다음과 같은 말이 나옵니다.

Greed is a vice, a bad way of being, especially it makes people oblivious to the suffering of others.
욕심은 악이요 존재의 아주 나쁜 방식이다. 특히 그것이 사람들의 고통을 망각하게 할 때는 더더욱 그렇다.

성범죄자에 대해 전자발찌를 채우는 것처럼 성범죄라는 악을 없애는 장치가 필요하다고 생각해 보세요. device는 '장치'라는 뜻을 가진 단어입니다.

device의 예문을 볼까요?

The missile has a heat-seeking device which enables it to find its target.
미사일은 표적을 찾는 것을 가능하게 하는 열 추적 장치를 가지고 있다.

What device is described in the report?
이 보고서에서 어떤 장치가 묘사되어 있나요?

villain - villa

빌라에 악당들이 산다.

villain이라는 단어 안에는 '별장'을 뜻하는 villa가 들어 있습니다.

We rented a holiday villa in France.
우리는 프랑스에 있는 휴가용 주택을 빌렸다.

악당들이 해변가의 호화 빌라에 산다고 생각해 보세요. 실제로 영화 "히트 Heat"에 보면 범죄 조직 갱들이 해변에 있는 화려한 별장에서 사는 장면이 나옵니다. villain은 '악당'이란 뜻을 가진 단어입니다.

villain의 예문을 볼까요?

He often plays the part of the villain.
그는 자주 악당 역할을 한다.

The police arrested the villain on the evidence of his bloody hands.
피 묻은 손을 증거로 경찰은 그 악당을 체포했다.

alumn**us** - us

우리에게 동창생이라는 공통점이 있잖아.

alumnus라는 단어 안에는 '우리에게'라는 뜻을 가진 us가 들어 있습니다.

Give us a big hand.
우리에게 큰 박수를 주세요.

같은 학교를 졸업한 사람끼리는 동창생이라고 합니다. 동창회에서 오랜만에 만난 친구에게 '우리에게는 서로 동창생이라는 공통점이 있다.'라고 말한다고 생각해 보세요. alumnus는 '동창생'이라는 뜻을 가진 단어입니다. 참고로 alumnus의 복수형은 alumni입니다.

alumnus의 예문을 볼까요?

Who is the most successful alumnus?
가장 성공한 동창생이 누구야?

Are you going to go to our alumni meeting tomorrow?
너 내일 동창회에 갈 거니?

25' Check-up !

쉬운 단어들을 보고 앞에서 학습한 어려운 단어들을 기억해 보세요.

1회 | 2회 | 3회 | 4회 | 5회

1	빨간	red	redemption	변제
2	죄			
3	온천			
4	우리에게			
5	유혹하다			
6	분노			
7	타일			
8	10			
9	여행			
10	도시의			
11	별장			
12	사이트			
13	타이어			
14	시험하다			
15	~보다			
16	시도하다			
17	악			
18	텐트			
19	돌리다			
20	아주			
21	별			
22	말하다			
23	베일			
24	동정			
25	총액			

126 privilege - vile

특권을 비열하게 사용하는 사람들을 경멸하다.

privilege라는 단어 안에는 '비열한'이란 뜻을 가진 vile이 들어 있습니다.

I accused him of having vile motives.
나는 그가 비열한 동기를 가지고 있다고 비난했다.

국가의 녹을 먹는 공무원이 자신의 특권을 비열하게 사용한다고 생각해 보세요. privilege는 '특권'이란 뜻을 가진 단어입니다.

privilege의 예문을 볼까요? 오프라 윈프리가 한 다음의 말에 귀 기울여 보세요.

Understand that the right to choose your own path is a scared privilege. Use it now.
당신 자신의 길을 선택할 수 있는 권리는 신성한 특권임을 꼭 이해하세요. 그리고 지금 당장 그것을 사용하세요.

In the revolutionary period, many people with privileges went to the guillotine.
혁명기에 특권을 누리던 많은 사람이 단두대에서 처형되었다.

pronunciation - nun

그 수녀님은 영어 발음이 아주 좋아.

pronunciation이라는 단어 안에는 '수녀'를 뜻하는 nun이 들어 있습니다.

The nun was a mother to orphans.
그 수녀는 고아들에게 어머니와 같은 존재였다.

요즘은 글로벌 시대라서 신부님이나 수녀님들도 영어를 잘하는 분이 많습니다. 수녀원의 수녀님께서 영어 발음이 아주 좋다고 생각해 보세요. pronunciation은 '발음'이라는 뜻을 가진 단어입니다.

pronunciation의 예문을 볼까요?

There are two different pronunciations of this word.
이 단어는 두 개의 서로 다른 발음이 있다.

Keep listening and repeating, and your pronunciation will improve.
자꾸 듣고 따라 하다 보면 발음이 좋아질 것이다.

imposter - poster

사기꾼의 포스터를 벽에 붙이다.

imposter라는 단어 안에는 '포스터'를 뜻하는 poster가 들어 있습니다.

Did you see the poster on the bulletin board?
너 게시판에 붙은 포스터 봤어?

사기꾼을 수배하는 포스터가 벽에 붙어 있다고 생각해 보세요. imposter는 '사기꾼'이라는 뜻을 가진 단어입니다. imposter는 철자를 변형하여 impostor라고 쓰기도 합니다. 이 단어로 떠오르는 영화는 서기 2079년의 지구를 무대로 하여 외계인과 싸우는 내용을 그린 🎬 영화 "임포스터 Impostor"입니다. 영화 "랜섬 Ransom"에서 형사로 나왔던 게리 시니즈가 호연을 했던 영화입니다. 영화 속에서 헤서웨이 소령이 한 다음 대사가 인상적이었습니다.

When I'm not happy, no one's happy.
내가 행복하지 않으면 아무도 행복해질 수 없어.

imposter의 예문을 볼까요?

I want to arrest the imposter as soon as possible.
나는 가능하면 빨리 그 사기꾼을 잡아들이고 싶다.

He is an imposter who pretended to be a millionaire.
그는 백만장자를 가장한 사기꾼이다.

cowardice - war

전쟁을 무서워하는 겁이 많은 사람들 같으니.

cowardice라는 단어 안에는 '전쟁'을 뜻하는 war가 들어 있습니다. 또 soldier 안에는 die가 들어 있습니다. 두 단어를 이용해서 문장을 만들어 보았습니다.

Many soldiers died in the war.
많은 군인들이 전쟁에서 죽었다.

우리나라는 역사상 몽고, 청나라, 왜구 등 많은 나라와 전쟁을 벌였습니다. 전쟁이 임박했을 때 전쟁을 피하려고만 하는 신하에게 왕이 전쟁을 무서워하는 겁이 많은 사람들이라고 질타한다고 생각해 보세요. cowardice는 '겁'이란 뜻을 가진 단어입니다.

cowardice의 예문을 볼까요?

He openly accused his opponents of cowardice.
그는 반대자들이 겁이 많다고 대놓고 비난했다.

It is not easy to forget some mistakes or cowardice actions.
실수나 겁이 나서 했던 행동들을 잊는 것은 쉽지 않다.

130 ditch - itch

도랑에 빠졌다 나오니 온몸이 간지럽다.

ditch라는 단어 안에는 '간지럽다'라는 뜻을 가진 itch가 들어 있습니다. itch라는 단어는 '부엌'을 뜻하는 kitchen 안에도 들어 있습니다. '장모가 부엌에서 사위에게 주려고 씨암탉의 털을 뽑다가 털이 날려서 간지럽다.'라고 연결해서 생각하면 itch가 쉽게 기억될 것입니다.

My back itches.
등이 간지럽다.

친구와 놀다가 실수로 흙탕물이 가득한 도랑에 빠졌다 나오니 온몸이 간지럽다고 생각해 보세요. ditch는 '도랑'이란 뜻을 가진 단어입니다.

ditch의 예문을 볼까요?

A tow truck came and hauled the car out of the ditch.
견인 트럭이 와서 차를 도랑에서 끌어냈다.

He was found dead in the ditch.
그는 도랑에서 죽은 채로 발견되었다.

131 fatigue - fat

뚱뚱한 사람은 쉽게 **피로**를 느낀다.

fatigue라는 단어 안에는 '뚱뚱한'이란 뜻을 가진 fat이 들어 있습니다.

He is too fat to touch his toes.
그는 너무 뚱뚱해서 발가락이 닿지 않는다.

체중이 너무 많이 나가는 뚱뚱한 사람들은 몸을 조금만 움직여도 쉽게 피로를 느낍니다. fatigue는 '피로'라는 뜻을 가진 단어입니다.

fatigue의 예문을 볼까요?

Her eyes were red with fatigue.
그녀의 눈은 피로로 충혈되었다.

A cup of coffee relieved my fatigue.
나는 커피 한 잔으로 피로를 풀었다.

Worry, tenseness, and emotional upsets are three of the biggest causes of fatigue.
걱정, 긴장 그리고 분노하는 감정은 가장 커다란 세 가지 피로의 원인이다.

132 torpedo - do

어뢰 발사 연습 훈련을 하다.

torpedo라는 단어 안에는 '하다'라는 뜻을 가진 do가 들어 있습니다.

All you have to do is study hard.
넌 그냥 공부만 열심히 하면 돼.

우리 해군 초계정이 서해안에서 어뢰 발사 연습을 한다고 생각해 보세요. torpedo는 '어뢰'라는 뜻을 가진 단어입니다.

torpedo의 예문을 볼까요?

The submarine was attacked by a torpedo.
잠수함이 어뢰 공격을 받았다.

The torpedo missed its target.
어뢰가 빗맞았다.

abdomen - omen

복부에 가스가 차는 것은 이상이 있다는 징조다.

abdomen이라는 단어 안에는 '징조'를 뜻하는 omen이 들어 있습니다. omen이라는 단어는 '여성들'을 뜻하는 women에도 들어 있습니다. '여성들이 우위에 설 수 있는 징조가 보이는 시대'라고 연결해서 생각하면 omen이 쉽게 기억될 것입니다.

The delay at the airport was a bad omen for our holiday.
공항에서의 연착이 우리 휴가의 불길한 징조였다.

건강이 계속 나빠져서 복부에 가스가 차는 것은 몸에 이상이 있다는 징조입니다. abdomen은 '복부'라는 뜻을 가진 단어입니다.

abdomen의 예문을 볼까요?

I have a stabbing pain in my abdomen.
복부에 찌르는 듯한 통증이 있습니다.

🎤 니코스 카잔차키스의 소설 "그리스인 조르바 Zorna the Greek"에 보면 주인공 조르바가 한 과부를 구해 주기 위해 덩치가 산처럼 큰 녀석과 싸우다 귀를 물린 후 그의 배를 세게 치는 장면이 나옵니다.

He clenched his fist and hit Manolakas a terrible blow in the lower part of the abdomen.
그는 주먹을 꽉 쥐고 마노라카스의 하복부를 사정없이 쳤다.

addiction - add

커피나 담배를 자꾸 **추가해서** 입에 대는 사람은 **중독된** 사람이다.

addiction이라는 단어 안에는 '추가하다'라는 뜻을 가진 add가 들어 있습니다. add 라는 단어는 '주소'를 뜻하는 address에도 들어 있습니다. '새로운 친구를 사귀어 이 메일 주소를 추가하다.'라고 생각하면 add를 쉽게 기억할 수 있을 것입니다.

When you express anger to somebody who has been angry with you, it's like adding fuel to a fire.
당신에게 화가 나 있는 사람에게 분노를 표현하는 것은 마치 불에다 기름을 붓는 것과 마찬가지다.

커피나 담배를 자꾸 추가해서 입에 대는 사람은 중독된 사람이 틀림없습니다. addiction은 '중독'이라는 뜻을 가진 단어입니다.

addiction의 예문을 볼까요?

Opium addiction was common in China, a result of nineteenth-century illegal drug trade from the U.S., Britain, and many other governments.
아편 중독은 19세기 중국에서 흔했는데, 미국, 영국 그리고 다른 나라 정부와의 불법적인 마약 거래의 결과였다.

Bad habits, addictions, and negativity can be passed down.
나쁜 습관, 중독, 부정적인 태도 등은 대물림이 될 수 있다.

argument - gum

껌을 질겅질겅 씹으며 언쟁하다.

argument라는 단어 안에는 '껌'을 뜻하는 gum이 들어 있습니다.

This is sugarless gum.
이건 무설탕 껌이에요.

껌을 씹으면서 상대방과 언쟁한다고 생각해 보세요. argument는 '언쟁'이란 뜻을 가진 단어입니다. 드라마나 영화를 보면 껌을 씹으면서 상대에게 시비를 거는 장면이 실제로 많이 나오잖아요.

argument의 예문을 볼까요? 언쟁에 대한 데일 카네기의 충고를 한 번 들어 보세요.

The only way to get the best of an argument is to avoid it.
언쟁을 최고로 잘하는 유일한 방법은 싸움을 피하는 것이다.

싸우지 않고 이기는 전투가 최고의 전투이듯이 말싸움은 가급적 하지 않는 게 정신 건강에 좋습니다.

I normally yielded to his opinions so as to avoid an argument.
나는 언쟁을 피하기 위하여 보통은 그의 의견에 굴복한다.

136 mustache - ache

콧수염을 잡아당기니 아프다.

mustache라는 단어 안에는 '아프다'라는 뜻을 가진 ache가 들어 있습니다. 자녀 교육 전문가 닐 번스타인(Neil Bernstein)의 책 "아들이 당신을 필요로 할 때 There When He Needs You"에 보면 저자가 잘 해드리지 못한 아버지를 회고하며 다음과 같이 말하는 문장이 나옵니다.

My heart still aches for my father.
내 가슴은 아버지 때문에 여전히 아프다.

철모르는 손자가 할아버지 무릎에 올라타서 버릇없이 할아버지 콧수염을 잡아당겨서 할아버지가 아파한다고 생각해 보세요. mustache는 '콧수염'이란 뜻을 가진 단어입니다. 참고로 턱수염은 beard, 구레나룻은 whisker입니다.

mustache의 예문을 볼까요?

He put on glasses and a false mustache for a disguise.
그는 안경과 가짜 수염으로 변장했다.

He thinks his mustache makes him look handsome.
그는 콧수염으로 자신이 멋져 보인다고 생각한다.

descendant - end

대를 이을 **후손**이 없어 대가 **끝**나다.

descendant라는 단어 안에는 '끝'을 뜻하는 end가 들어 있습니다.

My passport expires at the end of the year.
내 여권은 금년 말로 만기가 된다.

가문에 대를 이을 후손이 없어 대가 끝날 위기에 처해 있다고 생각해 보세요. descendant는 '후손'이란 뜻을 가진 단어입니다.

descendant의 예문을 볼까요?

He claimed to be a direct descendant of a royal family.
그는 자신이 왕가의 직계 후손이라고 주장했다.

Most of them are descendants of immigrants.
그들은 대부분 이민자의 후손들이다.

diversion - diver

가끔씩 다이버가 되어 기분 전환을 하는 것도 괜찮다.

diversion이라는 단어 안에는 '다이버'를 뜻하는 diver가 들어 있습니다.

Have you ever seen the diver?
너 그 다이버 본 적 있니?

기분 전환을 위해 가끔씩 스킨 스쿠버 다이버가 되어 심해를 관찰하는 것도 괜찮은 일일 것입니다. diversion은 '기분 전환', '소일거리'란 뜻을 가진 단어입니다.

diversion의 예문을 볼까요?

The party will make a pleasant diversion.
그 파티는 유쾌한 기분 전환이 될 거야.

Watching TV was his only diversion.
TV를 보는 것이 그의 유일한 소일거리였다.

scallop - call

조개구이집에서 가리비를 달라고 주인을 부르다.

scallop라는 단어 안에는 '부르다'라는 뜻을 가진 call이 들어 있습니다.

Don't call me an idiot.
날 바보라고 부르지 마.

조개구입집에서 가리비를 더 달라고 주인을 부른다고 생각해 보세요. scallop은 '가리비'를 뜻하는 단어입니다.

scallop의 예문을 볼까요?

Scallops are my favorite sea food.
가리비는 내가 가장 좋아하는 해산물이다.

Can I order more scallops?
가리비를 좀 더 주문해도 될까요?

140 surgeon - urge

급한 수술 때문에 외과 의사를 병원으로 오라고 재촉하다.

surgeon이라는 단어 안에는 '재촉하다'라는 뜻을 가진 urge가 들어 있습니다. urge 라는 단어는 hamburger라는 단어 안에도 들어 있는데 '놀이 공원에서 아이가 엄마에게 햄버거를 사달라고 재촉하다.'라고 연결해서 생각하면 urge라는 단어를 기억하기 쉬울 것입니다.

Don't urge me to pay your money back.
돈 갚으라고 재촉 좀 하지 마.

병원 응급실에 중상을 입은 교통사고 환자가 와서 외과 의사를 급히 병원으로 오라고 재촉한다고 생각해 보세요. surgeon은 '외과 의사'란 뜻을 가진 단어입니다.

surgeon의 예문을 볼까요?

The surgeon persuaded me to have an organ transplant operation.
그 외과 의사는 나에게 장기 이식 수술을 받으라고 설득했다.

The surgeon operated on my broken arm last week.
외과 의사가 지난주에 내 부러진 팔을 수술했다.

141. colleague - league

동료가 테니스 리그전에 나가다.

colleague라는 단어 안에는 스포츠 경기의 '리그'를 뜻하는 league가 들어 있습니다.

He plays baseball in the major league.
그는 메이저 리그에서 야구 선수로 뛰고 있다.

회사 동료가 테니스 리그전에 출전한다고 생각해 보세요. colleague는 '동료'라는 뜻을 가진 단어입니다.

colleague의 예문을 볼까요?

Some of his colleagues envy the enormous wealth that he has amassed.
몇몇 동료들은 그가 쌓아 올린 엄청난 부를 시기한다.

He's discussing the suit with his colleague.
남자가 그의 동료와 소송에 대해 이야기하고 있다.

142 opp**one**nt - one

오직 단 한 명만이 그의 적수였다.

opponent라는 단어 안에는 '하나'를 뜻하는 one이 들어 있습니다.

One of the ways to speak English fluently is to memorize as many sentences as possible.
영어를 유창하게 말할 수 있는 방법 중 하나는 가능하면 많은 영어 문장을 암기하는 것이다.

권투 경기에서 단 한 사람만이 선수권자를 이길 적수가 된다고 생각해 보세요. opponent는 '적수', '상대'라는 뜻을 가진 단어입니다.

opponent의 예문을 볼까요?

He downed his opponent in the third round.
그는 3라운드에서 적수를 때려눕혔다.

He beat his opponent in the election.
그는 선거에서 상대편을 이겼다.

143 mutiny - tiny

작은 일로 커다란 폭동이 일어나다.

mutiny라는 단어 안에는 '작은'이란 뜻을 가진 tiny가 들어 있습니다. tiny라는 단어는 '운명'을 뜻하는 destiny에도 들어 있는데 '작은 만남이 커다란 운명이 되다.'라고 연결하면 기억하기 쉬울 것입니다.

There is a tiny car in the parking lot.
주차장에 작은 차 한 대가 있다.

작은 일이 커다란 폭동으로 발전하는 경우가 많습니다. 구한말 군인들에게 제대로 쌀을 지급하지 않아 임오군란이 일어났고, 일제 시대 광주의 한 여학생을 일본 학생이 희롱했던 일로 광주 학생 운동이 일어나기도 했습니다. mutiny는 '폭동'이란 뜻을 가지고 있는 단어입니다.

mutiny의 예문을 볼까요?

Conditions on the ship were often very bad, and crews were on the point of mutiny.
배의 사정은 종종 몹시 열악했으므로, 선원들은 바야흐로 반란을 일으키기 직전이었다.

In the mutiny the captain was killed.
폭동으로 선장이 살해되었다.

144 shepherd - herd

양치기가 양을 떼로 몰고 가다.

shepherd라는 단어 안에는 '떼'를 뜻하는 herd가 들어 있습니다. 🎬 영화 "쥬라기 공원 Jurassic Park"에 보면 쥬라기 공원에 처음 들어가서 엄청난 공룡들을 본 과학자들이 다음과 같이 말하는 장면이 나옵니다.

They are moving in herd.
그들은 떼로 움직이고 있다.

양치기가 초원에서 양을 떼로 몰고 가는 장면을 상상해 보세요. shepherd는 '양치기'라는 뜻을 가진 단어입니다.

shepherd의 예문을 볼까요? 📖 파울로 코엘료의 소설 "연금술사 The Alchemist"에 다음과 같은 문장이 나옵니다.

He said that he had always dreamed of being a shepherd.
그는 언제나 양치기가 되겠다는 꿈을 가지고 있었다고 말했다.

The painting showed a scene of shepherds watching over their grazing sheep.
그 그림은 목자들이 풀 뜯는 양들을 지키고 있는 풍경을 보여 주었다.

anatomy - atom

우주 소년 아톰의 뇌를 해부하다.

anatomy라는 단어 안에는 '원자'라는 뜻을 가진 atom이 들어 있습니다.

Diamonds are made of carbon atoms.
다이아몬드는 탄소 원자로 만들어져 있다.

atom은 '원자'라는 뜻이지만 만화 영화의 주인공 Atom의 이름이기도 합니다. Atom을 소재로 한 만화 "아스트로보이 Astroboy"에 보면 불의의 사고로 죽은 아들을 로봇으로 다시 만드는 장면이 나옵니다. 뛰어난 활약을 하는 우주 소년 아톰의 뇌를 해부한다고 생각해 보세요. anatomy는 '해부'라는 뜻을 가진 단어입니다.

anatomy의 예문을 볼까요?

The professor's lecture on the anatomy was great.
그 교수님의 해부학 강의는 훌륭했다.

Anatomy is a part of biology.
해부학은 생물학의 일부이다.

dairy - air

공기가 좋은 시골에서 만든 낙농 제품.

dairy라는 단어 안에는 '공기'를 뜻하는 air가 들어 있습니다.

I opened the window to ventilate the air.
나는 공기를 환기시키기 위하여 창문을 열었다.

버터나 치즈 같은 낙농 제품은 공기가 좋은 시골에서 만든 것이 훨씬 더 좋을 것입니다. 실제로 전라북도 임실의 치즈는 청정 지역에서 생산됩니다. dairy는 '낙농'이란 뜻을 가진 단어입니다.

dairy의 예문을 볼까요?

He runs a dairy farm in the country.
그는 시골에서 낙농업을 하고 있다.

This dairy product has passed the expiration date.
이 낙농 제품은 유통 기한이 지났다.

147 electricity - city

도시의 화려한 조명을 위해 전기를 많이 쓰다.

electricity라는 단어 안에는 '도시'를 뜻하는 city가 들어 있습니다.

We can see the whole city from the top of the mountain.
우리는 산 정상에서 도시 전체를 조망할 수 있습니다.

실제로 북한산에 오르면 서울의 전경을 볼 수 있습니다. 전 세계에서 도심에 이렇게 큰 산이 있는 경우는 유일합니다. 일 년에 천만 명 이상이 북한산을 오르는데 하나의 산에 이렇게 많은 등산객이 산을 올라서 기네스북에도 올랐다고 합니다.

도시의 야경을 보면 화려한 조명이 장관입니다. 이 조명이 가능하려면 많은 전기를 써야 합니다. 시골을 여행하다 보면 밤 8시만 되도 불빛 하나 없이 칠흑 같은 어둠인데 도시는 많은 전기의 도움으로 화려한 야경을 자랑합니다. electricity는 '전기'라는 뜻을 가진 단어입니다. electricity 안에는 '선출하다'라는 뜻을 가진 elect도 들어 있는데 선거에서 당선되면 전기를 맞은 것 같이 짜릿할 것입니다.

electricity의 예문을 볼까요?

The electricity bill is really high this month.
이번 달 전기 요금은 정말 많이 나왔다.

Light water nuclear reactors are used to produce electricity.
경수로는 전력 생산에 사용된다.

counterfeit - counter

계산대 위에 위조지폐를 놓다.

counterfeit라는 단어 안에는 '계산대'를 뜻하는 counter가 들어 있습니다.

You can pay at the counter over there.
저 쪽 카운터에서 지불하십시오.

손님이 지불한 계산대 위에 놓인 지폐를 자세히 보니 칼라 복사기로 위조한 위조지폐였다고 생각해 보세요. counterfeit는 '위조지폐'라는 뜻을 가진 단어입니다.

counterfeit의 예문을 볼까요?

Counterfeit ten-thousand-won bills are circulating in Seoul.
만 원권 위조지폐가 서울에 나돌고 있다.

It's impossible to tell with the naked eye that the money is counterfeit.
이 위조지폐는 육안으로는 식별이 불가능하다.

149 frailty - rail

연약한 여자가 **난간**에 기대다.

frailty라는 단어 안에는 '난간'을 뜻하는 rail이 들어 있습니다.

Don't lean against the rail.
난간에 기대지 마세요.

연약한 여자가 시내를 걸어가다가 힘에 부쳐 인도와 차도를 구분한 난간에 기대에 쉰다고 생각해 보세요. frailty는 '연약함', '허약함'이란 뜻을 가진 단어입니다.

frailty의 예문을 볼까요?

She beat his frailty and sorrow by having a strong mind.
그녀는 불굴의 정신으로 자신의 연약함과 슬픔을 극복했다.

Increasing frailty meant that he was more and more confined to bed.
점점 더 허약해진다는 것은 그가 점점 더 자리에 누워 있는 일이 많아짐을 의미했다.

🎵 Shakespeare의 "햄릿 Hamlet"에 나오는 유명한 대사 중 '죽느냐 사느냐 그것이 문제로다 To be or not to be, that is the question'만큼 유명한 대사가 바로 다음에 나오는 문장입니다.

Frailty, thy name is woman!
약한 자여, 그대 이름은 여자로다! (Shakespeare의 Hamlet 중에서)

applause - use

박수를 환호의 수단으로 사용하다.

applause라는 단어 안에는 '사용하다'라는 뜻을 가진 use가 들어 있습니다.

Can I use your cell phone?
당신 휴대폰을 사용해도 될까요?

북한이나 중국의 전당 대회에 당 총서기가 입장하면 엄청난 박수로 환호합니다. 박수를 환호의 수단으로 사용했다고 생각해 보세요. applause는 '박수'라는 뜻을 가진 단어입니다. applause라는 단어가 영화에서 사용된 대표적인 예로 영화 "슈렉 Shrek"을 들 수 있습니다. 슈렉이 사는 곳에 파코드 영주를 만나기 위해 성에 들어갔을 때 벌어진 격투기 현장에서 주변 사람들의 분위기를 돋우기 위해 몰이꾼이 'Applause'라는 글씨가 쓰인 종이를 두 손으로 들고 있는 장면이 나옵니다. 궁금하면 다시 한 번 확인해 보세요.

applause의 예문을 볼까요?

The guest speaker got a big round of applause after he finished a moving speech.
그 초청 연사는 감동적인 연설이 끝난 후에 엄청난 박수 세례를 받았다.

The pianist won great applause after the performance.
그 피아니스트는 공연 후에 엄청난 박수를 받았다.

끊임없이 배우고, 배운 것은 자신의 것으로 만들고 드높은 곳을 갈망하는 삶이 정말 훌륭한 삶인 것 같네요.

Check-up !

쉬운 단어들을 보고 앞에서 학습한 어려운 단어들을 기억해 보세요.

1회 2회 3회 4회 5회

1. 뚱뚱한 → fat → fatigue → 피로
2. 간지럽다
3. 아프다
4. 끝
5. 때
6. 계산대
7. 사용하다
8. 난간
9. 공기
10. 원자
11. 다이버
12. 추가하다
13. 비열한
14. 수녀
15. 전쟁
16. 포스터
17. 징조
18. 하다
19. 부르다
20. 껌
21. 재촉하다
22. 도시
23. 리그
24. 하나
25. 작은

The truth is incontrovertible, malice may attack it, ignorance may deride it, but in the end, there it is.

진실이란 이론의 여지가 없는 것입니다. 악의로 그것을 공격할 수도 있고 무지로 그것을 조롱할 수도 있지만 진실은 항상 거기 그 자리에 있습니다.

PART 3
형용사편

 본문　 상식　 책　 연설　 영화　 앨범

stubborn - born

태어날 때부터 고집 센 아이가 있다.

stubborn이라는 단어 안에는 '태어나다'란 뜻을 가진 born이 들어 있습니다. 주변에 정말 고집이 센 사람들을 만난 경험이 누구나 있을 것입니다. 그런 사람을 만나면 정말 태어날 때부터 천성적으로 고집이 센 건 아닌가 의심스러울 때가 많습니다. stubborn 이란 단어는 '고집 센'이란 뜻을 가진 단어입니다.

stubborn의 예문을 볼까요?

The general was famous for his stubborn resistance and his refusal to accept defeat.
그 장군은 고집 센 저항 정신과 패배를 받아들이지 않는 자세로 유명하다.

Stubborn stains can be removed using a small amount of detergent.
좀처럼 빠지지 않는 얼룩은 적은 양의 세제를 이용하여 제거할 수 있다.

 독일의 철학자 니체의 말을 한 번 들어 보세요.

 Many are stubborn in pursuit of the path they have chosen, few in pursuit of the goal.
많은 사람들이 자신이 선택한 길을 고집스럽게 가지만 끝까지 그 목적을 추구하는 사람은 거의 없다.

002 pedantic - ant

베르나르 베르베르의 소설 '개미'의 내용이 너무 현학적이라 이해가 쉽지 않다.

pedantic이란 단어 안에는 '개미'를 뜻하는 ant가 들어 있습니다. 앞의 명사 편에서 tenant라는 단어 안에 ant가 있다는 것을 배운 기억이 날 것입니다. tenant는 '세입자'였습니다. 개미들이 사는 집은 '개미집'입니다. 개미집은 영어로? ant house라고요? 아닙니다. 개미집은 ant farm입니다. 개미들은 집단생활을 하잖아요.

 프랑스의 소설가 베르나르 베르베르의 소설 "개미 Empire Of The Ants"를 읽어 보았나요? 개미를 다룬 아주 재미있는 소설이지만 전문적인 내용도 많아 이해가 쉽지 않습니다. 이 소설에 현학적인 내용이 많아서 어렵다고 생각해 보세요. pedantic은 '현학적인'이란 뜻을 가지고 있는 단어입니다. 대화할 때 너무 현학적으로 말하는 것도 '폐단' 아닌가요?

pedantic이란 단어에 꼭 맞는 예문을 하나 볼까요?

His writing is too pedantic to understand.
그의 글은 너무 현학적이어서 이해하기 어렵다.

문장은 짧지만 '너무 ~해서 ~할 수 없다'라는 'too ~ to 용법'도 들어 있고 여러 가지 다른 문장으로 변형시킬 수 있는 문장입니다. 이처럼 문법과 다양하게 변형할 수 있는 구조를 가진 문장이 좋은 문장입니다.

His novel is too boring to read.
그의 소설은 너무 지루해서 읽을 수가 없다.

The necklace is too expensive to buy.
그 목걸이는 너무 비싸서 살 수 없다.

belligerent - bell

비상벨이 울리자 호전적인 호위 무사들이 눈을 부릅뜨고 경계 태세에 들어가다.

belligerent라는 단어 안에는 다 알고 있는 것처럼 bell이 들어 있습니다. 이소룡이 주연한 영화 "용쟁호투"를 본 적 있나요? 섬에서 벌어지는 무술 대회에 참가한 이소룡이 그 섬 지하 감옥에 갇혀 있는 사람들을 구하러 잠입했을 때 그 사실이 알려져 벨소리가 나고 경비 무사들이 침입자를 잡으러 몰려가는 장면이 나옵니다. bell이 울리자 호전적인 무사들이 침입자를 잡으려 한다고 생각해 보세요. belligerent는 '호전적인'이란 뜻을 가진 단어입니다.

I don't know the reason why he always seems so belligerent towards me.
왜 그가 늘 나에게 그렇게 호전적인지 모르겠다.

His belligerent attitude made it difficult to work with him.
그의 호전적인 태도 때문에 그와 함께 일하는 것이 어려웠다.

위의 예문처럼 일상생활이나 직장생활을 하다 보면 사소한 일에도 너무 공격적이거나 지나치게 따지는 사람들을 볼 수 있습니다. 특히 그런 사람을 상사로 두면 아랫사람이 너무 힘듭니다. 이런 사람은 마음속에 항상 뭔가 불만이 있고 세상에 대해 비판적인 사람일 가능성이 높습니다. 이럴 때는 그 사람에게 말려들지 말고 한 발짝 뒤로 물러서는 것이 좋습니다.

When you express anger to somebody who has been angry with you, it's like adding fuel to a fire.
당신에게 화가 나 있는 사람에게 분노를 표현하는 것은 마치 불에다 기름을 끼얹은 것과 같다.

잘 알았죠? 같이 부딪치지 말고 한 발짝 뒤로 물러서는 지혜로운 태도입니다. 그리고 일정 시간이 지난 후 차분히 그 사람에게 있었던 일을 이야기하는 것도 좋은 방법입니다.

ambiguous - big

큰 문제를 일으켜 놓고 모호하게 넘어가는 사람이 있다.

ambiguous라는 단어 안에는 '큰'이란 뜻을 가진 big이 들어 있습니다. 어떤 큰 사건이 일어났을 때 그 사건의 진상을 밝히기보다는 그 사건이 가져올 파장을 고려해 두루뭉술, 은근슬쩍 넘어가는 경우를 많이 보았을 것입니다. ambiguous는 '모호한'이란 뜻을 가지고 있는 단어입니다.

ambiguous의 예문을 볼까요?

His reply to my question was somewhat ambiguous.
내 질문에 대한 그의 답변은 조금 모호했다.

The government has been ambiguous on this issue.
정부는 그 문제에 대해 모호한 입장을 유지해 왔다.

ambiguous처럼 '모호한'이란 뜻을 가진 단어로 vague가 있습니다.

The report is vague on future economic prospects.
그 보고서는 미래 경제 전망에 대해 모호한 입장을 취하고 있다.

flamboyant - boy

학예회 때 화려한 복장을 한 소년이 무대에서 공연하다.

flamboyant라는 단어 안에는 여러분도 잘 아는 '소년'이란 뜻을 가진 boy가 들어 있습니다. 유치원 졸업식 때 아이들이 무대에서 공연하는 것을 본 적이 있을 것입니다. 복장이 아주 화려하죠. 화려한 복장을 한 소년이 무대에서 공연하는 장면을 상상하면 flamboyant라는 단어를 쉽게 기억할 수 있을 것입니다. flamboyant는 '화려한'이란 뜻을 가진 단어입니다.

flamboyant의 예문을 볼까요?

His clothes were rather flamboyant for such a serious occasion.
그의 옷은 그런 심각한 행사에 어울리지 않게 다소 화려했다.

장례식장에 화려한 옷을 입고 가면 사람들의 따가운 시선을 받아야할 것입니다. flamboyant처럼 '화려한'이란 뜻을 가진 또 다른 단어는 glitzy입니다.

This glitzy evening dress cost me 500 dollars.
이 화려한 이브닝드레스를 사는 데 500달러가 들었다.

impeccable - cable

이 케이블카에서 보는 경치는 나무랄 데 없이 좋네요.

impeccable이라는 단어 안에는 '전선'을 뜻하는 cable이 들어 있습니다. 우리나라에는 산이 많아 케이블카를 타고 올라갈 수 있는 곳이 많습니다. 북쪽의 설악산 케이블카에서부터 남쪽의 대둔산 케이블카에 이르기까지 다양합니다. 땅 끝 전망대로 올라가는 코스도 케이블카를 만들어 남해 바다를 한 눈에 볼 수 있게 했더군요.

김남길과 황우슬혜가 주연한 영화 "폭풍전야"에 보면 통영이 한 눈에 보이는 케이블카를 타고 가는 장면이 나옵니다. 케이블카에서 바라보는 풍경이 나무랄 데 없이 너무 좋다고 생각해 보세요. impeccable은 '나무랄 데 없는'이란 뜻입니다.

impeccable의 예문을 볼까요?

Although French is her native language, she speaks with an impeccable English accent.
그녀는 프랑스 어가 모국어이지만 흠잡을 데 없는 억양으로 영어를 한다.

영어를 나무랄 데 없이 잘하고 싶은 마음, 누구나 가지고 있을 것입니다.

He is a man of impeccable manners, charm and sensibility.
그는 나무랄 데 없는 매너, 매력, 감성을 지닌 남자다.

이런 나무랄 데 없는 덕목을 가진 남자라면 어떤 여성이든 사랑에 빠져들고 싶을 것입니다.

callous - call

전화를 걸면 냉담하게 **받다.**

callous라는 단어 안에는 '전화를 걸다'라는 뜻을 가진 call이 들어 있습니다. 이제 서로 멀어진 연인들은 헤어지기에 임박해서는 냉담하게 서로를 대할 것입니다. 그렇게 다정했던 두 사람 간의 기억은 사라져 버린 채 말입니다. 특히 전화를 걸면 냉담하게 받을 것입니다. callous는 '냉담한'이란 뜻을 가진 단어입니다.

callous의 예문을 볼까요?

He is callous about the distress of his neighbors.
그는 이웃 사람의 고통에 대하여 냉담하다.

She has a callous attitude toward the suffering of others.
그녀는 남의 고통에 대해 냉담하다.

우리 주변에 보면 다른 사람의 힘들고 어려운 일에 대해 놀라울 정도로 냉담한 사람들이 많습니다. "정의에 대하여 Justice"를 쓴 하버드대 센델 교수는 미국에서 허리케인으로 엄청난 사람들이 고통을 겪을 때 그것을 이용해 더욱더 많은 돈을 벌려는 사람들에 대해 다음과 같이 통렬히 비판한 바 있습니다.

Greed is a vice, a bad way of being, especially when it makes people oblivious to the suffering of others.
욕심이란 악이며 살아가는 아주 나쁜 방식이다. 특히 욕심이 다른 사람의 고통을 망각하게 만들 때 그러하다.

008 pre**car**ious - car

음주 운전자가 모는 **차**가 **위태로운** 곡예를 하다.

precarious라는 단어 안에는 '차'를 뜻하는 car가 들어 있습니다. 음주 운전을 하는 차를 생각해 보세요. 도로를 곡예 하듯이 위태롭게 질주할 것입니다. 때로 중앙선을 넘기도 하고, 앞 차와 추돌 직전까지 가기도 합니다. 이런 모습을 상상하면 precarious 라는 단어를 쉽게 기억할 수 있을 것입니다. precarious는 '위태로운'이란 뜻을 가진 단어입니다.

precarious의 예문을 볼까요?

That ladder looks very precarious.
저 사다리는 아주 위태로워 보인다.

낡고 오래된 사다리를 타고 지붕을 고치러 올라가는 사람을 보면 대단히 위태롭게 보일 것입니다. 이렇게 시각적으로 선명하게 떠올릴 수 있는 문장이 좋은 예문입니다.

The path down to the beach is very precarious in bad weather.
그 해변으로 내려가는 오솔길은 궂은 날씨에는 대단히 위태롭다.

이 문장도 생생하게 장면이 그려질 것입니다. 좋은 예문으로 영어 공부하는 것은 영어 실력 향상에 필수적입니다

sarcastic - cast

냉소적인 시선을 던지다.

sarcastic이라는 단어 안에는 '던지다'라는 뜻을 가진 cast가 들어 있습니다. 회의 중에 냉소적인 시선으로 의견을 개진하는 사람을 바라본다고 생각해 보세요. sarcastic은 '냉소적인'이란 뜻을 가진 단어입니다.

sarcastic의 예문을 볼까요? 제인 오스틴의 소설 "오만과 편견 Pride and Prejudice"에 보면 주인공 엘리자베스의 아버지 베넷 씨를 묘사하는 장면이 나옵니다.

Mr. Bennet was so odd a mixture of quick parts, sarcastic humor, reserve, and caprice, that the experience of three-and-twenty years had been insufficient to make his wife understand his character.

베넷 씨는 매사에 급한 태도, 냉소적인 유머, 내성적임, 그리고 변덕스러움 등 여러 성격이 이상하게 섞인 사람이어서 23년간의 결혼 생활 경험도 그의 아내가 그의 성격을 이해하기에는 불충분할 정도였다.

다소 길지만 'so ~ that 구문'이란 좋은 문법도 들어 있고, 단순해 보이지 않는 인간의 다양한 성격을 잘 묘사한 문장이라서 소개합니다. '냉소적인 유머 sarcastic humor'라는 말이 독특하게 보이지 않나요?

eccentric - cent

1센트짜리 동전을 코에 집어넣는 등 괴팍한 행동을 하다.

eccentric이라는 단어 안에는 cent가 들어 있습니다. 사람들을 웃기기 위하여 1센트 동전을 코에 집어넣는 괴팍한 행동을 하는 사람을 상상해 보세요. eccentric은 '괴팍한' 이란 뜻을 가지고 있는 단어입니다. 스스로 괴팍한 행동을 하면서 자신은 정작 그렇게 생각하지 않는 사람이 많습니다.

I don't think of myself as eccentric at all.
난 내 자신이 전혀 괴팍하다고 생각하지 않아.

물리학자 리처드 파인만 교수, 수학자 존 내쉬 같은 사람들이 바로 그 괴팍한 사고와 행동으로 인류의 학문적 진전에 기여한 사람들입니다. 그런데 스스로는 괴팍하다고 전혀 생각하지 않은 사람들이지요. 파인만 교수의 책 "파인만 씨, 농담도 잘 하시네"와 존 내쉬의 삶을 그린 "뷰티풀 마인드"를 읽어 보면 그들의 정신세계를 잘 알 수 있을 것입니다.

She has an eccentric habit of photographing stray cats.
그녀는 집 없는 고양이들을 찍는 괴팍한 취미를 갖고 있었다.

실제로 길 고양이들만 촬영해서 낸 책 "안녕, 고양이는 고마웠어요"란 책도 있으니 일독을 권합니다.

nuclear - clear

핵문제에 대해서는 분명한 입장을 취해야 한다.

nuclear라는 단어 안에는 clear가 들어 있습니다. 핵무기가 1945년에 일본에 투하된 이후 많은 세월이 흘렀습니다. 하지만 지금도 엄청난 핵무기가 지구 곳곳에 있어 인류의 생존을 위협하고 있습니다. 핵무기를 개발한 오펜하이머 박사조차도 생전에 핵무기의 사용을 강하게 반대하고 나선 바 있습니다. 핵문제에 대해서는 인류 생존의 차원에서 분명한 입장을 취해야만 합니다. nuclear라는 단어는 '핵의'라는 뜻을 가진 단어입니다. nuclear weapon(핵무기), nuclear family(핵가족) 등 nuclear라는 단어는 일상에서 익숙한 단어입니다.

nuclear의 예문을 볼까요?

How many nations have a nuclear capability?
얼마나 많은 나라가 핵 개발 능력이 있나요?

Nowadays, nuclear families are much more common.
요즘은 핵가족이 훨씬 더 흔하다.

obscure - cure

잘 알려져 있지 않은 병을 가진 환자를 치료하다.

obscure라는 단어 안에는 '치료하다'라는 뜻을 가진 cure가 들어 있습니다. 우리 주변에는 희귀병으로 고통받는 사람들이 생각보다 참 많습니다. 어떤 경우는 의료보험에 해당되지 않아 제대로 치료도 못 받고 고통받는 경우도 있습니다. 몸이 점점 마비되어 가는 루게릭 병은 "내 사랑 내 곁에"라는 영화에서 김명민이 연기해서 잘 알려지기도 했습니다. 나쁜 지방산이 생기면서 만들어지는 ALD병을 다룬 영화 "로렌조 오일 Lorenzo's Oil"도 희귀병을 소재로 했습니다. 잘 알려지지 않은 희귀병을 가진 환자를 치료한다고 생각하면 obscure라는 단어를 쉽게 기억할 수 있을 것입니다. obscure는 '잘 알려지지 않은', '무명의'라는 뜻을 가진 단어입니다.

He was an obscure American poet.
그는 잘 알려지지 않은 미국의 시인이었다.

이 세상에는 생전에 알려지지 않았던 예술가들이 많습니다. 빈센트 반 고흐가 그랬고, 우리나라 화가 박수근이 그랬습니다. 그렇지만 예술적 영혼을 불살라 오늘날 많은 사람들이 인정하는 불후의 명작을 남겼지요.

She used to be an obscure singer.
그녀는 원래 무명가수였다.

대부분의 가수들은 오랫동안 무명의 세월을 보냅니다. 그 중에서 끝까지 자신의 목표를 놓지 않는 사람만이 살아남습니다. 무명의 설움이 오히려 유명해졌더라도 겸손을 유지하는 뿌리가 될 수도 있습니다. 치열한 가난의 고통이 오히려 사람을 더 강하게 만들 수도 있음을 비틀즈 등 수많은 음악가들의 사례에서 볼 수 있습니다.

adamant - dam

그 댐은 견고하다.

adamant라는 단어 안에는 dam이라는 단어가 들어 있습니다.

The walls of a dam must be strong enough to withstand tremendous water pressure.
댐의 외벽은 엄청난 수압을 견딜 정도로 튼튼하게 지어져야 한다.

이 단어는 쉽지 않지만 반드시 알아 두어야 할 단어이기 때문에 좀 더 쉽고 재미있게 공부하는 방법을 알려 드리겠습니다. 우리나라에는 내륙의 바다라고 불리는 소양호나 충주호를 막은 소양댐이나 충주댐 등 수많은 댐들이 있습니다. 엄청난 수압을 견디기 위해 건립한 댐들은 홍수에 무너져 내리면 절대 안 되도록 견고하게 지어져야 합니다. 이처럼 댐은 웬만한 폭우에 무너지지 않도록 견고하게 지어져야 한다고 생각하면 adamant라는 단어를 쉽게 외울 수 있습니다. adamant는 '견고한', '단호한'이란 뜻을 가진 단어입니다.

This door is so adamant that no one can break it.
이 문은 아주 견고하여 아무도 이것을 부수어 열 수 없다.

He stood adamant to any temptation.
그는 어떤 유혹에도 단호함을 유지했다.

splendid - lend

찬란하게 빛나는 다이아몬드 목걸이를 빌려 주다.

splendid라는 단어 안에는 '빌려 주다'라는 뜻을 가진 lend가 들어 있습니다. 파티에 가는 친구에게 찬란하게 빛나는 다이아몬드 목걸이를 빌려 준다고 생각해 보세요. 모파상의 소설 "목걸이 The Necklace"에 보면 친구에게 빌린 다이아몬드 목걸이를 잃어버리고 그것이 가짜였는지도 모른 채 진짜를 사준 후 10년을 고생했다는 이야기가 나옵니다. 그런 일을 당하면 정말 끔찍하겠죠. splendid는 '찬란한'이란 뜻을 가진 단어입니다.

splendid의 예문을 볼까요?

You look splendid in that wedding dress.
그 웨딩드레스를 입으니 아주 찬란해 보이는구나.

웨딩드레스를 입은 신부, 정말 찬란하겠죠. 안 예쁜 신부도 있나요?

We all were fascinated by the splendid scenery.
우리 모두 그 찬란한 풍경에 매료되었다.

지리산 천왕봉 정상에서 보는 운무, 홍도 앞 바다의 저녁노을, 추암해수욕장의 일출 등 우리나라 곳곳의 찬란한 풍경은 정말 이루 다 헤아릴 수 없이 많습니다.

015 medieval - die

중세에는 마녀 사냥으로 많은 사람들이 죽다.

medieval이라는 단어 안에는 '죽다'라는 뜻을 가진 die가 들어 있습니다. 서양의 중세는 기독교가 지배하던 시대였습니다. 한 번 마녀로 불리면 마녀 사냥으로 죽음을 면하기 어려웠습니다. 심지어 잔 다르크조차도 마녀의 이름으로 처형당했습니다. 중세하면 생각나는 것 중의 하나가 바로 마녀 사냥으로 많은 사람이 죽임을 당한 것일 것입니다. medieval은 '중세의'라는 뜻을 가진 단어입니다. 중세에는 또 십자군 전쟁으로도 많은 사람들이 죽어 갔습니다. 아무튼 종교의 이름으로 '마녀 사냥', 이념의 이름으로 '인민 재판', 이런 식으로 아무 죄도 없이 수많은 사람들이 죽어 가는 일이 이제 더 이상 없어야 할 것 같습니다.

medieval의 예문을 볼까요?

Medieval Europeans built many great cathedrals.
중세 유럽인들은 거대한 성당을 많이 만들었다.

중세하면 또 떠오르는 것이 바로 성당입니다. 노트르담 성당과 쾰른 성당 등 많은 유명한 성당들이 이 시기에 지어졌습니다. 중세에 대한 재미있는 이야기를 하나 더 볼까요?

One legend has it that medieval knights invented the kiss to determine whether their wives had been drinking alcohol.
전설에 따르면 중세의 기사들이 자신의 아내가 술을 마셨는지 알아내기 위해 키스를 만들어 냈다는 설도 있다.

중세의 기사들이 정말 그랬다면 소심하다고 말할 수밖에 없네요. 중세라는 암흑기에도 사람 사는 재미있는 이야기들이 정말 많았을 것입니다.

016 obedient - bed

반항하면 침대에 묶어버리겠다고 하자 복종하는 정신병 환자.

obedient라는 단어 안에는 '침대'를 뜻하는 bed가 들어 있습니다. 침대하면 떠오르는 게 뭔가요? 아마도 지나가는 행인을 공격하여 자신의 침대에 맞게 몸을 늘리거나 다리를 잘라버리는 그리스 로마 신화에 등장하는 프로크루스테스가 생각날 것입니다.

 Procrustes was a bandit who attacked people, stretching them, or cutting off their legs so as to make them fit an iron bed's size.
프로크루스테스는 사람들을 공격하여 철제 침대의 크기에 맞춰 그들의 몸을 늘리거나 다리를 잘라버렸던 산적이었다.

정신병원 안에서 자주 사고를 일으키는 환자가 약 먹기를 거부하자 침대에 묶어버리겠다고 했을 때 순순히 복종한다고 생각해 보세요. obedient는 '복종하는'이란 뜻을 가진 단어입니다. 정신병원과 환자와의 관계를 생각하면 제일 먼저 떠오르는 영화가 바로 잭 니콜슨이 주연한 영화 "뻐꾸기 둥지 위로 날아간 새 One Who Flew Over the Cuckoo's Nest"입니다. 거대한 정신병원을 현대 사회로 풍자하여 날카롭게 그려낸 킨 키지의 동명 소설에 많은 사람들이 공감했지요. 영화나 소설을 꼭 한 번 보세요.

Students are expected to be quiet and obedient in the classroom.
학생들은 교실에서 떠들지 않고 복종하기로 되어 있다.

교실에서 창의력을 말살하는 교육을 비판적으로 노래한 핑크 플로이드의 "더 월 The Wall"이 생각나네요.

The obedient dog came at his master's whistle.
그 말 잘 듣는 개는 자기 주인의 휘파람 소리를 듣고 왔다.

prodigal - dig

연말마다 멀쩡한 보도블록을 **파내고** 새로운 길을 까는 것은 **낭비다.**

prodigal이라는 단어 안에는 '파다'라는 뜻을 가진 dig이 들어 있습니다. 과거에 지자체마다 연말에 남은 예산을 소진시키기 위해 멀쩡한 보도블록을 파내고 새로운 길을 깐 경우가 많았습니다. 그것은 당연히 세금 낭비지요. prodigal은 '낭비하는'이란 뜻을 가진 단어입니다.

prodigal의 예문을 볼까요?

There have been rumors that he has been prodigal with company funds.
그가 회사 공금을 낭비했다는 소문이 계속 있었다.

The play is based on the story of the "Prodigal Son" from the Bible.
그 연극은 성경의 "돌아온 탕아" 이야기를 소재로 만들어졌다.

"Prodigal Son"에서 prodigal은 '회개하는'이란 뜻으로 쓰였습니다. prodigal처럼 '낭비하는'이란 뜻을 가진 또 다른 단어는 extravagant입니다.

She is extravagant and full of vanity.
그녀는 낭비가 심하고 허영으로 가득 차 있다.

rudimentary - dime

마을 도서관 건립을 위해 **10센트짜리 동전을 모으는 기본적인** 일부터 시작하다.

rudimentary라는 단어 안에는 '10센트 동전'을 뜻하는 dime이 들어 있습니다.

A dime is an American coin worth ten cents.
dime은 10센트의 가치를 지닌 미국 동전이다.

Put another dime in the jukebox.
주크박스에 10센트 동전을 더 넣어요.

마을에 학생들을 위한 작은 도서관을 세우려면 중앙 정부의 지원도 중요하지만 마을 주민들이 먼저 10센트짜리 동전부터 자발적으로 모으는 일을 시작하는 것이 더 중요하다고 생각해 보세요. rudimentary는 '기본적인'이란 뜻을 가진 단어입니다.

Although rudimentary forms of censorship have existed throughout history, modern forms of rigorous and systematic censorship date from the French Revolution.
기본적인 형태의 검열은 역사상 언제나 존재했지만, 현대적인 형태의 엄격하고 체계적인 검열은 프랑스 혁명으로 거슬러 올라간다.

검열은 교도소에게 가장 일상적으로 이루어집니다. 시국 사건으로 감옥에서 20년을 보내는 동안 가족과 친구들에게 철필로 휴지나 엽서에 또박또박 써 보낸 편지들을 모은 책이 바로 신영복 선생의 "감옥으로부터의 사색"입니다. 이 책에 보면 집을 짓는 그림에 대한 글이 나옵니다. 보통 사람은 집을 지붕부터 그리는데 현실적인 집은 주춧돌부터 놓고 시작해야 하기 때문에 아래로부터 그려야 한다는 내용이 나옵니다. 이는 무위당 선생의 "나락 한 알 속의 우주"라는 책에서 맛있는 것은 상대가 먼저 맛보게 하라는 말과 함께 제게는 아주 강한 울림으로 다가왔던 말입니다. 가슴 속에 오래도록 품을 수 있는 이런 일화들은 기억할 만합니다.

earnest - nest

내 가족만의 **둥지** 같은 보금자리를 만들기 위해 **열심히 노력하는** 자세가 필요하다.

earnest라는 단어 안에는 '둥지'라는 뜻을 가진 nest가 들어 있습니다.

nest의 예문을 볼까요?

I watched the bird build its nest.
나는 새가 둥지 트는 것을 자세히 보았다.

둥지 같은 보금자리를 만들기 위해 열심히 노력하는 가장을 떠올려 보세요. earnest는 '열심히 하는', '진지한'이란 뜻을 가진 단어입니다.

He was a very earnest young man.
그는 아주 열심히 노력하는 젊은이다.

I had an earnest conversation with the monk.
나는 그 스님과 진지한 대화를 나누었다.

industrial - dust

산업 공단에는 대형차들이 많이 다녀 먼지가 많다.

industrial이라는 단어 안에는 '먼지'라는 뜻을 가진 dust가 들어 있습니다. dust하면 **그룹 Kansas가 불렀던 "Dust In the Wind"**가 생각납니다.

Dust particles are floating in the sunlight.
먼지 입자들이 햇빛에 떠다니고 있다.

공장들이 몰려 있는 산업 단지에 물자나 원료를 실어 나르는 대형 트럭들이 쉴 새 없이 다닌다고 생각해 보세요. industrial은 '산업의', '공업의'라는 뜻을 가진 단어입니다.

industrial의 예문을 볼까요?

Dioxins are formed as a result of industrial chemical production processes.
다이옥신은 공업용 화학 물질 생산 과정에서 발생한다.

industrious는 '근면한'이란 뜻을 가진 단어입니다.

She's extremely competent and industrious.
그녀는 아주 능력 있고 부지런하다.

021 unprecedented - eden

에덴동산에서 이브가 선악과를 따먹는 전례 없는 큰 죄를 짓다.

unprecedented라는 단어 안에는 아담과 이브가 살았던 eden이 들어 있습니다.

When they ate the forbidden fruit, they were banished from the Garden of Eden.
그들이 선악과를 먹었을 때 에덴동산에서 추방되었다.

아담과 이브가 평화롭게 에덴동산에서 살다가 선악과를 따먹는 원죄를 저지르는 전례 없는 큰일이 일어났다고 생각해 보세요. unprecedented는 '전례 없는'이란 뜻을 가진 단어입니다.

unprecedented의 예문을 볼까요?

We have witnessed environmental destruction on an unprecedented scale.
우리는 전례 없는 규모의 환경 파괴를 목격해 왔다.

전 지구적인 환경 파괴로 지구 온난화 등 인간은 엄청난 재난에 직면해 있습니다. earth라는 단어 안에는 ear도 들어 있습니다. 우리는 지구가 아파하는 것에도 귀를 기울여야 합니다. 아래는 아이티의 대통령이었던 아리스타드의 책 "가난한 휴머니즘 Eyes of the Heart"의 표지 뒤에 나오는 말입니다.

In this age of unprecedented economic growth, more than 1.3 billion people live on less than one dollar a day.
이 전례 없는 경제 성장의 시대에, 13억 이상의 사람들이 하루에 1달러 미만으로 생계를 꾸려가고 있다.

022 profane - fan

열성 팬들이 다른 스타의 미니 홈피에 상스런 말을 쏟아내다.

profane이라는 단어 안에는 fan이 들어 있습니다.

I am a huge fan of the soccer player.
나는 그 축구선수의 광팬이다.

가수든 영화배우든 열성 팬들이 있습니다. 그런데 간혹 서로 경쟁 관계에 있는 연예인의 열성 팬들이 상대 연예인의 홈페이지에 저속한 말들을 쏟아낸다고 생각해 보세요. profane은 '상스런'이란 뜻을 가진 단어입니다.

profane의 예문을 볼까요?

The humor is more profane and offensive than funny.
그 유머는 웃기기보다 상스럽고 불쾌하다.

Some of the late night program contain profane language and violent scenes.
일부 심야 프로그램은 상스런 언어와 폭력적 장면을 담고 있다.

023 fastidious - fast

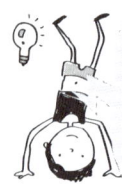

공무원이 일을 세심하게 빨리 처리하다.

fastidious라는 단어 안에는 '빠른'이란 뜻을 가진 fast가 들어 있습니다.

Children acquire foreign languages faster than adults.
아이들은 어른들보다 외국어를 더 빨리 습득한다.

회사의 직원이 일처리를 세심하게 빨리 처리한다고 생각해 보세요. 특히 공무원들이 시민들의 민원을 세심하면서 신속하게 처리하면 국민들로부터 많은 신뢰를 얻을 것입니다. fastidious는 '세심한', '꼼꼼한'이란 뜻을 가진 단어입니다.

fastidious의 예문을 볼까요?

Our English teacher is fastidious about our spelling.
영어 선생님은 우리의 철자법에 세심하게 신경 쓰신다.

아주 어린 학생들에게 '군인'을 영어로 쓰라고 하면 soljer, solzer 등 발음 나는 대로 써서 틀리는 경우가 많습니다. 그럴 때는 '군인은 싸우다 보면 죽기도 하잖아.'라고 말해 주면서 'soldier 안에 die가 들어 있어.'라고 이야기하면 다음에 절대로 soldier라는 철자를 틀리지 않습니다. heart라는 단어도 '귀가 하는 일은 듣는 일(ear → hear)이므로 다른 사람이 하는 말을 귀로만 듣지 말고 마음으로 들어 봐(heart).'라고 알려 주면 heart의 철자를 절대 틀리지 않습니다. 의외로 heart를 hart로 쓰는 학생들이 많습니다. theater라는 단어도 '극장 안에 히터가 잘 돌아간다고 생각해 봐.'라고 heater에 t를 붙이면 theater가 된다고 알려 주세요. 이처럼 soldier, heart, theater에 대해 한 번 조카들에게 실험해 보세요. 놀라운 효과가 있을 것입니다.

024 feeble - fee

연약한 노인들에게는 입장 요금을 받지 않는다.

feeble이라는 단어 안에는 '요금'이라는 뜻을 가진 fee가 들어 있습니다. fee는 admission fee(입장료), green fee(골프장 사용료), registration fee(등록금), tuition fee(수업료) 등 일상적으로 자주 쓰이는 단어입니다.

There is a fee for overdue books.
연체 도서에는 요금이 부과됩니다.

연약한 노인들에게는 요금을 받지 않는다고 생각해 보세요. feeble은 '연약한'이란 뜻을 가지고 있는 단어입니다.

feeble의 예문을 볼까요?

He was a feeble, helpless old man.
그는 연약하고 무기력한 노인이었다.

She was too feeble to walk anymore.
그녀는 연약해서 더 이상 걸을 수 없었다.

infinite - fin

바다 한 가운데 **무한**이 줄지어 있는 상어 **지느러미**들이 있다.

infinite라는 단어 안에는 '지느러미'라는 뜻을 가진 fin이 들어 있습니다. 중국집에 가면 '샥스핀'(Shark's Fin)이란 요리가 있는데 바로 상어 지느러미 요리입니다. 태평양 한 가운데 끝이 보이지 않을 정도로 무한이 많은 상어떼들이 지느러미를 세우고 일렬로 앞으로 나아간다고 생각해 보세요. infinite는 '무한한'이란 뜻을 가진 단어입니다.

infinite의 예문을 볼까요?

We believed that fossil fuels were infinite, but they are finite.
우리는 화석 연료가 무한하다고 믿었지만 실제로는 유한한 것입니다.

석탄, 석유 등 이제 인류가 사용할 수 있는 화석 연료가 점점 고갈되고 있습니다. 태양열, 풍력, 지력, 수소 에너지 등 대체 에너지를 개발하고 있다고 하지만, 일상적으로 사용하기에는 아주 먼 이야기인 것 같습니다. 우리가 좀 더 에너지를 절약하고 지구를 아끼는 마음을 가지는 것이 우선일 것 같습니다. 아래는 📢 "나에게는 꿈이 있다 I have a dream"이라는 말로 시작하는 연설로 유명한 마틴 루터 킹 목사의 말입니다. 살면서 누구나 실망스런 일을 겪게 됩니다. 하지만 우리의 가슴을 벅차게 하는 희망은 절대로 버려서는 안 되겠죠.

We must accept finite disappointment, but we must never lose infinite hope.
유한한 실망에 대해서는 얼마든지 받아들일 수 있지만 누구에게서 있는 무한한 희망을 결코 잃어버려서는 안 된다.

25' Check-up!

쉬운 단어들을 보고 앞에서 학습한 어려운 단어들을 기억해 보세요.

1회 2회 3회 4회 5회

1	침대	bed	obedient	복종하는
2	죽다			
3	지느러미			
4	센트			
5	먼지			
6	에덴			
7	댐			
8	요금			
9	팬			
10	둥지			
11	10센트 동전			
12	개미			
13	종			
14	전선			
15	치료하다			
16	분명한			
17	차			
18	소년			
19	태어나다			
20	빠른			
21	파다			
22	던지다			
23	큰			
24	전화를 걸다			
25	빌려 주다			

influential - fluent

외국어가 **유창한** 사람은 회사에서 **영향력이 있다.**

influential이라는 단어 안에는 '유창한'이란 뜻을 가진 fluent가 들어 있습니다.

Do you think you are fluent in English?
당신은 영어가 유창하다고 생각합니까?

회사에서는 외국어에 유창한 사람이 영향력 있는 부서에서 일할 가능성이 높을 것입니다. influential은 '영향력이 있는'이란 뜻을 가진 단어입니다. influential의 철자를 혼동해서 influantial이라고 쓰는 경우가 있는데 influential 안에 fluent가 들어 있다는 것을 알게 되면 철자를 혼동할 경우는 없을 것입니다.

influential의 예문을 볼까요? 존 스타인벡의 소설 "에덴의 동쪽 East of Eden"에 보면 다음과 같은 문장이 나옵니다. 소설 속 해밀턴 가의 둘째 아들이며 힘장사인 윌 해밀턴에 대해 묘사하는 내용입니다.

Everybody knew he was going to be an influential man in the county.
그가 마을에서 영향력 있는 사람이 될 거라는 것을 모든 사람들이 다 알고 있었다.

027 formidable - form

어마어마한 체구의 조폭이 **폼**을 잡다.

formidable이라는 단어 안에는 '모습'이란 뜻을 가진 form이 들어 있습니다. 일상적으로 '폼 잡는다', '폼생폼사' 등 자주 들어 보는 단어입니다.

He is a brute in human form.
그는 인간의 모습을 한 짐승이다.

어마어마한 체구를 가진 조폭들이 일렬로 서서 폼을 잡고 있는 모습을 상상해 보세요. formidable은 '어마어마한', '엄청난'이란 뜻을 가진 단어입니다.

He had to overcome formidable obstacles.
그는 엄청난 장애를 극복해야 했다.

사람은 누구나 예측하지 못한 장애에 부딪힙니다. 그리고 그 장애가 계속된다면 희망이 보이지 않을 것입니다. 일제시대 일본의 작은 섬 군함도 해저 탄광에 끌려간 한국인들의 처참한 삶이 그랬을 것입니다. 하지만 희망을 버리지 않았기에 조국의 광복을 볼 수 있었죠. 이처럼 엄청난 장애에 부딪혔을 때 갱도를 뚫는 것이 아니라 터널을 지나고 있다고 생각한다면 희망을 가지고 의연하게 장애와 싸울 수 있을 것입니다. 세계적인 자기 계발 전문가 브라이언 트레이시는 "장애"에 대해 다음과 같이 충고합니다.

Develop the ability to persevere in the face of the inevitable obstacles you will face.
당신이 불가피한 장애와 맞닥뜨렸을 때 견뎌낼 수 있는 능력을 개발하라.

Sending a man into space is a formidable enterprise.
인간을 우주로 보내는 일은 어마어마한 사업이다.

profound - found

책 속에서 심오한 진리를 발견했다.

profound라는 단어 안에는 '발견했다'라는 뜻의 find 과거형 found가 들어 있습니다. 흔히들 책 속에는 진리가 있다고 합니다. 종교 서적이나 명상 서적에서 아주 심오한 진리를 발견했다고 생각해 보세요. profound는 '심오한'이란 뜻을 가진 단어입니다.

profound의 예문을 볼까요? 아래 예문은 영국의 시인 콜리지(Coleridge)의 말입니다. 위대한 시인은 삶의 깊이를 통찰하여 언어로 표현한 철학자라고 할 수 있습니다. "예언자"를 쓴 칼릴 지브란이 그렇고, "풀잎"을 월터 휘트먼이 그렇습니다.

No man was ever yet a great poet, without at the same time being a profound philosopher.
심오한 철학자가 아니고서 어느 누구도 위대한 시인이 된 적은 없다.

profound의 예문을 하나 더 볼까요?

Simplicity of character is the natural result of profound thought.
인격의 단순함이란 심오한 사유의 자연스러운 결과다.

복잡한 내면을 가진 사람은 참 상대하기 힘듭니다. 자신의 내면에 대한 성찰이 부족하기 때문에 남의 눈에 복잡하게 비치는 것인지도 모릅니다. 니체는 "치열한 내면 없이 아름다운 표면은 없다."라고 말했습니다. 복잡하지 않고 단순한 삶을 사는 것, 그것이 행복의 시작입니다.

hectic - he

그는 하루 종일 분주하다.

hectic이라는 단어 안에는 he가 들어 있습니다. '그 남자는 하루 종일 분주하다.'라고 생각해 보세요. hectic은 '분주한'이란 뜻을 가진 단어입니다.

Just like your body, your mind needs an occasional break from its hectic routine.
당신의 몸처럼, 당신의 마음도 몹시 바쁜 일상으로부터 때때로의 휴식을 필요로 합니다.

정말 그렇습니다. 아무리 바빠도 휴식을 취해야 합니다. 배터리가 다 된 휴대폰으로 통화를 할 수 없듯이, 쉼표가 없는 악보로 좋은 음악을 만들 수 없듯이, 대나무가 중간 중간에 마디가 없으면 더 크게 위로 자랄 수 없듯이 우리는 휴식이 필요합니다. 그래야 더 크게 발전할 수 있기 때문입니다.

hectic의 예문 하나 더 볼까요? 도스토옙스키의 소설 "죄와 벌 Crime and Punishment"의 초반부에 보면 선술집에서 만난 한 남자(마르멜라도프)에게 집에 같이 가자는 청을 받은 주인공 라스꼴리니꼬프가 그의 아내 까쩨리나 이바노브나를 처음 보고 다음과 같이 묘사하는 장면이 나옵니다. 아주 정밀하게 묘사하고 있는데, 특히 뺨 여기저기에 붉은 반점이 난 것을 'hectic flush in her cheeks'라고 표현한 부분이 참 재미있네요.

She was a rather tall, slim and graceful woman, terribly emaciated, with magnificent dark brown hair and with a hectic flush in her cheeks.
그녀는 키 크고 날씬하며 우아한 여인이었다. 하지만 굉장히 야위었고 멋진 짙은 갈색 머리를 가지고 있었지만 뺨 여기저기에는 붉은 반점이 돋아나 있었다.

030 hideous - hide

흉측한 모습의 남자가 나타나자 숨다.

hideous라는 단어 안에는 '숨다'라는 뜻을 가진 hide가 들어 있습니다.

This is the cave where you will hide.
여기가 네가 숨어 지낼 동굴이야.

흉측한 모습을 한 남자가 골목에 나타나자 아이가 무서워서 숨는 장면을 생각해 보세요.
hideous는 '흉측한'이란 뜻을 가진 단어입니다.

She was attacked and raped by a hideous monster.
그녀는 흉측한 괴물에 의해 공격을 받고 강간당했다.

The messy signs are becoming hideous objects of the streets.
난잡한 간판들이 거리의 흉물이 되고 있다.

vivacious - viva

그는 항상 '비바!' 하고 쾌활한 목소리로 인사한다.

vivacious라는 단어 안에는 viva가 들어 있습니다. 사람들에게 항상 'Viva!'라고 격려해 주는 사람이 있다고 생각해 보세요. vivacious는 '쾌활한'이란 뜻을 가지고 있는 단어입니다.

She has five pretty, vivacious daughters.
그녀에게는 예쁘고 쾌활한 다섯 딸이 있다.

다섯 명의 딸이 나오는 소설이 뭘까요? 제인 오스틴의 "오만과 편견 Pride and Prejudice"에 나오는 베넷 여사의 딸이 다섯입니다. 그럼, 네 명의 딸이 나오는 소설은? 루이자 메이 올콧의 "작은 아씨들 Little Women"입니다. 여성의 다양한 심리와 당시의 풍속도를 잘 알 수 있는 좋은 소설들입니다.

vivacious의 예문을 하나 더 볼까요?

As she was beautiful and vivacious, he was naturally attracted to her.
그녀는 아름답고 활기찼기 때문에 그는 자연스럽게 그녀에게 끌렸다.

아름다운데 활기차기까지 한 여자라면 누군들 끌리지 않을까요? 마가렛 미첼의 "바람과 함께 사라지다 Gone With Wind"의 여주인공 스칼렛 오하라가 바로 그런 여자일 것 같습니다.

skeptical - kept

그는 회의 내내 회의적인 태도를 유지했다.

skeptical이라는 단어 안에는 '유지했다'라는 뜻을 가진 keep의 과거형 kept가 들어 있습니다.

He always kept his room tidy.
그는 항상 그의 방을 정돈된 상태로 유지했다.

중요한 안건에 대한 회의 내내 회의에 참석한 사람들이 사업의 현실적 가능성에 대해 회의적인 태도를 유지했다고 생각해 보세요. skeptical은 '회의적인'이란 뜻을 가진 단어입니다.

skeptical의 예문을 볼까요?

When he told his parents he was going to be an entertainer, they were pretty skeptical.
그가 연예인이 되겠다고 말했을 때 그의 부모님은 상당히 회의적이었다고 합니다.

I feel skeptical about working as a lawyer.
나는 변호사라는 직업에 회의가 든다.

miscellaneous - cell

감방에는 **잡다한** 범죄를 저지른 범죄자들이 많다.

miscellaneous라는 단어 안에는 '감방'이라는 뜻을 가진 cell이 들어 있습니다. cell은 물론 '세포'라는 뜻으로도 많이 쓰입니다. stem cell은 '줄기 세포'라는 뜻으로 우리에게 익숙한 표현입니다. stem이라는 단어는 참고로 system이라는 쉬운 단어 안에도 들어 있습니다. 체계가 잘 잡혀 있어서 줄기가 잘 뻗어 간다고 생각해 보세요.

The police confined the criminal to a jail cell.
경찰은 범인을 감방에 가두었다.

DNA is present in every cell of the body.
DNA는 인체 내 모든 세포에 존재한다.

감옥의 감방 안에 이런저런 잡다한 죄를 저지르고 수감된 죄수들이 있다고 생각해 보세요. miscellaneous는 '잡다한'이란 뜻을 가진 단어입니다.

She keeps all sorts of miscellaneous items in her attic.
그녀는 다락방에 온갖 잡다한 물건들을 보관한다.

He collected medical prescription forms as well as miscellaneous receipts to document his life.
그는 자신의 삶을 기록하기 위하여 잡다한 영수증은 물론이고 의사의 처방전까지도 모았다.

elastic - last

탄력 있는 고무줄 새총으로 마지막 남은 한 발을 쏘다.

elastic이라는 단어 안에는 '마지막'이란 뜻을 가진 last가 들어 있습니다.

When was the last time you saw him?
마지막으로 그를 본 게 언제야?

last는 '지속하다'라는 동사로도 쓰입니다.

Make your impression last forever.
당신의 인상이 영원히 지속되게 하세요.

처음에 좋은 인상을 받았는데 시간이 지나면서 실망하는 경우가 많습니다. 좋은 인상을 오래도록 남길 수 있도록 자신을 돌아보는 데 게으르지 말아야겠습니다. 한 아이가 골목에서 탄력성 있는 고무줄 새총을 가지고 놀면서 마지막 한 발을 상대방 아이에게 쏜다고 생각해 보세요. elastic은 '탄력 있는'이란 뜻을 가진 단어입니다.

elastic의 예문을 볼까요?

A lot of sportswear is made of very elastic material.
많은 스포츠 의류가 아주 탄력 있는 소재로 만들어진다.

When stretched, a rubber band produces an elastic force.
고무줄을 당기면 탄력이 발생한다.

collateral - late

지각한 학생들에게 교문 앞에서 **부수적인** 체벌이 따른다.

collateral이라는 단어 안에는 '늦은'이란 뜻을 가진 late가 들어 있습니다.

I don't want you to be late for class.
난 네가 수업에 늦지 않았으면 좋겠다.

학교 수업 시간에 늦은 학생들이 교문 앞에서 체벌을 받는 장면을 영화에서 보았을 것입니다. "말죽거리 잔혹사", "두사부일체" 등의 영화에 보면 지각한 학생들이 엎드려 벌을 서거나 심지어는 몽둥이로 맞기까지 합니다. collateral은 '부수적인'이란 뜻을 가진 단어입니다.

collateral의 예문을 볼까요?

The government denied that there had been any collateral damage during the bombing raid.
정부는 그 폭격 중의 어떤 부수적인 피해 발생도 부인했다.

This business requires too much collateral expense.
이 사업은 부수적으로 들어가는 경비가 너무 많다.

peculiar - liar

거짓말을 하면 특이하게 코가 길어지는 피노키오.

peculiar라는 단어 안에는 '거짓말쟁이'를 뜻하는 liar가 들어 있습니다.

He is said to be a liar.
그에게 사람들이 거짓말쟁이라고들 한다.

이탈리아 작가 콜로디가 쓴 "피노키오 Pinocchio"에 보면 피노키오가 거짓말을 하면 특이하게도 코가 길어지는 내용이 나옵니다. peculiar는 '특이한'이란 뜻을 가진 단어입니다.

peculiar의 예문을 볼까요?

There is something peculiar about the sculptor.
그 조각가에게는 뭔가 특이한 데가 있다.

The author writes in a peculiar style.
그 작가는 특이한 스타일로 글을 쓴다.

elegant - leg

우아하게 쭉 빠진 다리.

elegant라는 단어 안에는 '다리'라는 뜻을 가진 leg가 들어 있습니다.

He fell off a horse and cracked a bone in his right leg.
그는 말에서 떨어져서 오른쪽 다리뼈에 금이 갔다.

지나가는 여성들의 길고 우아하게 쭉 빠진 다리에 남자들이 넋이 빠져 있다고 생각해 보세요. elegant는 '우아한'이란 뜻을 가진 단어입니다.

elegant의 예문을 볼까요?

The bride wore an elegant dress for the wedding ceremony and walked down the aisle with the bridegroom.
신부는 결혼식에서 우아한 드레스를 입고 신랑과 함께 통로를 걸어 내려갔다.

The actress speaks in a very elegant way.
그 여배우는 말투가 매우 고상하다.

sublime - lime

라임 향기가 나는 숭고한 자태의 여성이 지나가다.

sublime이라는 단어 안에는 lime이 들어 있습니다. 라임 향기를 내며 숭고한 자태의 여성이 지나간다고 생각해 보세요. sublime은 '숭고한', '고상한'이란 뜻을 가진 단어입니다.

sublime의 예문을 볼까요?

There are many sublime objects of art in this museum.
이 박물관에는 숭고한 예술 작품들이 많이 있다.

Mozart had the ability to transform the popular musical styles of his day into something sublime.
모차르트는 자기 시대의 대중적인 음악 스타일을 고상한 것으로 변형시킬 수 있는 능력을 지니고 있었다.

masculine - line

선 굵은 남성미가 넘치는 연기를 하는 배우.

masculine이라는 단어 안에는 '선'이란 뜻을 가진 line이 들어 있습니다.

A straight line is the shortest distance between two points.
직선은 두 점 사이의 최단 거리다.

"대부"의 알 파치노, "택시 드라이버"의 로버트 드니로는 선 굵은 남성미가 넘치는 연기를 하는 배우로 널리 알려져 있습니다. masculine은 '남성적인'이란 뜻을 가진 단어입니다.

masculine의 예문을 볼까요?

That actor projects a masculine image in his films.
저 배우는 그가 출연한 영화에서 남성적인 이미지를 발산한다.

Boxing was considered a masculine sport in the past.
과거에는 권투가 남성적인 스포츠로 여겨졌다.

클린트이스트 우드가 주연한 영화 "백만 달러 베이비 Million Dollar Baby"는 여성 권투 선수의 이야기를 다루고 있습니다.

colossal - loss

회사에 엄청난 손실을 입히다.

colossal이라는 단어 안에는 '손실'이란 뜻을 가진 loss가 들어 있습니다.

We suffered an enormous loss from the earthquake.
지진으로 막대한 손해를 입었다.

신규 투자를 잘못하여 회사에 막대한 손실을 입혔다고 생각해 보세요. colossal은 '엄청난', '막대한'이란 뜻을 가진 단어입니다.

colossal의 예문을 볼까요?

Korean students and office workers invest colossal amounts of time and money learning English.
한국 학생들과 사무실 직원들은 영어를 배우느라 엄청난 양의 시간과 돈을 투자한다.

외국 영자 신문에 보도된 내용입니다. 심지어 영어 발음을 위해 아이의 혀도 수술하는 내용이 보도된 바 있습니다. 이쯤이 되면 너무 지나친 것 같습니다. 효율적인 방법으로 영어 공부하는 것이 절실합니다.

Some of the tall buildings in Hong Kong are colossal.
홍콩의 일부 고층 빌딩들은 정말 어마어마하다.

shallow - low

얕은 하천의 수위는 낮다.

shallow라는 단어 안에는 '낮은'이란 뜻을 가진 low가 들어 있습니다.

Are you looking for high heels or low heels?
굽이 높은 걸 찾으세요, 낮은 걸 찾으세요?

하천의 얕은 지대는 수위가 낮습니다. shallow는 '얕은'이란 뜻을 가진 단어입니다.

shallow의 예문을 볼까요?

The stream was shallow and we could walk across it.
개울이 얕아서 걸어서 건널 수 있었다.

The water is so shallow that I can touch the bottom.
물이 너무 얕아서 발이 바닥에 닿는다.

mandatory - man

남자는 의무적으로 군대에 가야 한다.

mandatory라는 단어 안에는 '남자'를 뜻하는 man이 들어 있습니다. 대한민국의 남자들은 의무적으로 군대에 가야 합니다. mandatory는 '의무적인'이란 뜻을 가진 단어입니다.

mandatory의 예문을 볼까요?

Joining the Army is mandatory for Korean youngers.
군대에 가는 것은 한국 젊은이들에게 의무다.

The subject is mandatory for graduation.
그 과목은 졸업 필수 과목이다.

Athletes must undergo a mandatory drug test before competing in the championship.
운동선수들은 결승전에서 싸우기 전에 의무적으로 약물 테스트를 받아야 한다.

043 imminent - mine

지뢰가 터지기 전 임박한 상황.

imminent라는 단어 안에는 '지뢰'라는 뜻을 가진 mine이 들어 있습니다. 영화 "잉글리시 페이션트 English Patient"에 보면 실연한 간호사 역을 맡은 여배우 줄리엣 비노쉬가 정신을 놓고 지뢰밭으로 들어가는 것을 보고 한 병사가 외치는 장면이 나옵니다.

You are walking in the mine field.
당신은 지금 지뢰밭을 걷고 있어요.

수색병들이 정찰을 나갔다가 모르고 지뢰밭에 진입해서 지뢰 폭발이 일어나는 임박한 상황이라고 생각해 보세요. imminent는 '임박한'이란 뜻을 가진 단어입니다.

An announcement about his resignation is imminent.
그의 사임 발표가 임박했다.

According to our intelligence, a second attack is imminent.
정보에 따르면 곧 2차 공격이 임박했다.

The prospect of imminent war caused plunging stocks prices and a failure of remittance from overseas.
전쟁이 임박했다는 전망은 주식 가격의 폭락과 해외로부터의 송금 정지를 야기했다.

pessimistic - mist

미래는 **안개**만 잔뜩 끼어 있다고 **비관하는** 사람.

pessimistic이라는 단어 안에는 '안개'를 뜻하는 mist가 들어 있습니다. mist라는 단어는 실수를 뜻하는 mistake에도 들어 있으니 평소에 눈여겨보세요. 안개가 끼면 실수로 앞차와 추돌할 수도 있다고 생각하면 mistake와 mist가 서로 연결됩니다.

The mountaintop is wrapped in mist.
산꼭대기가 안개에 싸여 있다.

pessimistic의 예문을 볼까요?

The doctor is pessimistic about his chances of recovery.
의사는 그의 회복가능성에 대해 비관적이다.

Optimistic thoughts will make your day bright and productive, while pessimistic thinking will make it dull and wasteful.
낙관적인 생각은 당신의 하루를 밝고 생산적으로 만들어 주는 반면에 비관적인 생각은 당신의 하루를 지루하고 소모적으로 만들 것이다.

alternative - native

재미교포를 네이티브 스피커 대안으로 쓰다.

alternative라는 단어 안에는 '원어민'이란 뜻을 가진 native가 들어 있습니다.

She speaks German like a native.
그녀는 독일어를 원어민처럼 말한다.

원어민 강사가 갑자기 본국으로 돌아갈 사정이 생겨 재미 교포를 원어민 강사 대안으로 쓴다고 생각해 보세요. alternative는 '대안의'라는 뜻을 가진 단어입니다.

alternative의 예문을 볼까요?

Acupuncture, which is an alternative medicine, cures like magic.
대체 의학인 침술은 신기하게도 잘 듣는다.

The alternative school is operated with the aid of a religious group.
그 대안 학교는 종교 단체의 도움으로 운영된다.

046 juvenile - nile

아가사 크리스티의 '**나일강 살인 사건**'을 **청소년**들이 많이 읽는다.

juvenile이라는 단어 안에는 '나일강'을 뜻하는 nile이 들어 있습니다.

The Pyramids were built on the west side of the Nile River because the sunsets in the west.
태양이 서쪽으로 지기 때문에 피라미드들은 나일강의 서쪽에 만들어졌다.

세계적인 추리 소설가 아가사 크리스티의 소설 중에 "나일강 살인 사건 Death on the Nile"이 있습니다. 예나 지금이나 추리 소설은 청소년이 아주 좋아하는 독서 분야입니다. 청소년들이 아가사 크리스티의 소설 "나일강 살인 사건"을 많이 읽는다고 생각해 보세요. juvenile은 '청소년의'라는 뜻을 가진 단어입니다.

juvenile의 예문을 볼까요?

This music is a contributing factor to juvenile delinquency.
이 음악은 청소년 비행을 부추기는 한 요소다.

Juvenile crime is on the increase.
청소년 범죄가 늘고 있다.

obnoxious - no

금연 구역에서 담배 피는 사람이 **불쾌해서** 'No'라고 쓰인 마스크를 쓰다.

obnoxious라는 단어 안에는 no가 들어 있습니다. 한 공익 광고에 보면 흡연자가 내뿜는 연기에 대해 옆에 있는 사람이 'No'라고 쓰여 있는 마스크를 보여 주는 장면이 나옵니다. 담배를 피우지도 않는 사람이 담배 연기에 건강을 해치는 것이 심히 불쾌해서 그럴 것입니다. obnoxious는 '불쾌한'이란 뜻을 가진 단어입니다.

obnoxious의 예문을 볼까요?

I've never seen such rude and obnoxious behavior in my life.
내 평생 그렇게 무례하고 불쾌한 행동을 본 적이 없다.

He has an obnoxious habit of insulting servants in their presence.
그는 면전에서 하인들을 모욕하는 불쾌한 습관이 있다.

048 transparent - parent

부모는 소득이 투명해야 한다.

transparent라는 단어 안에는 '부모'를 뜻하는 parent가 들어 있습니다.

Children find it difficult for a parent to be inconsistent.
어머니나 아버지가 일관적이지 않으면 자녀들이 힘들어 한다.

의미심장한 말이지요? 자식에게 모범을 보이지 않으면서 자식이 올바로 자라기를 바라는 것만큼 어리석은 일은 없습니다. 그렇다면 부모의 역할이 뭘까요? 첫 번째는 자식에게 상벌이 분명해야 한다는 것입니다. parent 앞에 ap를 붙이면 apparent가 됩니다. apparent는 '분명한'이란 뜻을 가진 단어입니다. 두 번째 부모의 역할은 정당하게 땀을 흘려 소득을 얻는 모습을 자식에게 보여 줘야 한다는 것입니다. 뇌물을 받거나 부정한 방법으로 돈을 버는 모습은 자식에게 절대 좋은 귀감이 될 수 없습니다. 즉, 부모는 소득이 투명해야 합니다. transparent는 '투명한'이란 뜻을 가지고 있는 단어입니다.

transparent의 예문을 볼까요?

The dragonfly's wings are almost transparent.
잠자리의 날개는 거의 투명하다.

After the enforcement of the real-name financial transaction system, the market has become more transparent.
금융실명제의 실시 후에 시장이 좀 더 투명해졌다.

preoccupied - pie

그 아이는 초코파이에 **정신이 팔려 있다.**

preoccupied라는 단어 안에는 pie가 들어 있습니다.

We had apple pie and coffee for dessert.
우리는 디저트로 애플파이와 커피를 들었습니다.

pie라는 단어를 보니 까치가 생각나네요. '까치'는 magpie입니다. magpie 안에도 pie가 들어 있습니다.

The magpie is considered a bird of good luck in Korea.
한국에서는 까치가 길조로 간주된다.

한 아이가 아버지가 사온 초코파이에 온통 정신이 팔려 있다고 생각해 보세요. preoccupied는 '정신이 팔려 있는'이란 뜻을 가진 단어입니다.

preoccupied의 예문을 볼까요?

Why is the media so preoccupied with the private lives of entertainers ?
왜 언론 매체들은 연예인들의 사생활에 몰두할까요?

She was too preoccupied to notice that the bus had already passed her stop.
그녀는 뭔가를 골똘히 생각하느라 내릴 정류장을 지나친 것도 알아차리지 못했다.

050 complacent - place

현재의 자리에만 안주하면 발전이 없다.

complacent라는 단어 안에는 '장소'라는 뜻을 가진 place가 들어 있습니다.

This is the place where the nurse was brutally murdered.
이곳이 그 간호사가 잔인하게 살해당한 장소입니다.

현재의 자리에만 너무 안주하면 자기 발전이 없겠죠. complacent는 '안주하는', '자기 만족적인'이란 뜻을 가진 단어입니다.

complacent의 예문을 볼까요? 🎬 아톰을 다룬 만화영화 "아스트로보이 Astroboy" 에 보면 영화 초반부에 로봇이 운전하는 차에 탑승한 과학자인 아버지가 학교 수학 시험이 너무 쉬워 일찍 나왔다고 말하는 아들에게 다음과 같이 말하는 장면이 나옵니다.

I don't want you to become complacent.
나는 네가 너무 자기만족적인 사람이 되지 않았으면 좋겠구나.

complacent의 예문을 하나 더 볼까요?

We cannot allow ourselves to grow complacent.
우리는 스스로 안주하는 사람이 되는 것을 허용해서는 안 됩니다.

25' Check-up!

쉬운 단어들을 보고 앞에서 학습한 어려운 단어들을 기억해 보세요.

#	쉬운 단어		어려운 단어		뜻
1	나일강	⇨	nile	⇨ juvenile ⇨	청소년의
2	남자				
3	선				
4	다리				
5	마지막				
6	감방				
7	그				
8	모습, 형태				
9	낮은				
10	지뢰				
11	파이				
12	장소				
13	안 돼				
14	손실				
15	라임				
16	거짓말쟁이				
17	유창한				
18	유지했다				
19	비바				
20	발견했다				
21	늦은				
22	숨다				
23	안개				
24	부모				
25	원어민				

outrageous - rage

어처구니없는 행동을 해서 분노하다.

outrageous라는 단어 안에는 '분노'라는 뜻을 가진 rage가 들어 있습니다.

He stormed out of the room in a rage.
그는 격렬히 화를 내며 방을 뛰쳐나가 버렸다.

rage라는 단어는 '용기'라는 뜻을 가진 courage에도 들어 있습니다. 불의를 보고 분노하는 마음을 가지고 용기 있게 맞선다고 생각하면 courage와 rage가 쉽게 연관될 것입니다.

He showed courage in the face of injustice.
그는 불의에 직면해서 용기를 보여 주었다.

이제 outrageous의 뜻을 알아볼까요? 전철 안에 많은 사람들이 보는 앞에서 한 사람이 강아지를 학대하는 어처구니없는 행동을 하면 분노의 감정이 일어날 것입니다. outrageous는 '어처구니없는', '터무니없는'이란 뜻을 가진 단어입니다.

It is outrageous for the man addicted to gambling to desert his wife and children.
도박에 중독된 그 남자가 아내와 자식을 버린다는 것은 어처구니없는 짓이다.

The price of this furniture is outrageous.
이 가구의 가격은 터무니없다.

dreary - ear

귀를 잘라버린 고흐의 음울한 자화상.

dreary라는 단어 안에는 '귀'를 뜻하는 ear가 들어 있습니다.

He is deaf of one ear.
그는 한쪽 귀가 안 들린다.

고흐의 여러 자화상 중 파이프를 물고 귀를 싸맨 자화상이 있습니다. 화가 고갱과의 다툼 끝에 귀를 자르고 그린 자화상입니다. 귀를 자르고 그린 자화상을 보니 마음이 음울해진다고 생각해 보세요. dreary는 '음울한', '황량한'이란 뜻을 가진 단어입니다.

dreary의 예문을 볼까요?

The day was dreary from the rain that drizzled all day long.
그날은 하루 종일 부슬부슬 내리는 비로 음울했다.

The house looked dreary in the dark.
그 집은 어둠 속에서 음산해 보였다.

053 inevitable - evita

노래방에서 불가피하게 에비타의 노래를 부르다.

inevitable이란 단어 안에는 "Don't cry for me Argentina"를 부른 에바 페론의 애칭 'Evita'가 들어 있습니다. 노래방에서 팝송을 부르라고 권해서 불가피하게 유일하게 아는 에비타의 노래를 불렀다고 생각해 보세요. inevitable은 '불가피한'이란 뜻을 가진 단어입니다.

inevitable의 예문을 볼까요?

A rise in the interest rates seems inevitable.
금리 인상이 불가피해 보인다.

You have to accept the inevitable.
당신은 불가피한 것은 받아들여야 한다.

imprudent - rude

무례한 행동을 하는 것은 경솔한 처신이다.

imprudent라는 단어 안에는 '무례한'이란 뜻을 가진 rude가 들어 있습니다.

Blowing your nose in public is considered very rude.
사람들 앞에서 코를 푸는 것은 매우 무례한 일로 여겨진다.

많은 사람들 앞에서 무례한 행동을 하는 것은 경솔한 처신입니다. imprudent는 '경솔한'이란 뜻을 가지고 있는 단어입니다.

imprudent의 예문을 볼까요?

It was imprudent of you to say so.
당신이 그런 말을 한 것은 경솔했다.

It is imprudent to rush into something without thinking what may happen.
무슨 일이 일어날지 생각하지도 않고 어떤 일을 서둘러 시작하는 것은 경솔하다.

frugal - rug

깔개를 할인점에서 구입해서 생활비를 절약하다.

frugal이라는 단어 안에는 '깔개', '양탄자'라는 뜻을 가진 rug가 들어 있습니다. rug란 단어는 '마약'을 뜻하는 drug 안에도 들어 있는 단어입니다. 알약으로 된 마약을 먹다가 바닥에 깔린 '깔개'에 떨어뜨린다고 생각하면 rug란 단어를 쉽게 기억할 수 있을 것입니다.

She spilled juice on the expensive rug that he prized.
그녀는 그가 아끼는 비싼 양탄자에 주스를 쏟았다.

값이 나가는 양탄자를 할인점에서 싸게 구입해서 신혼부부가 생활비를 절약했다고 생각해 보세요. frugal은 '절약하는'이란 뜻을 가진 단어입니다.

frugal의 예문을 볼까요?

He is accustomed to frugal lifestyle.
그 사람은 절약하는 생활에 익숙하다.

He has become frugal since he got married.
그는 결혼하더니 검소해졌다.

'절약하는', '검소한'이란 뜻을 가진 또 다른 단어로 thrifty가 있습니다.

He made a lot of money by living a thrifty life.
그는 검소하게 살아 많은 돈을 벌었다.

sagacious - sag

지혜로운 현자의 귀가 축 늘어지다.

sagacious라는 단어 안에는 '축 늘어지다'라는 뜻을 가진 sag가 들어 있습니다.

The tent began to sag under the weight of the rain.
텐트가 빗물 무게를 못 이기고 축 처지기 시작했다.

역사상의 현자들을 보면 귀가 길게 늘어져 있는 것을 볼 수 있습니다. 부처님의 귀를 봐도 그렇습니다. 삼국지에 나오는 유비도 귀가 아주 긴 사람으로 알려져 있습니다. 귀가 길다는 것은 그 만큼 남의 말을 잘 들어준다는 것이겠지요. 자신의 말만 하는 사람보다는 남의 말을 잘 들어주는 사람이 현명한 사람일 것입니다. sagacious는 '현명한'이란 뜻을 가진 단어입니다.

sagacious의 예문을 볼까요?

Einstein had a great genius and sagacious discoveries in science.
아인슈타인은 천재성을 가지고 있었고 과학상의 현명한 발견을 많이 했다.

I think he is a sagacious professor.
나는 그가 현명한 교수라고 생각한다.

obscene - scene

그 영화는 음란한 장면이 많다.

obscene이라는 단어 안에는 '장면'을 뜻하는 scene이 들어 있습니다.

The beautiful scene of the sunset is beyond description.
해가 지는 광경의 아름다움은 말로 표현할 수 없다.

성인용 영화를 보면 음란한 장면들이 많이 있습니다. obscene은 '음란한'이란 뜻을 가진 단어입니다.

obscene의 예문을 볼까요?

Most obscene words aren't permitted on public television and radio.
공영 텔레비전과 라디오에서는 외설적인 말들이 대부분 허용되지 않는다.

She was forced to change her telephone number because she was annoyed by obscene phone calls.
그녀는 음란한 전화에 시달려서 전화번호를 바꿀 수밖에 없었다.

sinister - sin

죄를 지으니 **불길한** 일이 많이 생긴다.

sinister라는 단어 안에는 '죄'를 뜻하는 sin이 들어 있습니다.

Waste of time is a sort of sin.
시간의 낭비는 일종의 죄악이다.

이런저런 죄를 많이 지으면 자신도 알지 못하는 불길한 일이 많이 생긴다고 생각해 보세요. sinister는 '불길한'이란 뜻을 가진 단어입니다.

sinister의 예문을 볼까요?

Ash clouds may look like normal weather clouds, but they are far more sinister.
화산재 구름은 보통 구름처럼 보일 수도 있지만, 훨씬 더 불길하다.

Things began to take on a more sinister aspect.
사태가 더 불길한 양상을 띠기 시작했다.

opposite - site

맞은편 장소에서 기다려.

opposite라는 단어 안에는 '장소'라는 뜻을 가진 site가 들어 있습니다.

Helmets must be worn at the construction site at all times.
공사장에서는 항상 헬멧을 착용해야 합니다.

약속 장소가 어떤 장소의 맞은편이라고 생각해 보세요. opposite는 '맞은편의', '반대편의'라는 뜻을 가진 단어입니다.

opposite의 예문을 볼까요?

He sat down in the chair opposite.
그는 맞은편 의자에 앉았다.

The gas station stands opposite to the convenience store.
주유소와 편의점은 마주 서 있다.

060 insolent - sole

손님 앞에서 **발바닥**이 보이는 양말을 보이는 것은 **무례한** 일이다.

insolent라는 단어 안에는 '발바닥'이란 뜻을 가진 sole이 들어 있습니다.

I've got blisters on the soles of my feet.
발바닥에 물집이 생겼다.

손님이 집에 왔는데 발바닥이 보이는 구멍이 난 양말을 신고 있는 것은 무례한 일일 것입니다. insolent는 '무례한', '건방진'이란 뜻을 가진 단어입니다.

The insolent son slammed the door in the guest's face.
그 무례한 아들은 손님의 면전에서 문을 쾅 닫아버렸다.

When I first saw the lawyer, I had the impression that he was insolent.
내가 그 변호사를 처음 봤을 때 그가 건방지다는 인상을 받았다.

insolent의 예문을 하나 더 볼까요? 제인 오스틴의 소설 "오만과 편견 Pride and Prejudice"에 보면 주인공 엘리자베스가 위컴 씨와 대화를 나누는 중에 캐서린 부인에 대해 언급하는 다음과 같은 내용이 나옵니다.

I have not seen her for many years, but I very well remember that I never liked her, and that her manners were dictatorial and insolent.
전 그분을 오랫동안 보지 못했지만 제가 한 번도 그 부인을 좋아해 본 적이 없고 그 부인의 태도가 독선적이고 무례했다는 것은 지금도 잘 기억하고 있지요.

061 conspicuous - spy

스파이는 남의 눈에 확 띄면 안 된다.

conspicuous라는 단어 안에는 spi가 들어 있습니다. spi를 spy라고 생각하고 conspicuous라는 단어를 쉽게 익혀 보세요. spy가 남에 쉽게 띄면 안 되겠죠? conspicuous는 '눈에 확 띄는'이란 뜻을 가진 단어입니다.

conspicuous의 예문을 볼까요?

In Korea, her blonde hair was conspicuous.
한국에서 그녀의 금발 머리는 눈에 확 들어왔다.

The advertisements were all posted in a conspicuous place.
그 광고는 모두 눈에 잘 띄는 곳에 붙여져 있었다.

명작에서 conspicuous의 예문을 한 번 볼까요? 서머셋 모옴의 자전적 소설 "인간의 굴레에서 Of Human Bondage"에 보면 주인공 필립이 자신의 불구에 대해 언급하는 장면이 나옵니다.

He never ran if he could help it, because he knew it made his limp more conspicuous, and he adopted a peculiar walk.
뛰지 않아도 되는 상황이면 그는 절대 뛰지 않았다. 뛰면 그의 절뚝거림이 한층 눈에 띈다는 것을 알고 있었기 때문이다. 그는 걸을 때도 특이한 걸음걸이로 걸었다.

vacant - can

급하게 빈 화장실에 들어갔는데 휴지와 휴지통이 없다.

vacant라는 단어 안에는 '깡통'이란 뜻을 가진 can이 들어 있습니다.

Do you know where the trash can is?
쓰레기통이 어디에 있는지 아니?

급하게 사람이 없는 화장실에 들어갔는데 화장실에 휴지도 없고 휴지통도 없다면 정말 낭패가 아닐 수 없습니다. vacant는 '비어 있는'이란 뜻을 가진 단어입니다. 비행기나 KTX의 화장실에서 'vacant'라는 단어를 본 일이 있을 것입니다. 누군가 사용 중이면 'occupied', 사용하는 사람이 없으면 'vacant'라고 선명한 글씨로 쓰여 있던 것 말입니다. vacant의 명사형은 vacancy인데 호텔에 빈방이 없다고 표시할 때 'No Vacancy'라고 쓰여 있는 것도 영화에서 많이 보았을 것입니다.

vacant의 예문을 볼까요?

There are a couple of vacant aisle seats.
통로 쪽 빈 좌석이 몇 개 있습니다.

We have only one room vacant.
저희는 지금 빈방이 딱 하나밖에 없습니다.

stringent - string

머리를 끈으로 꼭 묶고 다녀야 하는 엄격한 규칙이 있는 여학교.

stringent라는 단어 안에는 '노끈'이란 뜻을 가진 string이 들어 있습니다. string이란 단어만 보면 떠오르는 영화의 장면이 있습니다. 가장 재미있게 본 코미디 영화인 "마우스 헌트 Mouse Hunt"인데 여기에 보면 노끈 공장을 물려받은 두 아들이 돌아가신 아버지의 공장 운영 철학을 말하는 장면이 지금도 생생하게 기억납니다.

A world without strings is chaos.
노끈 없는 세상은 혼돈이다.

한 여학교에 머리를 길게 늘어뜨리지 않고 끈으로 항상 묶고 다녀야 하는 엄격한 규정이 있다고 생각해 보세요. stringent는 '엄격한'이란 뜻을 가진 단어입니다.

stringent의 예문을 볼까요?

Stringent safety regulations were introduced after the accident.
엄격한 안전 규정이 사고 후에 도입되었다.

Stringent fire regulations are enforced in all our factories.
엄격한 화재 수칙이 우리의 모든 공장에서 시행되고 있다.

064 con**tag**ious - tag

전염성이 강한 구제역에 걸린 돼지들을 꼬리표를 붙여 분리하다.

contagious라는 단어 안에는 '꼬리표'라는 뜻을 가진 tag가 들어 있습니다.

Let me check the price tag.
가격표를 보게 해 주세요.

전염성이 강한 구제역에 걸린 돼지들에게 꼬리표를 붙여 분리시킨다고 생각해 보세요. contagious는 '전염성이 강한'이란 뜻을 가진 단어입니다.

contagious의 예문을 볼까요? 🌸 린다 번의 책 "시크릿 Secret"에 보면 다음과 같은 말이 나옵니다.

You're excited to share your life with those you love, and your excitement, your passion, your bliss become contagious.
당신이 사랑하는 사람과 당신의 삶을 나누면 당신은 신이 나게 됩니다. 그렇게 되면 당신의 환희와 열정과 축복은 다른 사람에게 전염됩니다.

I found that happiness is contagious.
나는 행복이 전염성이 강한 것이라는 것을 알았다.

위 예문은 🌸 자기 계발 전문가 데일 카네기의 "카네기 행복론 How to Stop Worrying and Start Living"이란 책에서 한 말입니다. 내가 행복하고, 행복하게 웃고, 행복한 마음으로 남을 격려해 주면 그 전염성은 상상을 초월할 정도로 대단합니다. 당장 실천해 보세요.

simultaneous - tan

해변에서 여러 여성들이 동시에 선탠하다.

simultaneous라는 단어 안에는 '햇볕에 태움'이라는 뜻을 가진 tan이 들어 있습니다.

By this time next week, I'll be lying on a beach, getting a tan and sipping cold drinks.
다음 주 이맘때면 나는 해변에 누워 선탠을 하면서 시원한 음료를 홀짝이고 있을 것입니다.

여름휴가철 해변에서 여성 여러 명이 동시에 선탠하고 있는 모습을 생각해 보세요. simultaneous는 '동시의'라는 뜻을 가진 단어입니다.

simultaneous의 예문을 볼까요?

There were several simultaneous attacks by the rebels.
반군들로부터 몇 건의 동시 공격이 있었다.

The conference delegates were provided with simultaneous translation of the speeches.
회담 대표들에게 연설이 동시통역되었다.

tenacious - ten

열을 세기 직전에 일어나 **완강하게** 저항하는 권투 선수.

tenacious라는 단어 안에는 ten이 들어 있습니다.

Count to ten.
10까지 세어라.

권투 선수가 상대방의 어퍼컷을 제대로 맞아 바닥에 다운되었다가 열을 세기 전에 일어나 완강하게 저항한다고 생각해 보세요. tenacious는 '완강한'이란 뜻을 가진 단어입니다.

tenacious의 예문을 볼까요?

The conservation group was tenacious in its opposition to the new dam.
환경 보호 단체는 새로운 댐 건설에 대해 완강한 반대의 입장을 취했다.

They were confronted with a tenacious foe.
그들은 완강한 적과 직면했다.

extinct - tin

그 주석 광산이 폐쇄되어 더 이상 존재하지 않다.

extinct라는 단어 안에는 '주석'이란 뜻을 가진 tin이 들어 있습니다.

Tin shines like silver but is softer and cheaper.
주석은 은처럼 빛나지만 은보다 부드럽고 값도 더 싸다.

주석을 주로 캐던 광산이 더 이상 채굴할 물량이 남아 있지 않아 폐광이 되어 주석 광산이 이제 존재하지 않는다고 생각해 보세요. extinct는 '더 이상 존재하지 않는', '멸종된'이란 뜻을 가진 단어입니다.

extinct의 예문을 볼까요?

A lot of trades have become extinct because of the development of technology.
많은 교역들이 새로운 기술의 발달로 더 이상 존재하지 않는다.

Dinosaurs became extinct millions of years ago.
공룡은 수백만 년 전에 멸종했다.

068 sultry - try

너무나 **무더워서** 강물에 다이빙을 **시도하다.**

 sultry라는 단어 안에는 '시도하다'라는 뜻을 가진 try가 들어 있습니다.

There is a boy trying to climb the tall tree.
키 큰 나무를 오르려고 시도하는 한 소년이 있다.

영화 "친구"의 한 장면처럼, 무더운 날씨에 강물에 다이빙을 시도하는 아이들이 있다고 생각해 보세요. sultry는 '무더운'이란 뜻을 가진 단어입니다.

It's so sultry here that I can't stand it any longer.
여기는 너무 더워서 더는 견딜 수가 없다.

🎵 그리스 작가 니코스 카잔차키스가 쓴 "그리스인 조르바 Zorba The Greek"에 보면 날씨에 대해 다음과 같이 묘사하는 장면이 나옵니다.

The weather was sultry, the clouds were gathering lower and lower, the wind was dropping.
날씨는 무덥고, 구름은 낮게 모이고 있었고 바람의 세기는 줄어들었다.

sweltering도 '무더운', '후텁지근한'이란 뜻을 가진 단어입니다.

The sweltering heat continues for three days.
사흘 동안 후텁지근한 더위가 계속되고 있다.

nocturnal - turn

야행성 올빼미가 고개를 360도 돌리다.

nocturnal이라는 단어 안에는 '돌리다'라는 뜻을 가진 turn이 들어 있습니다.

He would not turn her back on his best friend.
그는 제일 친한 친구에게 등을 돌리지 않을 것이다.

올빼미는 고개를 360도 돌릴 수 있다고 합니다. 올빼미는 주로 밤에 먹이 활동을 해서 야행성으로 분류되지요. nocturnal은 '야행성의'라는 뜻을 가진 단어입니다.

nocturnal의 예문을 볼까요?

Most bats are nocturnal.
대부분의 박쥐는 야행성이다.

한 번 더 🔦 니코스 카잔차키스의 소설 "그리스인 조르바 Zorba The Greek"의 초반부에서 nocturnal의 예문을 확인해 보세요.

Hogfish and skate were returning from their nocturnal expeditions.
놀래기, 홍어가 야행성 원정에서 돌아오고 있는 중이었다.

skate가 재미있게도 '홍어'라는 뜻을 가지고 있네요.

profuse - use

많은 인생 경험을 사용하다.

profuse라는 단어 안에는 '사용하다'라는 뜻을 가진 use가 들어 있습니다.

May I use your cell phone?
휴대폰을 좀 써도 될까요?

인생 경험이 풍부한 사람이 어려운 상황이 닥쳤을 때 여러 가지 방법을 사용해서 대응한다고 생각해 보세요. profuse는 '많은', '풍부한'이란 뜻을 가진 단어입니다.

profuse의 예문을 볼까요?

He is seriously ill from profuse bleeding.
그는 많은 출혈로 중태다.

He has a profuse sweating constitution.
그는 땀을 많이 흘리는 체질이다.

adverse - verse

불리한 상황이 닥칠 때마다 견딜 수 있도록 만드는 한 편의 **시**가 있다.

adverse라는 단어 안에는 '운문'이라는 뜻을 가진 verse가 들어 있습니다. verse란 단어가 조금 어려우면 '우주'를 뜻하는 universe를 생각하면 됩니다. 밤하늘에 총총히 떠 있는 별들을 멋진 시로 표현한다고 생각하면 verse라는 단어가 쉽게 익혀질 것입니다. 내친 김에 '운문'이 verse라는 것을 알았으니 '산문'에 해당하는 영어 단어를 익혀 볼까요? 멋진 장미를 보고 산문을 쓴다고 생각하면 됩니다. rose 앞에 p를 붙이면 만들어지는 prose가 '산문'이란 뜻입니다.

Most of the play is written in verse, but some of it is in prose.
그 희곡은 대부분이 운문으로 쓰여 있지만 일부는 산문으로 되어 있다.

힘들고 불리한 상황이 닥칠 때마다 견딜 수 있게 만드는 시가 있다고 생각해 보세요. 러시아 시인 푸시킨이 쓴 시의 한 구절 '삶이 그대를 속일지라도 슬퍼하거나 노하지 마라'를 힘들 때마다 떠올리면서 견딘다고 생각해 보세요. adverse는 '불리한', '역경을 겪고 있는'이란 뜻을 가진 단어입니다.

adverse의 예문을 볼까요?

Adverse circumstances compelled him to close his business.
불리한 여건으로 그는 할 수 없이 사업을 그만두게 되었다.

I'm going to explain the ways plants have adapted themselves to adverse environment such as the desert.
식물이 사막과 같은 불리한 환경에 적응하는 방법에 대해 설명하겠습니다.

irrevocable - voca

이 어휘 책에 있는 단어들의 철자는 변경할 수 없다.

irrevocable이라는 단어 안에는 voca가 들어 있습니다. 어휘를 뜻하는 vocabulary를 '보카'(voca)로 줄여서 표기하거나 말하기도 합니다.

He has an extensive vocabulary of English.
그는 영어 어휘가 풍부하다.

어휘 책에 들어 있는 단어의 철자나 뜻은 책을 쓰는 저자라도 맘대로 변경할 수 없습니다. irrevocable은 '변경할 수 없는', '돌이킬 수 없는'이란 뜻을 가진 단어입니다.

irrevocable의 예문을 볼까요?

I made an irrevocable mistake.
돌이킬 수 없는 실수를 저지르고 말았다.

irrevocable이 문학 작품에서 쓰인 사례를 볼까요? 🖋 영국의 여류 작가 버지니아 울프가 쓴 "댈러웨이 부인 Mrs. Dalloway"에 보면 런던의 큰 시계탑(Big Ben)에 대해 묘사하는 장면이 나옵니다.

Big Ben was beginning to strike, first the warning, musical; then the hour, irrevocable.
빅벤의 타종이 시작되고 있었다. 첫 번째 타종은 경고의 의미였는데 음악성이 있었고, 그 다음 타종은 시간의 의미였는데 돌이킬 수 없다는 것을 상징적으로 보여 주었다.

403

073 equivocal - vocal

그 록그룹의 보컬은 불분명한 발음으로 노래한다.

equivocal이라는 단어 안에는 '목소리의'라는 뜻을 가진 vocal이 들어 있습니다.

The human voice is produced by the vibration of the vocal cords.
사람의 목소리는 성대의 진동으로 생긴다.

한 록그룹의 보컬(보컬리스트)이 노래하는 발음이 불분명하다고 생각해 보세요. equivocal은 '불분명한', '모호한'이란 뜻을 가진 단어입니다.

equivocal의 예문을 볼까요?

I received an equivocal reply from the company.
나는 그 회사로부터 불분명한 대답을 받았다.

He always takes an equivocal position on matters of hot debate.
그는 열띤 논쟁을 할 때마다 늘 애매모호한 입장을 취한다.

074 acrid - rid

매캐한 타는 냄새가 나는 고무를 제거하다.

acrid라는 단어 안에는 '제거하다'라는 뜻을 가진 rid가 들어 있습니다. rid라는 단어가 조금 어려우면 '오만함'이란 뜻을 가진 pride와 연계시켜 기억하세요. '마음속에 오만함을 제거하다.'라고 생각하면 rid의 뜻을 쉽게 암기할 수 있을 것입니다.

Further measures will be taken to rid our streets of crime.
거리에서 범죄를 없애기 위해 추가 조치들이 취해질 것이다.

쓰레기 소각장에서 매캐한 냄새가 나게 만드는 고무를 제거한다고 생각해 보세요. acrid는 '매캐한'이란 뜻을 가진 단어입니다.

acrid의 예문을 볼까요?

Acrid smoke from the fire burned my throat and eyes.
그 화재에서 발생한 매운 연기로 목과 눈이 화끈거렸다.

There was an acrid smoke from burning tires.
타는 타이어에서 매캐한 연기가 났다.

fortunate - tuna

운 좋게 참치를 잡다.

fortunate라는 단어 안에는 '참치'라는 뜻을 가진 tuna가 들어 있습니다.

I had a tuna sandwich for lunch.
점심으로 참치 샌드위치를 먹었다.

원양어선이 운 좋게 참치를 많이 잡았다고 생각해 보세요. fortunate는 '운 좋은'이란 뜻을 가진 단어입니다.

fortunate의 예문을 볼까요?

It's fortunate that you didn't get hurt much.
많이 안 다쳐서 다행이야.

You're very fortunate to buy the house that overlooks the lake.
호수가 내려다보이는 집을 사다니 당신은 정말 운이 좋습니다.

25' Check-up!

쉬운 단어들을 보고 앞에서 학습한 어려운 단어들을 기억해 보세요.

1회 2회 3회 4회 5회

#	쉬운 단어		어려운 단어		뜻
1	죄	⇨	sin	⇨	sinister	⇨	불길한
2	참치						
3	장면						
4	장소						
5	주석						
6	사용하다						
7	어휘						
8	선탠						
9	목소리의						
10	10						
11	축 늘어지다						
12	귀						
13	분노						
14	에비타						
15	깔개						
16	발다닥						
17	깡통						
18	노끈						
19	무례한						
20	돌리다						
21	시도하다						
22	제거하다						
23	운문						
24	꼬리표						
25	스파이						

intermittent - mitten

간헐적으로 벙어리장갑을 끼는 그녀의 모습이 귀엽다.

intermittent라는 단어 안에는 '벙어리장갑'을 뜻하는 mitten이 들어 있습니다. mitten은 새끼 고양이를 뜻하는 kitten의 첫 철자 k를 m으로 바꾸면 만들어지는 단어입니다. 새끼 고양이가 벙어리장갑을 끼고 있다고 생각하면 얼마나 깜찍하겠어요?

Those are the mittens I want to buy.
저것은 내가 사고 싶은 벙어리장갑이다.

평소에는 일반 장갑을 끼는데 간혹 벙어리장갑을 끼고 나오면 그 모습이 더 귀여운 여자가 있다고 생각해 보세요. intermittent는 '간헐적인'이란 뜻을 가진 단어입니다.

intermittent의 예문을 볼까요?

Tomorrow, there will be intermittent showers in the afternoon.
내일은 오후에 간헐적으로 소나기가 올 것이다.

Although she made intermittent movie appearances, she was still considered a top star.
그녀는 비록 가끔씩 영화에 출연하지만 여전히 톱스타로 여겨졌다.

hostile - host

주인이 적대적인 사람들은 파티에 초대하지 않았다.

  hostile이라는 단어 안에는 '주인'을 뜻하는 host가 들어 있습니다.

He is the host of the party tonight.
그 남자는 오늘밤 파티의 주최자이다.

파티를 여는 주최자가 평소에 적대적인 사람들은 파티에 초대하지 않았다고 생각해 보세요. hostile은 '적대적인'이란 뜻을 가진 단어입니다.

hostile의 예문을 볼까요?

She seems to have some hostile feeling toward me.
그녀는 내게 다소 적대적인 감정을 품고 있는 것 같다.

The United States has hostile relations with some countries in the Middle East.
미국은 몇몇 중동 국가들과 적대 관계에 있다.

tremendous - end

거대한 파도에 맞서 **끝**까지 싸우다.

tremendous라는 단어 안에는 '끝'을 뜻하는 end가 들어 있습니다.

My driver's license expires at the end of the year.
제 면허증이 금년 말로 만기가 됩니다.

고기잡이를 나갔던 배가 거대한 파도에 맞서 끝까지 싸운다고 생각해 보세요. tremendous는 '거대한', '엄청난'이란 뜻을 가진 단어입니다.

tremendous의 예문을 볼까요?

It looks like you're under tremendous stress from the entrance exam.
너는 입학시험 때문에 엄청난 스트레스를 받는 것 같다.

The amount of dust afloat in the air is tremendous.
공기 중에 떠다니는 먼지의 양이 엄청나다.

significant - sign

중요한 문서에 서명하다.

significant라는 단어 안에는 '서명하다'라는 뜻을 가진 sign이 들어 있습니다.

I want you to sign the contract.
나는 네가 계약서에 서명하기를 원한다.

두 회사 간에 새로운 프로젝트를 합의하는 중요한 문서에 서명한다고 생각해 보세요. significant는 '중요한', '상당한'이란 뜻을 가진 단어입니다.

significant의 예문을 볼까요?

More significant is the restoration of relations with the country.
더 중요한 것은 그 나라와의 관계 회복이다.

His teaching methods have made a significant contribution to modern education.
그의 교수법은 현대 교육에 중요한 기여를 했다.

amenable - amen

식사 기도 후 부모의 말을 잘 듣는 아이들이 '아멘' 하고 말했다.

amenable이라는 단어 안에는 기도 끝에 하는 말인 amen이 들어 있습니다. 식사 기도 후에 부모의 말을 아주 잘 듣는 아이들이 '아멘'이라고 말했다고 생각해 보세요. amenable은 '말을 잘 듣는'이란 뜻을 가진 단어입니다.

amenable의 예문을 볼까요?

He had three very amenable children.
그는 아주 말을 잘 듣는 아이들이 셋 있었다.

The boy was disciplined for not being amenable to his elders.
그 소년은 선배들의 말을 잘 듣지 않는다는 이유로 기합을 받았다.

inappropriate - nap

근무 시간에 낮잠 자는 것은 부적절한 짓이다.

inappropriate라는 단어 안에는 '낮잠'이라는 뜻을 가진 nap이 들어 있습니다.

A sleepy motorist stopped along a road to take a nap.
졸린 운전자가 낮잠을 자기 위해 길가에 차를 세웠다.

근무 시간에 낮잠을 자는 것은 부적절한 짓입니다. inappropriate는 '부적절한'이란 뜻을 가지고 있는 단어입니다.

inappropriate의 예문을 볼까요?

His inappropriate speech is causing a controversy.
그의 부적절한 발언이 논란을 불러일으키고 있다.

The president was impeached for his inappropriate relationship with the woman.
대통령은 그 여자와의 부적절한 관계 때문에 탄핵을 받았다.

hilarious - hi

'하이' 하고 아주 재미있는 표정으로 그가 다가오다.

hilarious라는 단어 안에는 hi가 들어 있습니다. 반대편에서 친한 친구가 'Hi'하고 아주 재미있는 표정으로 다가오고 있다고 생각해 보세요. hilarious는 '아주 재미있는'이란 뜻을 가진 단어입니다.

hilarious예문을 볼까요?

The movie was so hilarious that I want to watch it again.
그 영화는 너무 재미있어서 다시 보고 싶다.

He is one of the most hilarious people I've ever seen.
그는 내가 본 세상에서 가장 재미있는 사람 중 하나이다.

hoarse - ars

ARS 번호를 누르고 상담원을 연결했더니 쉰 목소리의 여자가 나왔다.

hoarse라는 단어 안에는 '자동 응답 시스템'이란 뜻을 가진 ARS가 들어 있습니다. 통신 요금에 문제가 있어서 회사의 ARS 번호를 누르고 상담원을 연결했더니 쉰 목소리의 여자가 나왔다고 생각해 보세요. hoarse라는 단어는 '목이 쉰'이란 뜻을 가지고 있는 단어입니다.

hoarse의 예문을 볼까요?

You'll make yourself hoarse if you keep shouting like that.
계속 그렇게 소리를 지르면 목이 쉴 거야.

아래 예문은 펄 벅의 "대지 The Good Earth"에서 찾은 hoarse의 예문입니다. 주인공 왕룽이 첫날밤을 오란과 보내는 장면에서 나오는 문장입니다.

He gave a hoarse laugh into the darkness and seized her.
그는 어둠 속에서 쉰 듯한 웃음소리를 내고는 그녀를 잡았다.

generous - gene

그는 관대한 유전자를 타고난 사람처럼 언제나 사람들에게 너그럽다.

generous라는 단어 안에는 '유전자'라는 뜻을 가진 gene이 들어 있습니다. gene이란 단어는 '세대'를 뜻하는 generation에도 들어 있습니다.

A mutation is an inheritable change in the character of a gene.
돌연변이는 유전자의 성질이 변화된 것을 말합니다.

주변에 보면 관대한 유전자를 타고난 사람처럼 언제나 사람들을 너그럽게 대하는 사람들이 있습니다. generous는 '관대한'이란 뜻을 가진 단어입니다. 파울로 코엘료가 쓴 산문 "흐르는 강물처럼 Like A Flowing River"에 보면 다음과 같은 문장이 나옵니다.

My intention is not to save forests or to be generous. I simply believe that a book has its own journey to make, and should not be condemned to being stuck on a shelf.
내 의도는 숲을 보호하자거나 관대한 사람이 되자는 것이 아니다. 난 단지 책이란 자신만의 유랑 운명을 가지고 있어서 그냥 서가에 붙박여 있는 운명에 처해져서는 안 된다는 것을 믿을 뿐이다.

파울로 코엘료가 책이란 자꾸 여러 사람이 돌려 읽어야 하므로 집에 있는 책을 다른 사람들에게 준다면서 한 말입니다. 스콧 피츠제랄드의 "위대한 개츠비 The Great Gatsby"에도 generous가 쓰였습니다.

Ever since he made a success, he was very generous with me.
그는 성공한 이후에 나를 아주 너그럽게 대해 주었다.

 toxic - ox

독성 물질이 든 강물을 마시고 **소**들이 죽다.

toxic이라는 단어 안에는 '황소'를 뜻하는 ox가 들어 있습니다.

The ox pulled the plow through the field.
그 황소는 쟁기를 끌어 밭을 갈았다.

황소가 독성 물질이 든 강물을 마시고 죽었다고 생각해 보세요. toxic은 '독성이 있는'이란 뜻을 가지고 있는 단어입니다.

toxic의 예문을 볼까요?

Toxic wastes have contaminated the river in our neighborhood.
유독성 폐기물 때문에 우리 인근의 강이 오염되었다.

 "화 Anger"를 쓴 **틱낫한** 스님은 우리가 보고 읽는 것 안에도 독성이 들어 있음을 경고한 바 있습니다.

What we read in magazines, what we view on television, can also be toxic.
우리가 잡지에서 읽는 것, 우리가 텔레비전에서 보는 것 또한 독성이 있을 수 있다.

vigorous - go

활기찬 걸음으로 직장에 가다.

vigorous라는 단어 안에는 '가다'라는 뜻을 가진 go가 들어 있습니다.

When was the last time you went to your hometown?
고향에 마지막으로 간 게 언제였습니까?

새벽에 일찍 일어나 아침 운동을 마치고 활기찬 걸음으로 직장에 가는 사람이 있다고 생각해 보세요. vigorous는 '활기찬', '격렬한'이란 뜻을 가진 단어입니다.

vigorous의 예문을 볼까요?

We set off at a vigorous pace.
우리는 기운찬 발걸음으로 출발했다.

There has been vigorous opposition to the proposals for a new road.
새로 길을 내자는 제안에 대해 격렬한 반대가 있었다.

The true way to render age vigorous is to prolong the youth of the mind.
나이를 활기차게 만드는 진정한 방법은 마음의 젊음을 연장하는 것이다.

항상 마음을 젊게 가지면 육체의 나이는 중요한 것이 아니겠지요.

It is the thought that counts.
중요한 건 생각이다.

087 fragile - rag

깨지기 쉬운 도자기를 잘 못 다뤄 부서진 조각들을 **걸레**로 치우다.

fragile이라는 단어 안에는 '걸레'라는 뜻을 가진 rag이 들어 있습니다.

Please clean the floor with a wet rag.
젖은 걸레로 바닥 좀 청소해 주세요.

거실에 놓여 있던 깨지기 쉬운 도자기를 아이들이 장난을 치다가 그만 깨서 부서진 조각들을 걸레로 치운다고 생각해 보세요. fragile은 '깨지기 쉬운'이란 뜻을 가진 단어입니다.

fragile의 예문을 볼까요?

Our self-esteem is usually very fragile, and when we are told that we are wrong, we react quickly to guard and protect it at all costs.
우리들의 자기 존중감은 종종 부서지기 쉬운 것이어서 우리가 잘못했다는 말을 들으면 무슨 수를 써서라도 자존감을 지키고 보호하려고 재빨리 반응한다.

자존감은 분명 존중받아야 하지만, 자신이 명백히 잘못한 것에 대해서까지 피해를 받지 않으려고 거짓말을 하거나 상대를 공격하는 것은 어리석은 짓입니다.

For me, human relationships are like a vast, fragile spider's web. What I'm trying to do with my work is to restore part of that web.
내게 있어서 인간관계란 광대하지만 부서지기 쉬운 거미줄과 같다. 내가 언제나 하려고 애쓰는 일은 부서진 인간관계의 거미줄을 복원시키는 것이다.

한 번 어긋난 인간관계를 되돌리는 것은 쉬운 일이 아니지만 진심으로 스스로의 잘못을 인정하고 상대를 대하면 이전보다 더 돈독한 새로운 관계가 만들어질 수도 있습니다.

419

scr**up**ulous - up

꼼꼼한 일 처리로 계속 위로 승진하다.

scrupulous라는 단어 안에는 '위로'라는 뜻을 가진 up이 들어 있습니다. 직장에서 맡은 일을 언제나 꼼꼼하게 처리해서 계속 위로 승진한다고 생각해 보세요. scrupulous는 '꼼꼼한', '양심적인'이란 뜻을 가진 단어입니다.

scrupulous의 예문을 볼까요?

He is scrupulous in performing his security duties.
그는 경비 업무를 꼼꼼하게 잘 하고 있다.

You must be scrupulous about hygiene when you're preparing an operation.
수술을 준비할 때는 위생에 세심히 주의를 기울여야 한다.

incum**bent** - bent

현직 대통령의 나이가 너무 많아 허리가 굽다.

incumbent라는 단어 안에는 '구부러진'이란 뜻을 가진 bent가 들어 있습니다.

The old man was bent with age.
그 노인은 나이가 들어 허리가 굽었다.

현직 대통령이 너무 나이가 들어 허리가 굽었다고 생각해 보세요. incumbent는 '현직의'라는 뜻을 가진 단어입니다.

incumbent의 예문을 볼까요?

The incumbent president faces problems which begun many years before he took office.
현직 대통령은 그가 취임하기 여러 해 전에 시작된 문제에 직면해 있다.

The news magazine's survey reported that the incumbent mayor is twelve points behind the challenger.
그 뉴스 잡지의 조사 결과 현직 시장이 도전자에 12포인트 뒤지고 있는 것으로 보도됐다.

awkward - war

전쟁에 참가한 학도병들의 무기 다루는 솜씨가 서투르다.

awkward라는 단어 안에는 '전쟁'을 뜻하는 war가 들어 있습니다.

A war broke out at dawn.
새벽에 전쟁이 시작되었다.

한국 전쟁이 일어났을 때 많은 학도병들이 참전했습니다. 이들이 처음 총을 지급받았을 때 당연히 무기 다루는 솜씨가 서툴렀겠지요. awkward는 '서툰', '어색한'이란 뜻을 가진 단어입니다.

Try to write a letter once a week to your children if you are awkward at writing.
쓰는 게 서툴다고 하더라도 일주일에 한 번씩 아이들에게 편지를 쓰려고 노력해 보세요.

아이들을 격려하거나 나무라거나 할 때 가능하면 편지를 써서 하면 더욱 효과가 있다고 합니다. 특히 도서관에 가서 공부하는 아이의 도시락을 싸 주는 엄마의 편지가 더 효과적이고 감동적일 것입니다.

He looked very awkward in his new suit.
그는 새 양복을 입으니 매우 어색해 보였다.

091 indispensable - pen

시험 볼 때 수성 펜은 반드시 있어야 한다.

indispensable이라는 단어 안에는 pen이 들어 있습니다.

You got a pen?
너 펜 있니?

보통 시험을 볼 때 OMR 카드를 작성하려면 수성 펜이 반드시 있어야 합니다. indispensable은 '필수적인', '없어서는 안 될'이란 뜻을 가지고 있는 단어입니다.

indispensable의 예문을 볼까요?

Refrigerators have become an indispensable part of our lives.
냉장고는 우리 생활에 없어서는 안 되는 부분이 되었다.

 세계적인 자기 계발 전문가 브라이언 트레이시의 "백만 달러 습관 Million Dollar Habits"에 보면 다음과 같은 말이 나옵니다.

 Failure seems to be an indispensable prerequisite for success.
실패는 성공의 필수적인 전제 조건처럼 보인다.

모든 성공은 숱한 실패 끝에 이루어집니다. 7전 8기란 말도 그래서 나왔겠지요. 한 두 번 실패하고 목표를 포기하는 사람만큼 어리석은 사람도 없을 것입니다. 실패에서 배우는 사람은 반드시 성공합니다.

vulnerable - era

전염병에 취약했던 시대가 있었다.

vulnerable이라는 단어 안에는 era가 들어 있습니다. era라는 단어가 쉽지 않으면 camera라는 단어를 볼 때마다 생각하면 됩니다. '디지털 카메라의 시대'라고 연결해서 생각하면 era가 쉽게 기억될 것입니다. era는 opera에도 들어 있는데 19세기 오페라가 번성했던 시대라고 생각하면 era가 더욱 친근해질 것입니다.

This is an era of mass communication.
현재는 매스컴의 시대다.

예전에는 전염병이 한 번 돌면 수많은 사람들이 손도 못 써 보고 죽었던 시대가 있었습니다. 전염병에 너무 취약해서 속수무책이었던 것이었습니다. vulnerable은 '취약한', '상처받기 쉬운'이란 뜻을 가지고 있는 단어입니다.

vulnerable의 예문을 볼까요? 스콧 피츠제럴드의 "위대한 개츠비 The Great Gatsby"의 유명한 첫 문장은 다음과 같이 시작합니다.

In my younger and more vulnerable years my father gave me some advice that I've been turning over in my mind ever since.
지금보다 어리고 상처받기 쉬운 시절, 아버지는 나에게 충고를 해 주셨는데, 그때부터 나는 그 충고를 마음속 깊이 되새기고 있다.

Young children are vulnerable to food poisoning.
어린 아이들은 식중독에 취약하다.

au**then**tic - hen

진짜 토종닭으로만 삼계탕을 끓이는 식당이 있다.

authentic이라는 단어 안에는 '암탉'이란 뜻을 가진 hen이 들어 있습니다.

This hen lays an egg every day.
이 암탉은 매일 한 개씩 알을 낳는다.

시골 도로 변에 손님들을 속이지 않고 진짜 토종닭으로만 삼계탕이나 백숙을 끓이는 식당이 있다고 생각해 보세요. authentic은 '진짜의'라는 뜻을 가진 단어입니다.

He judged the painting to be authentic, not a fake.
그는 그 그림이 가짜가 아니라 진품이라고 감정했다.

I don't know if the diamond is authentic.
나는 그 다이아몬드가 진짜인지 모른다.

majestic - jest

장엄한 광경을 보고 '저건 내 작품이야.'라고 농담하는 사람이 있다.

majestic이라는 단어 안에는 '농담'이라는 뜻을 가진 jest가 들어 있습니다.

Nobody thought his jest was funny.
그의 농담이 재미있다고 생각하는 사람은 아무도 없었다.

그랜드캐니언의 장엄한 광경을 보고 "저건 내가 어제 만든 작품이야."라고 농담하는 사람이 있다고 생각해 보세요. majestic은 '장엄한'이란 뜻을 가진 단어입니다.

The majestic scenery will leave you breathless.
그 장엄한 광경은 당신을 숨 막히게 할 것입니다.

In the distance rose the majestic Himalayas.
저 멀리 히말라야의 웅대한 모습이 떠올랐다.

intimate - mate

짝이 서로 친밀하다.

intimate라는 단어 안에는 '짝'이란 뜻을 가진 mate가 들어 있습니다.

The student is arguing with his mate.
그 학생은 짝과 말다툼을 벌이고 있다.

같은 반의 짝은 서로 아주 친밀할 것입니다. intimate는 '친밀한'이란 뜻을 가진 단어입니다.

intimate의 예문을 볼까요?

I have an intimate acquaintance with the critic.
나는 그 비평가와 절친한 사이입니다.

I want you to know you can have a deep and intimate relationship with me through e-mails.
난 네가 이메일을 통해서 나와 깊고 친밀한 관계를 가질 수 있다는 것을 알았으면 좋겠어.

096 considerate - side

어느 편도 들지 않는 사려 깊은 사람이 있다.

considerate라는 단어 안에는 '편', '측면'을 뜻하는 side가 들어 있습니다.

I'm on your side.
난 네 편이야.

언쟁이 벌어졌을 때 어느 편도 들지 않는 사려 깊은 사람이 있다고 생각해 보세요. considerate은 '사려 깊은'이란 뜻을 가진 단어입니다.

It is very considerate of you to decide to keep studying.
네가 계속 공부하겠다고 마음을 정한 것은 아주 사려 깊은 결정이다.

If somebody is not considerate and rude, you can almost be certain that he has some unresolved issues inside.
누군가 사려 깊지 못하고 무례하게 군다면 그 사람은 틀림없이 내면에 해결되지 못한 일이 있다고 보면 됩니다.

impatient - tie

참을성 없는 개를 나무에 묶어 놓다.

impatient라는 단어 안에는 '묶다'라는 뜻을 가진 tie가 들어 있습니다.

He tied the newspapers in a bundle.
그는 그 신문지들을 한 묶음으로 묶었다.

영화 "말리와 나"에 나오는 개처럼 유난히 말썽을 많이 피우는 개들이 있죠. 그렇게 참을성 없는 개를 나무에 묶어 놓는다고 생각해 보세요. impatient는 '참을성 없는'이란 뜻입니다.

impatient의 예문을 볼까요?

Don't be so impatient. Take your time and think about it.
너무 조급하게 굴지 마. 시간을 가지고 천천히 생각해 봐.

I will bite my tongue when impatient words come.
참을성 없는 말이 튀어나오려고 할 때는 혀를 물 것이다.

sporadic - ad

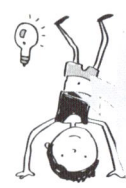

그 여배우는 산발적으로 광고를 한다.

sporadic이라는 단어 안에는 '광고'라는 뜻을 가진 ad가 들어 있습니다.

Why don't you place an ad in the newspaper?
신문에 광고를 내보는 게 어때?

산발적으로 광고를 해도 최고의 인기를 유지하고 있는 여배우가 있다고 생각해 보세요. sporadic은 '산발적인'이란 뜻을 가진 단어입니다.

sporadic의 예문을 볼까요?

There still seems to be sporadic fighting in the streets of the city.
시내에서는 아직도 산발적인 전투가 벌어지고 있는 것으로 보인다.

More than 100 people have been killed this year in sporadic outbursts of ethnic violence.
올해 100명이 넘는 사람들이 산발적으로 터진 종족 간 폭력 사태에서 목숨을 잃었다.

covetous - vet

수의사가 탐욕스런 개를 바라보다.

covetous라는 단어 안에는 '수의사'라는 뜻을 가진 vet이 들어 있습니다. vet은 veterinarian의 줄임말입니다.

The farmer called the veterinarian to treat a sick cow.
그 농부는 아픈 소를 치료하기 위해 수의사를 불렀다.

동물 병원에 치료받으러 온 탐욕스럽게 생긴 개를 수의사가 바라본다고 생각해 보세요. covetous는 '탐욕스러운'이란 뜻을 가진 단어입니다.

covetous의 예문을 볼까요?

She looked at the ring with covetous eyes.
그녀는 탐욕스러운 눈으로 그 반지를 쳐다보았다.

I saw him cast covetous eyes on the store.
나는 그가 그 가게에 탐욕스러운 눈길을 던지는 것을 보았다.

stable - table

육중한 탁자를 네 다리가 안정되게 받치고 있다.

stable이라는 단어 안에는 '탁자'를 뜻하는 table이 들어 있습니다.

The table is oval in shape.
그 탁자는 모양이 타원형이다.

육중한 모양의 탁자를 네 다리가 안정되게 받치고 있다고 생각해 보세요. stable은 '안정된'이란 뜻을 가진 단어입니다.

A child who is raised with an abundance of love, affection and encouragement will tend to develop a positive and stable personality early in life.
풍성한 사랑과 애정과 격려를 받고 자라는 아이는 어린 시절에 긍정적이고 안정적인 인성을 발전시키는 경향이 있다.

그렇습니다. 어릴 때 책망과 무시만 받고 자란 아이는 커서 좋은 인성을 키우기가 어렵습니다. 아이의 잠재력을 보고 자꾸 애정이 가득 찬 칭찬과 격려를 한다면 훌륭한 성인으로 성장할 수 있을 것입니다.

Remain stable in your attitudes and actions.
당신의 태도와 행동을 안정되게 유지하라.

자기 계발 전문가 조이스 마이어(Joyce Meyer)의 책 "절대 포기하지 마세요 Never Give Up"에 나오는 말입니다. 일관되지 못한 말과 행동은 사람들에게 신뢰를 주지 못합니다. 또한 일관된 말과 행동은 치열한 내면 성찰이 있어야 가능한 일입니다. 언제나 자신을 돌아보는 일, 게을리하면 안 되겠죠?

25' Check-up!

쉬운 단어들을 보고 앞에서 학습한 어려운 단어들을 기억해 보세요.

#	쉬운 단어	어려운 단어	뜻
1	주인	host	적대적인
2	수의사		
3	짝		
4	펜		
5	황소		
6	서명하다		
7	벙어리장갑		
8	아멘		
9	ARS	ars	
10	끝		
11	탁자		
12	광고		
13	암닭		
14	구부러진		
15	전쟁		
16	걸레		
17	유전자		
18	안녕		
19	묶다		
20	농담		
21	시대		
22	위(쪽으)로		
23	가다		
24	낮잠		
25	편, 측면		

You're excited to share your life with those you love, and your excitement, your passion, your bliss become contagious.

당신이 사랑하는 사람과 당신의 삶을 나누면 당신은 신이 나게 됩니다. 그렇게 되면 당신의 환희와 열정과 축복은 다른 사람에게 전염됩니다.

INDEX 찾아보기

 본문
 상식
 책
 연설
 영화
 앨범

INDEX

A

abandon	46
abdomen	309
absolve	88
abundance	192
acclaim	161
accommodate	125
accomplice	252
ache	312
acrid	405
acrobat	177
actor	181
ad	430
adamant	342
add	310
addiction	310
adhere	22
adolescent	270
adverse	402
age	51
aim	161
air	322
alienate	108
alleviate	52
allow	153
alternative	375
alumnus	300
ambiguous	333
amen	182
amen	412
amenable	412
amputation	258
anatomy	321
angle	107
annoy	119
ant	183
ant	331
appendix	202
appetite	247
applause	326
apple	142
arch	184
argument	311
arise	62
arm	185
arrest	80
ARS	415
art	186
ash	132
ass	167
assassin	276
astonish	137
atmosphere	215
atom	321
atonement	226
aunt	139
authentic	425
auto	187
autopsy	187
awkward	422

B

ban	37
band	46
banish	37
bat	177
bed	345
bell	15
bell	332
belligerent	332
benefactor	181

436

A/ B/ C

bent	421		cherish	25
best	149		city	323
bestow	149		clam	190
bewilder	116		class	157
big	333		classify	157
bit	45		clear	340
bit	188		client	173
bleach	134		cold	146
blink	16		collapse	110
blister	231		collateral	365
border	241		colleague	317
born	330		colossal	370
boy	334		combustion	172
brag	43		commemorate	69
bureaucrat	262		commotion	236
bus	172		comparison	178
			complacent	380
			compliment	227

C

cable	335		compromise	255
call	315		concentrate	56
call	336		conscience	256
callous	336		considerate	428
can	189		console	145
can	393		conspicuous	392
candidate	193		constellation	283
cap	53		consumption	282
caprice	264		contagious	395
captivate	53		contempt	286
car	55		controversy	242
car	337		cooperate	121
carve	55		corn	141
cast	338		counter	324
cat	29		counterfeit	324
cave	105		court	191
cell	363		courtesy	191
cent	339		covetous	431

INDEX

cow	30	dice	198
cowardice	305	die	175
cremate	67	die	344
crevice	218	dig	199
crouch	154	dig	346
crucifixion	209	dime	347
crumb	269	diminish	38
cup	148	disc	133
cure	341	discipline	228
curfew	207	discriminate	133
cute	144	disobey	135
		disparity	278
		dissident	274

D

dairy	322	distinguish	136
dam	342	disturbance	293
dance	192	ditch	306
date	125	diver	314
date	193	diversion	314
daunt	139	do	308
deal	194	dread	79
deliver	64	dreary	383
demon	42	drought	268
demonstrate	42	drowse	98
dent	162	dust	349
deride	81	dwell	44
descendant	313	dwindle	138
despair	243		
destination	237		

E

determine	71	each	134
devastate	35	ear	383
device	298	earnest	348
devote	94	ease	100
diagnose	73	eccentric	339
dial	195	eco	31
dialect	195	eden	350
diary	196	edit	200

eight	201
elastic	364
electricity	323
elegant	367
elm	14
emancipate	66
embellish	15
embrace	21
emphasize	33
encroach	28
end	126
end	202
end	313
end	410
enroll	82
entreat	40
epitaph	230
equivocal	404
era	54
era	424
eradicate	54
establish	111
ET	229
euthanasia	288
eve	109
Evita	384
exaggerate	51
exclamation	190
exhibit	45
expand	77
extend	158
extinct	398
face	205
fact	101
fall	204
fallacy	204
fan	206
fan	351
fast	352
fastidious	352
fat	307
fatigue	307
fee	353
feeble	353
fetus	229
few	207
fill	59
fin	354
fix	209
flamboyant	334
flatter	57
float	23
flour	41
flourish	41
flu	131
fluctuate	131
fluent	356
fold	210
form	357
formidable	357
fortunate	406
found	358
fragile	419
frailty	325
freight	201
frugal	386
frustrate	85
fulfill	59
fun	211
fungus	211

INDEX

fur	58
furnish	58

G

game	212
gate	96
gene	416
generous	416
geometry	294
glance	19
gluttony	238
go	115
go	418
gourmet	234
grapple	142
grieve	109
grope	83
gum	311

H

habit	18
harass	167
hard	203
hat	61
he	359
hear	213
hearse	213
hectic	359
hen	214
hen	425
her	25
herd	320
here	22
here	215
hesitate	34
hi	414

hiccup	148
hide	360
hideous	360
hilarious	414
hip	216
hive	129
hoarse	415
host	409
hostile	409
hypocrite	265

I

ice	218
identify	162
ill	220
illusion	220
imminent	373
impatient	429
impeach	60
impeccable	335
imposter	304
improve	103
imprudent	385
impulse	257
inappropriate	413
incumbent	421
indignation	199
indispensable	423
industrial	349
inevitable	384
infant	206
infinite	354
influential	356
infringe	120
ingredient	175
inhabit	18

G / H / I / J / K / L / M

ink	49
inmate	232
insolent	391
instill	36
intermittent	408
interrogate	96
intestine	287
intimate	427
intimidate	20
intrude	152
inundate	75
irrevocable	403
isolate	26
itch	306

J

jest	426
juvenile	376

K

kept	362
kid	150
kidnap	150
kind	155
kindle	155

L

lady	221
lame	168
lament	168
lance	19
land	147
lap	110
last	364
late	26
late	365
latter	57

laugh	222
lay	156
league	317
leg	367
lend	343
liar	366
lice	225
lie	108
lie	173
life	113
ligament	212
lime	227
lime	368
line	228
line	369
link	16
lion	174
list	231
liter	63
liver	64
loathe	76
loss	370
low	371
lubricant	189
luck	163
lung	24

M

mad	233
majestic	426
malady	221
malice	225
man	66
man	372
mandatory	372
manipulate	104

INDEX

manufacture	101
manuscript	271
martyr	186
masculine	369
mass	224
massacre	224
mate	67
mate	232
mate	427
mean	68
meander	68
measure	127
meat	27
medieval	344
meditation	200
memo	69
men	70
menace	70
met	234
mine	373
mini	38
miscellaneous	363
mist	374
mitten	408
mon	118
monarch	184
more	235
mother	72
motion	236
mourn	102
mug	99
mustache	312
mustard	281
mutiny	319

N

nap	413
nation	237
native	375
nausea	272
negotiate	115
nest	348
net	74
nile	376
nip	104
no	119
no	377
nocturnal	400
nomad	233
nose	73
nuclear	340
nun	75
nun	303
nut	239
nutrition	239

O

oak	47
oat	23
oath	76
obedient	345
obituary	188
obliterate	63
obnoxious	377
obscene	388
obscure	341
oil	130
oil	240
old	217
omen	309
once	56

one	318	persevere	86
opera	121	pessimistic	374
opponent	318	pet	247
opposite	390	pharmacist	185
orchard	203	phenomenon	214
ordeal	194	pie	248
order	241	pie	379
ostentation	246	pier	78
ouch	154	pierce	78
outrageous	382	pirate	261
over	242	pit	219
overwhelm	14	pit	230
owl	50	pity	296
ox	417	place	380
		plagiarize	62
		plain	250
pair	243	plaintiff	250
pan	77	plant	164
parent	378	pluck	163
parole	179	plum	95
pass	112	plummet	95
patent	284	plunder	90
path	97	plunge	24
patriot	244	plus	251
pea	245	police	252
peach	60	port	253
peasant	245	portrait	253
peculiar	366	poster	304
pedantic	331	precarious	337
pen	423	precipitation	219
penetrate	74	predicament	182
penitentiary	290	preface	205
per	128	prejudice	198
perceive	128	preoccupied	379
permeate	27	prerequisite	277
persecute	144	prescribe	17

INDEX

prestige	263	reason	180
privilege	302	rebellion	174
probation	176	recipient	248
procrastinate	114	recognize	31
prodigal	346	red	151
profane	351	red	291
profound	358	redemption	291
profuse	401	refrain	48
proliferate	113	release	100
promise	255	reptile	289
pronunciation	303	resonate	89
proof	266	rest	80
proper	208	rest	263
property	208	restrain	165
prose	267	restrict	166
prove	103	retirement	285
prowl	50	rib	17
pub	254	rice	264
publication	254	rid	405
pulse	257	ride	81
purge	92	ring	120
put	258	riot	244
		rip	271
		rite	265

R

race	21	roach	28
rag	43	rob	176
rag	419	role	179
rage	280	roll	82
rage	382	roof	266
rail	325	rope	83
rain	48	rose	267
rain	259	rough	268
ran	260	row	98
rat	262	rude	152
rate	261	rude	385
read	79	rudimentary	347

rug	84
rug	386
rum	160
rum	269
rummage	160
rust	85

S

sag	387
sagacious	387
sarcastic	338
scaffold	210
scallop	315
scatter	29
scavenge	105
scene	388
scent	270
science	256
scold	146
scorn	141
scowl	30
scrupulous	420
sea	272
sent	273
sentinel	273
serendipity	296
severe	86
shallow	371
shatter	61
shepherd	320
ship	123
shiver	129
shred	151
shrink	49
shrug	84
side	87

side	274
side	428
sign	411
significant	411
simultaneous	396
sin	276
sin	389
sinister	389
sit	34
site	277
site	390
size	33
skeptical	362
slander	147
slaughter	222
slavery	297
slay	156
smother	72
smuggle	99
soak	47
sob	135
sole	145
sole	391
solve	88
son	89
son	178
sophomore	235
spa	278
spin	279
spinster	279
splash	132
splendid	343
spoil	130
sporadic	430
spy	392
stab	111

INDEX

stable	432	tell	283
stagger	106	tempt	286
star	32	ten	158
star	281	ten	246
starve	32	ten	290
state	35	ten	397
still	36	tenacious	397
sting	136	tenant	183
strangle	107	tent	284
strict	166	term	71
string	394	terrain	259
stringent	394	test	287
stripe	292	than	288
stubborn	330	threshold	217
stutter	93	tie	429
sublime	368	tile	289
subside	87	timid	20
subsidiary	196	tin	114
sultry	399	tin	398
sum	282	tiny	319
summon	118	tire	285
sure	127	ton	137
surgeon	316	ton	238
surplus	251	tone	226
surrender	126	torpedo	308
surveillance	295	toxic	417
swallow	153	tragedy	280
sympathize	97	train	165

T

		transparent	378
		transplant	164
table	432	treason	180
tag	106	treat	40
tag	395	tremendous	410
tan	396	trespass	112
tea	124	trip	292
tease	124	try	294

try	399	via	52
tuna	406	vice	298
turmoil	240	vigorous	418
turn	400	vile	302
tyrant	260	villa	299
		villain	299

U

under	90	viola	122
unprecedented	350	violate	122
up	420	viva	361
urban	293	vivacious	361
urge	92	voca	403
urge	316	vocal	404
urn	102	vote	94
us	300	vulnerable	424
use	326
use	401
utter	93

W

war	305
war	422
wave	159
waver	159
well	44
whip	216
wild	116
wind	138
worship	123

V

vacant	393
van	140
vanish	140
veil	295
verse	402
very	297
vet	431

Expecting the best means that you put your whole heart into what you want to accomplish.

최고를 기대한다는 것은 당신의 온 마음을 당신이 이루고자 하는 일에 쏟아 붓는 것을 의미한다.